高职高专"十一五"规

大学生人文素质修养

车　辉　主编

化学工业出版社

·北京·

本教材内容包括历史篇、哲学篇、政治篇、社会篇、宗教篇、艺术篇、美学篇、伦理篇、文学篇和民族篇。在扩展大学生人文社会知识视野的同时，让大学生在接受人文教育的过程中，注重将知识内化为素质，在学习、反思和多次的实践过程中，不断孕育和升华人文精神，帮助大学生实现人文精神和科学精神的融通。

本教材可作为高职高专对大学生进行人文素质教育的教材，使大学生在整体上对人文社会科学有进一步的了解，以提升其人文精神，增强其人文素质，升华其人生境界。

图书在版编目（CIP）数据

大学生人文素质修养/车辉主编．—北京：化学工业出版社，2009.9（2025.9重印）
高职高专“十一五”规划教材
ISBN 978-7-122-05817-1

Ⅰ．大…　Ⅱ．车…　Ⅲ．人文科学-高等学校：技术学院-教材　Ⅳ．C

中国版本图书馆 CIP 数据核字（2009）第 121538 号

责任编辑：蔡洪伟　　　　文字编辑：陈　喆
责任校对：徐贞珍　　　　装帧设计：关　飞

出版发行：化学工业出版社（北京市东城区青年湖南街 13 号　邮政编码 100011）
印　　装：北京科印技术咨询服务有限公司数码印刷分部
787mm×1092mm　1/16　印张 12¼　字数 306 千字　　2025 年 9 月北京第 1 版第 6 次印刷

购书咨询：010-64518888　　　　售后服务：010-64518899
网　　址：http://www.cip.com.cn
凡购买本书，如有缺损质量问题，本社销售中心负责调换。

定　　价：35.00 元　

前言

本书编写的目的在于，加强文化素质教育，使大学生通过文化知识的学习、文化环境的熏陶、文化活动和社会实践的锻炼，以及人文精神的感染，升华人格，提高境界，振奋精神；有利于大学生开阔视野，活跃思维，激发创新灵感，为他们学好专业知识以及今后的发展奠定坚实的文化基础和深厚的人文底蕴；有利于培养基础扎实、知识面宽、能力强、素质高的人才。

本书由车辉主编，负责全书统稿工作。具体编写分工：车辉（美学篇、伦理篇）；关雁华（哲学篇、宗教篇）；张坚（文学篇）；邹伟建（民族篇）；朱婷、欧阳世芳（历史篇）；杨党校（政治篇）；付用兰（社会篇）；张文（艺术篇）。

本书在编写过程中参考了相关文献，在此表示衷心的感谢！由于编者水平有限，对大学生人文素质教育的工作还在摸索之中，不足之处恳请读者批评指正。

编者

2009 年 6 月

目录

绪论

著名学者何清涟在《现代化的陷阱》一书中指出："经济的发展必须要有一种人文精神作为支柱和动力，这种人文精神对经济的发展具有规范和推动的作用。如果丧失了人文精神的支撑，财富的追求欲望就必定会沦丧为纯利欲的冲动，就会导致人们动物性的膨胀、人性的泯灭、社会秩序的混乱和财富的浪费。"可以说，这既是世界各国现代化经验教训的历史总结，又是对我国经济发展进程进行深刻反思与审视的结果，同时也是中国职业教育所面临的重要使命与挑战。

职业院校实施以专业技能培训为主的教育，是因为职业院校所应承担的教育职责，而且随着大学生就业形势的日趋严峻，这种教育还理应予以加强和拓宽。但在实施这种教育的过程中，出现了纯"工具意识"的教育，导致大学生人文素质的缺陷。

所谓教育的纯"工具意识"，即从掌握和运用工具的角度来看待教育的功能，并由此在传授知识和传播文化的过程中重视传递工具而忽视以文教化。这种情况，在我国各种教育层次都普遍存在，只不过职业院校尤为突出而已。教育的"工具意识"缘起于社会、经济的发展，所以它的产生和发展有其深刻的社会历史原因。问题在于，作为一种完整的教育观念，既应有"工具意识"，也应有"教化意识"，自觉地保持两者之间的平衡和协调。否则就必然会使教育观念陷入某种片面，从而导致教育的失误。

人文素质可以奠定一个人的深厚文化底蕴，而文化底蕴的深浅，对一个人素质的高下之分，是至关重要的。因为我们的文化底蕴是蕴藏于千姿百态的文化载体、文化现象深处的思想。它是在人类文明进步过程中，在文化发展史上经过千锤百炼而凝聚、升华成的一些最基本的思想观念、价值准则和思维方式。文化的博大精深、文化的传统力量和文化持久的生命力等，都深深地根植于文化的底蕴中。以文教化的过程，就是人文底蕴所体现的价值观念和思维方式对人的影响过程，是人学会如何做人、如何思考的过程。这种底蕴在人身上并不表现为某些具体的知识和技能，而是作为价值观念和思维方式渗透在人的信仰、情感、品格、学识和气质中，所以人文素质构成一个人素质的根基和核心。

当前职业院校学生素质的下降，更多地体现为情感的枯竭，批判性思考的缺失，创造力、想象力的萎缩，人文精神的低落，"异化"现象的日趋严重，价值体系的混杂。以至于有人惊呼，职业教育正在滑落为"另一种形式的企业学徒培训"。这不能不引起我们的关注。当前社会对职业教育技术人才的需求，已由单纯的专业技能型转向于一种既具备专业技能，又具有较强创造力、理论思辨力、较高情商的新型可持续发展人才。所以，我们不仅要授人以"鱼"，而且要授人以"渔"。

人文素质的教育与专业技能的培训，只有两翼齐飞，才能相得益彰。不能使学生屈从于物质、实用经验、功利的诱惑，而冷落了人文素质的教育，忘记了对人文精神的寻求。在进行专业技能训练深化拓宽的过程中，注重经验性、知识性、技能性知识的传授，突出科学思想方式和创新能力的形成，追求真理的科学精神的内核同人文精神是相通的。因此，科学与人文应当而且可以相互沟通并且融合。而这也应是高等职业院校教育所追求的目标之一。

职业院校人文素质教育的实施，主要依托于三个方面：一是课程教学，我们可以利用这些现有条件，作为实施人文素质教育的基本点。同时还可以在边缘人文学科中穿插渗透人文内容，比如文化与人生、宗教文化、影视鉴赏、企业文化、世界文化遗产等，这样就形成了一个以政治理论课程为核心的人文学科群。二是依托各种校园文化活动，通过各种形式的学术讲座、社团活动、专题研究、课外导读等来营造一种校园人文氛围。三是依托于师生之间的交流。通过教师的思想意识、言行举止来对学生进行一种潜移默化式的熏陶。

在职业院校倡导人文素质教育，涉及诸多实际问题。比如，如何克服社会经济环境对人文素质教育的约束；如何使人文素质教育的课程体系开发更加合理完善；如何弥补学生人文基础较差的缺陷等，还有待于进一步探索。

历史篇

一、改朝换代话兴衰

1. 王朝更迭概述

历史的开篇（先秦历史）：中国是一个有着辉煌文明的古老国度，是世界上文明发达最早的国家之一，是人类文明的重要发祥地之一，有将近 4000 年的有文字可考的历史。在漫长的历史岁月中，古老的中国经历了原始社会、奴隶社会和封建社会三种社会形态。早在约八百万年以前，在云南的开远、禄丰等地已经生活着古猿。此后，经过漫长时间的进化，产生了不同时期的原始人、氏族部落，如元谋人、蓝田人、北京人、山顶洞人及半坡人等，同时经历了原始人群、母系社会和父系社会几个阶段，这也就是中国的原始社会时期。古书记载了不少这期间先人的传说，最有名的是炎帝、黄帝和尧、舜、禹的传说。也因此我们中华儿女又自奉为炎帝和黄帝的后代，即炎黄子孙。

公元前 2070 年，中国第一个奴隶制王朝夏朝建立，其统治时间长达 400 多年。夏朝的建立，标志着中国古代奴隶社会时期的开始。第二个王朝是商朝，也叫殷朝（因为商朝初年，多次迁都，最后迁到殷——今河南安阳，并在那里统治了 300 多年）。商朝是当时世界上的一个大国，统治时间长达 500 多年，留下了甲骨文、青铜器等许多极其珍贵的史料、文物。第三个王朝是西周，都城在今天的西安。后来西周的都城被少数民族攻占，周王室被迫迁都到今天的洛阳，历史上叫做东周，西周与东周的时间共约 800 年。东周分为春秋和战国两个时期，春秋时期，国家分裂成许多小国；到了战国时期，形成了七个力量强大的国家，这些国家通过改革进入了封建社会，并为后来的统一奠定了基础。也是从东周开始，中国开始了历史上奴隶社会逐渐解体、封建社会制度逐渐确立的大变革时期。

封建社会的初步发展（秦汉历史）：公元前 221 年，秦王嬴政统一中国，建立了历史上第一个统一的多民族的专制主义中央集权的封建国家——秦朝。为了巩固自己的统治，秦朝对内，政治上实行郡县制和三公九卿制，经济文化上实行书同文、车同轨，并统一币制和度量衡制度，将全国纳入了统一的经济文化体系；对外，为了防御匈奴南侵，筑起一段西起临洮、东到辽东的城防，这就是著名的万里长城，这些措施对以后中国历史产生了重要影响。

但秦始皇不顾百姓疾苦，实行暴政，导致了农民战争的爆发和自己的灭亡。在农民战争中，刘邦脱颖而出，建立了西汉王朝。西汉是我国历史上最强盛的封建王朝之一。汉初采取“休养生息”的政策，使社会经济逐渐恢复和发展，出现了“文景之治”的盛世局面。汉武帝时国力空前强盛，平定“七国之乱”后，加强了中央集权。通过“罢黜百家，独尊儒术”，加强了思想统治，巩固了西汉政权，对中国传统文化发展产生了深远的影响；通过对匈奴的战争和张骞出使西域，使统一的多民族国家进一步发展；丝绸之路的开辟，对加强东西方的文化交流起了巨大的作用。但汉武帝的穷兵黩武也给西汉的社会经济带来了极大的破坏，加上到了西汉后期，由于好几位皇帝年龄都很小，外戚势力日益庞大，最终导致农民战争爆发，西汉灭亡。

后来西汉宗室利用人们奉汉为正统的思想，建立东汉王朝。东汉初期，光武帝调整统治策略，使社会出现了“光武中兴”的局面。但东汉后期，随着土地兼并日益加重，豪强地主势力日益扩张，加上宦官专权、吏治腐败，社会矛盾日趋激化，终于在公元184年爆发了黄巾大起义，东汉政权名存实亡。

封建国家的分裂和民族大融合（三国两晋南北朝）：在镇压起义的过程中，东汉王朝的统治趋于瓦解，各地出现了一些割据一方的军事集团。经过官渡之战、赤壁之战等几大战役，曹操及其子曹丕建立了魏国，刘备建立了蜀汉，孙权建立了吴国，形成了魏、蜀、吴三足鼎立的局面。

三国后期，曹魏的力量日益强大。公元263年，曹魏政权首先消灭了当时力量最弱小的蜀汉政权。公元265年，司马炎夺取曹魏政权，建立晋朝，史称西晋。公元280年西晋灭吴，结束三国鼎立局面，实现了全国统一。但由于统治阶层内部矛盾重重，西晋统一没多久就爆发了持续16年之久的八王之乱。八王之乱给社会秩序和经济带来了严重的破坏，西北的少数民族趁乱南下中原，西晋很快灭亡。

从此中国北方陷入混乱不堪的割据局面，前前后后一共出现了16个政权，相互之间征战不休，给人民生活带来了深重的灾难。在北方混战的过程中，许多百姓纷纷向相对而言比较和平的南方迁移，使中国经济重心逐渐南移，长江地区的社会经济得到了大发展。

在北方地区，前秦曾经有过短暂的统一，但秦主苻坚不思巩固统治，一味要统一全国，决定南下讨伐东晋。

西晋灭亡后，宗室司马睿在一些世家大族的支持下于建康（今江苏南京）称帝，重建晋朝，史称东晋。东晋政权由一些南渡的世族把持，他们中的许多人也想打回北方去。这样，公元383年，前秦与东晋在淝水展开大战，以东晋的胜利而告终。

但东晋内部矛盾重重，无力收复北方失地，只能采取防御姿态。不久之后，东晋灭亡，南方先后建立了宋、齐、梁、陈四个朝代。而在北方，前秦于淝水之战大败后，政权迅速消失，北方广大地区重又陷入四分五裂的局面。经过纷争，鲜卑贵族拓跋氏建立的北魏曾经再次短暂统一了北方。北魏吸取了前代迅速灭亡的教训，于孝文帝时开展改革，努力汉化，促进了北方各民族间的融合，对中国多民族的统一做出了贡献。

北魏后期，统治者为了争夺权力而内斗不止，分裂为北周和北齐两个国家，最终由北周贵族杨坚于公元581年建立隋朝。到公元589年，隋朝消灭了南方的陈朝，中国终于实现了近400年来的再次全国统一。

封建社会的繁荣时期（隋唐王朝）：在民族大融合和南北经济发展的基础上，隋朝实现了统一。全国统一后，社会秩序安定下来，农业、手工业和商业得到发展，封建经济开始呈现了繁荣局面。官制改革和科举制创立，对后世产生了重大影响；大运河的开凿，对南北经济交流起了很大作用。

隋炀帝即位后，好大喜功，穷兵黩武，很快激发了社会矛盾，农民起义此起彼伏。在反隋的各个势力中，李渊最终扫灭群雄，建立了唐朝。唐朝是继汉朝之后中国又一个强盛的封建王朝。唐初统治者吸取隋亡教训，注意与民休息，统治较为开明，经济发展迅速，社会秩序稳定。出现了“贞观之治”和“开元盛世”的良好社会局面，封建经济得到新的发展，这也是我国封建社会最为辉煌的时期。唐朝是一个强盛的多民族国家，各民族之间的联系加强，同亚洲各国的经济文化交流也空前频繁。

公元755年的安史之乱，是唐朝由盛而衰的转折点。此后唐朝中央宦官跋扈、朋党纷争，地方藩镇割据，北方契丹兴起，整个政局动荡不堪。公元874年，爆发了黄巢起义，此后长达10年的农民大起义虽然最终被镇压下去，但却沉重打击了唐朝的统治。

隋唐时期，中国南北统一，疆域广阔，经济发达，中外文化交流频繁，在此基础上，各族人民共同创造了辉煌灿烂的文化。

民族融合的进一步加强和封建经济的继续发展时期（五代辽宋夏金元）：在唐朝末年农民起义中，朱温于公元907年废掉唐哀帝，建立后梁政权，唐朝正式灭亡。后梁的建立，标志着中国重新陷入四分五裂之中。此后50多年的时间里，中原地区先后出现了后梁、后唐、后晋、后汉、后周五个短命王朝，同时南方和北方还先后有10个割据政权，因此，这一时期在历史上被称为“五代十国”。

五代十国时期，中原地区再次成为主要战场，各国纷争进一步破坏了北方地区的社会经济，而同时的南方政权则比较注意发展农业和商业，使中国经济重心彻底南移。五代十国后期，后周逐渐强大，为后来结束割据混乱局面奠定了基础。

公元960年，宋太祖赵匡胤在陈桥驿黄袍加身，建立北宋。经过多年征伐，终于统一了中国大部分地区，结束了五代十国的分裂局面，同时采取一系列措施，加强了中央集权。北宋中期，出现了财经困难等危机，为了克服困难时局，北宋采取了王安石变法。但是此次变法不但没有使宋朝富强，反而成为新旧朋党之争的斗争工具。由于北宋末年，政治腐朽，防备空虚，导致被女真人建立的金朝消灭。

北宋时，同其并立的少数民族政权，有契丹族建立的辽，有取代辽的女真族建立的金，还有党项族建立的夏。各民族政权之间，不断进行战争，同时也加强了经济文化交流，促进了各民族的繁荣与发展。

北宋宗室赵构在南方建立南宋，偏安一隅，不思恢复，而金国在占领北方后也迅速腐化。宋金两国对峙了很长时间，最后都被蒙元帝国所消灭。

元世祖忽必烈于1271年建立了元朝，是从成吉思汗开始建立的盟国大帝国的一部分，并于1279年彻底灭亡了南宋残余势力。元朝的建立，促进了多民族国家的进一步发展，它实行的行省制度，有效管辖了全国各地管的政权。

宋元时期，各民族经济交往频繁，手工业、商业和城市经济较前代繁荣，中国同亚、欧、非各国联系加强，文化科技达到了高度繁荣的水平。

统一的多民族国家的巩固和封建制度的逐渐衰落（明清时期）：元朝末年，为争夺帝位，统治阶级内斗不止，加之吏治腐败，阶级矛盾尖锐，最终爆发了全国范围的反元农民大起义。在反元起义中，朱元璋从一个游方和尚成长为一方领袖，并于1368年建立了明朝，很快赶跑了蒙古统治者，完成了统一大业。

明朝前期，废除宰相制度，实行特务统治，将皇帝权力推上了顶峰，使中国封建集权制度发展到极致。明朝初期的几个皇帝励精图治，出现过“仁宣之治”的良好局面，在对外关系上，郑和七下西洋的壮举既加强了中外联系，也传播了中华文明。明朝中后期，随着商品经济的发展，江南一些地区出现了资本主义生产关系的萌芽。但明朝后期，封建专制统治异常腐败，人民生活极端困苦，终于爆发了以李自成为代表的农民起义。1644年李自成率部进入北京，明朝灭亡。

明朝中后期，女真族崛起于北方。1616 年努尔哈赤建立了女真族政权，国号大金，史称后金。皇太极将女真改名为满洲，与 1636 年称帝，并改金为清。清军于1644 年入关，经过多年大战，最终定鼎中原，成为中国最后一个封建王朝。清朝前期统治者进一步加强专制主义中央集权，除处设立内阁、六部以外，还增设军机处；社会经济发展，国家富足，文治武功都有所发展。但清朝实行闭关锁国的政策，乾隆帝之后，国力日衰。与此同时，英、美、法等国已经逐渐完成第一次工业革命，走上了资本主义道路，市场广大而国力虚弱的中国成为他们眼中的猎物。

1840 年，第一次鸦片战争爆发，清朝失败后签订了丧权辱国的《南京条约》，此后中国逐步进入半殖民地半封建社会。此后，有识之士虽进行了各种努力，力图挽救没落的封建制度，但是历史的车轮无疑已经将封建社会抛在了后边，封建社会制度走到了它的尽头。

2. 变革与革命

1840 年第一次鸦片战争后，以林则徐、魏源为代表的仁人志士首先从噩梦中惊醒，睁眼看世界，一方面认识到西方船坚炮利的巨大威力，另一方面也是为了维护摇摇欲坠的满清帝国，他们率先产生了学习西方科学技术的愿望，提出了“师夷长技以制夷”的主张。基于这样的认识水平和历史条件，在 19 世纪 60 年代末，中国开始了一场由封建地主阶级领导企图借助西方的船坚炮利来“富国强兵”的“自强”运动和洋务运动。

洋务运动的目的和实质，并不是想从根本上改变封建的经济基础和上层建筑，而只是想通过借用西方的先进技术来给这个衰退没落的偌大帝国注入一剂补药，增添一丝活力。

如果说洋务运动由于自身的局限性而没有达到振兴国运的目的，那么，戊戌维新则正是看到这一局限而进行的一场资产阶级的改革运动。它突破了“中体西用”的洋务运动模式，第一次提出了不仅要学习西方先进的科技，而且要学习西方先进的各种制度，开启了全面学习西方资本主义文明的先河。然而，它的结局又如何呢？在国内封建顽固势力的疯狂镇压下，只历时了 103 天便夭折了，它留给后人的只是在京城上空回荡的“有心杀贼，无力回天”的悲壮呼号。

资产阶级的改良运动不能救中国，资产阶级的革命运动又如何呢？中国民主革命的先行者孙中山先生看到了在封建专制统治下资产阶级改良运动的不彻底性，为此，他提出三民主义纲领，领导辛亥革命推翻了君主专制制度，在中华大地上树起民主共和的旗帜，开创了完全意义上的资产阶级民主革命运动，为 20 世纪中国革命道路的进一步发展扫清了一个重要障碍。但是孙中山先生选择的资产阶级革命并没有实现国家独立、民族解放和社会进步，而国民党的统治更使中国陷入“三座大山”的压迫之中。

近代中国的几次变革运动之所以流产，近代中国之所以未能走上资本主义道路，依我之见，主要有两个方面的原因：从国内方面看，当近代资本主义文明浪潮汹涌而来时，这时整个民族急需进行资产阶级的文明启蒙，然而封建统治者却不顾时势，安于现状，抱残守缺，闭关锁国；待到他们中的有识之士从炮火中惊醒、睁开眼睛面向世界时，先是只看到别人的一技之长，幻想“中学为体，西学为用”；等到实实在在认识到落后于别人、想真心实意地学习时，历史的发展已经不再给我们这个机会了。这时不仅国内顽固保守的封建势力坚决反对，而且外部环境也不允许中国走上独立发展的资本主义道路。因为 19 世纪以来，世界资本主义已由自由竞争向垄断帝国主义过渡，帝国主义列强通过争夺殖民地的高潮已经基本上把世界瓜分完毕，中国成了列强在东方争夺的“唯一富源”，一时间出现了瓜分中国的狂潮。

这时的帝国主义列强不愿中国成为一个独立强大的资本主义国家，他们需要的只是一个依附于列强的廉价的劳务市场、广阔的投资场所、肥沃的原料产地。为了实现这一野心和利益的需要，帝国主义列强就和中国的封建势力勾结起来，共同绞杀中国人民的爱国救亡运动。这就是近代中国的变革必然失败的重要原因，也是导致资产阶级改良性质的戊戌维新和革命性质的辛亥革命相继失败的一个主要原因。

在中国前途一片暗淡的时候，1921年，中国共产党的成立给中国革命带来了新的希望和真正意义上的光明。历经三次国内战争、八年抗日战争、两次国共合作，终于中国人民在中国共产党的领导下于1949年建立了中华人民共和国，中国人民站起来了！

二、中国传统文化

1. 中国传统文化的特征

中国传统文化是一种从“农业-宗法”社会的土壤中生长出来的伦理型文化。正如世界上其他民族的文化一样，中国传统文化确有其不容置疑的优点，同时也有明显的缺陷和不足。

(1) 中国传统文化的优点

① 积极的入世精神。中国文化一直是积极入世的，而不是消极出世的。以中国文化的代表——儒家文化为例，其主流都是经世致用、兴邦治国、教民化俗的。儒家所言“内圣外王”、“修齐治平”，都是要求将内在的思想外化为积极的事情。道家看似虚玄，倡言“无为”，然而其真正的目的却是为了“无不为”。法家文化一切以实效为依归，具有更明显的现实精神。

② 强烈的道德色彩。中国古代的社会组织、经济结构和政治宗教设施，无一不是与宗法血缘关系紧密结合在一起的。其积极作用表现在：具有强大的凝聚力、和谐人际关系的作用。

③ 顽强的再生能力。中国传统文化最富于魅力并引起世人赞叹的，不仅在于它的古老，更在于它在内忧外患之中，一次又一次表现出来的顽强再生能力。除了环境等因素，中国传统文化本身所具有的生生不息的活力，贯穿于中国民族历史活动中的那种“天行健，君子以自强不息”的顽强精神，以及中国古代朴素系统论所具有的涵盖面广、常变相参的思维机制，也是这种情况得以出现的重要原因。

④ 注重“中和”的思想方法——中庸之道。“中和”思想突出强调了两个侧面：一是“中”，即把握事物的量的准确性；二是“和”，即不同因素、不同方面的合理组合、对立统一。这种思想方法在古代中国社会曾经促使中国人民在很大程度上实现自身协调、天人协调和人我协调，对于民族团结、社会稳定起到了积极作用。

(2) 中国传统文化的缺点

① 重道德而轻事功。在德智关系上，儒家认为，人格远远要比知识重要。在义利关系上，虽然也有“义以生利”的说法，但“何必曰利”的观念却是长期深植于中国古代知识分子的心灵之中。这种文化取向，造成中国古代的知识分子空谈心性而轻视实践，寻觅“良知”而鄙视对客观世界的探索，以致阻塞了探索知识、改造世界的雄心和锐气。

② 尚“义理”而鄙“艺器”。儒家有所谓“形而上者谓之道，形而下者谓之器”之说，

人们认为“为道之学”可以传诸天下，而“形名度数之学”则不可登大雅之堂。中国的科学研究长期得不到鼓励，并只是掌握在一些“匠人”之手，因而总是感性的，缺乏理论和逻辑，往往不能形成科学公理。

③ 法经典而薄今世，尊“往圣”而抑个性。在文化学乃至科学方面，人们不是致力于总结经验，推陈出新，而是对圣贤经传注、疏、训、考不绝。这虽然也能在前人的基础上补缀若干新的知识，但总的看来绝难超越前人规定的范围，使学术得不到突破性进展。这种陈陈相因的思维定势，必然妨碍自由争鸣风尚的普及，也必然会泯灭人们的个性和创造精神。

2. 中国传统文化的基本精神

中国传统文化的基本精神从实质上看，就是中华民族的民族精神。中国传统典籍集中了中华民族博大的智慧，内蕴着丰富的民族精神资源。孔子的《论语》、老子的《道德经》，还有《孟子》、《管子》、《周易》、《尚书》、《颜氏家训》等，都是中华民族的思想宝库，有着丰厚的文化积淀，难怪外国人都对中国文化表示出特有的惊慕和敬仰，以致诺贝尔奖获得者曾集体发布一个宣言，认为人类要在21世纪生存下去，需要从中国古代孔子那里寻找智慧。的确如此，中国传统文化典籍中蕴含的思想精华，值得中国人自豪和骄傲。像“天行健，君子以自强不息”的进取精神；“富贵不能淫，贫贱不能移，威武不能屈”的高尚情操；“博施于民而能济众”、“大道之行也天下为公”的崇高理想；“三军可夺帅也，匹夫不可夺志也”的浩然正气；“先天下之忧而忧，后天下之乐而乐”的博大情怀等；像儒家典籍中的“仁者爱人”、“言而有信”、“见贤思齐”、“志士仁人，无求生以害仁，有杀身以成仁”、“躬自厚而薄责于人”、“己所不欲，勿施于人”、“己欲立而立人，己欲达而达人”等，这些仍然是中华民族精神十分珍贵的资源。素以勤劳、勇敢、智慧著称于世的中华民族，在五千年的发展中，形成了吃苦耐劳、矢志不渝、自强不息、温柔敦厚、择善而从的民族性格和以国家、民族利益为重的伦理观念。其内容主要包括这样几个方面：

一是自强不息。“天行健，君子以自强不息”、“穷则变，变则通，通则久”，就是几千年来中华儿女奋发有为、昂扬向上精神状态的生动写照。

二是忧患自省。“先天下之忧而忧，后天下之乐而乐”，突出表现了中国人民以天下为己任的高度历史责任感。

三是和平安定。提倡“和为贵”、“和也者，天下之达道也”，注重营造一种和谐、安定的社会局面。

四是正道直行。提倡“养浩然正气”，弘扬“君子坦荡荡”、“富贵不能淫，贫贱不能移，威武不能屈”的民族气节和道德情操。这几个方面，都有着中华民族优秀传统文化的深深烙印，是民族精神的精华，体现了鲜明的民族特性。

3. 中西文化差异

西方文明建立在古希腊的传统之上，在思维方式上以亚里士多德的逻辑思维为特征；而以中国为代表的东方文化，建立在深受儒教和道教影响的东方传统之上，在思维方式上以辩证思维为主要特征。西方文化在长期的发展中，从古希腊文化的民主思想，到文艺复兴发展到极致，色彩浓重地描述着追求独立人格、个性解放、强调个人主义的画面。这一方面促使西方文化异军突起，人才辈出，成绩卓著；另一方面也造成了意识形态的混乱，个人主义的无限膨胀，形成了自我表现的个人主义价值观。与西方人相比，东方人在思考问题时，通常是从总体的角度对问题加以分析，强调事物的普遍联系和关系，主体和客体相融合。西方倾向于主体和客体相分离，在处理客体时，会把客体从所处的背景中分离出来，专注于事物本身具有的特征和功能。中西文化还有一些有规律的东西，中西文化互根、互构、互补、互彰、互抗、互振，阴阳循环互进。只有意识到差异，才能正视差异，分析问题时，强调化整为零，从局部入手，通过对局部的认识达到对整体的把握，才能为解决因差异而导致的跨文化冲突寻到一把开启的钥匙。使“娴静”的中国传统文化与“跃动”的西方文化相映，使东方的责任意识和西方的权利思想相辅从而生成绚丽多彩的人类文明图画。

三、中国古代思想学说

1. 春秋战国时期的诸子百家

在中国思想史上，春秋战国无疑是一个虎气腾腾的时代。其后两千多年，无论是在文化还是思想方面，都不曾超越那时的辉煌。春秋战国时代，是我国古代社会大动荡、大变革、风云变幻的时期。社会经济、政治、思想文化都在激烈而又复杂的阶级斗争中发生很大的变化。在剧烈的社会变革中，各诸侯国的阶级关系不断出现新变化，不同的阶级与阶层的代表人物，对社会变革发表不同主张，于是“诸子百家”便应运而生。以诸子百家为代表的思想文化，对中华民族几千年灿烂文化有着极其深远的影响，为千秋万代留下了极其宝贵的财富，为人类文化做出了极其巨大的贡献。

“诸子”，是指这一时期思想领域内反映各阶层、阶层利益的思想家及著作，也是先秦至汉各种政治学派的总称，属春秋后才产生的私学。“百家”表明当时思想家较多，但也是一种夸张的说法。主要人物有孔子、孟子、墨子、荀子、老子、庄子、列子、韩非子、商鞅、申不害、许行、告子、杨子、公孙龙子、惠子、孙武、孙膑、张仪、苏秦、田骈、慎子、尹文、邹衍、吕不韦等。

关于对诸子百家的派别归类。《汉书·艺文志》中的刘歆《七略》的诸子略分为十家：儒、道、阴阳、法、名、墨、纵横、杂、农、小说。除去小说家不谈，所以称“九流十家”。

诸子百家中，儒家创始人孔子因继承三代中原文化正统，在诸子百家中脱颖而出。以致儒家学说不仅在诸子百家中地位显著，而且还成为传统文化的主流、核心内容，对中华民族精神的形成产生了无与伦比的影响。事实上，我们可以说，儒家并非通常意义上的学术或学派，儒家学说是华夏民族的文化精华，也是华夏固有价值系统的一种表现。它已渗透到传统文化的每一根毛细血管之中，极大地影响着中国文化的每一个领域。凡是从中国土壤中产生的学说思想、宗教派别，甚至是外来文化、外来宗教，都不能避免带上儒家文化的痕迹。于今而言，犹不止此。

儒家思想亦对世界文化产生了永久的影响。我们知道，日本和“四小龙”推崇儒学也是在已实现或者基本实现现代化后，为解决现代化所带来的信仰危机、道德滑坡问题而采取的补偏救弊措施。所谓“东南亚文化圈”，基本上就是以儒学为主体的文化构成模式。它有力地推动了东南亚的社会文明与进步。随着历史的发展，儒家伦理正在进入西方国家。

由于春秋战国时期的分裂局面，各个学派在建立时大都有一定的地域性，如邹鲁（山东曲阜）是儒、墨的发祥地；三晋（山西翼城）是法家的温床；南方是道家的摇篮；而燕、齐（河北北部、山东临淄）是阴阳家的诞生地。

诸子之所以说是政治学派的总称，是因为其各家的基本宗旨大都是为国君提供政治方略。儒家主张以德化民；道家主张无为而治；法家主张信赏必罚；墨家主张兼爱尚同；名家主张去尊偃兵。汉代以后，墨家和名家成为绝学，农家独立成一门技术性学科，阴阳家演化为神秘的方术。因此对后来大一统王朝政治产生影响的只有儒、道、法。

诸子百家的许多思想给后代留下了深刻的启示。如儒家的“仁政”、“己所不欲，勿施于人”的“恕道”；孟子的古代民主思想；道家的辩证法；墨家的科学思想；法家的唯物思想；兵家的军事思想等，在今天依然闪烁光芒。即便是那些“诡辩”的名家，也开创了中国哲学史上的逻辑学领域。我们可以、也应该借鉴儒家的刚健有为精神，来激励自己发愤图强；借鉴儒家的公忠为国精神，来培育自己的爱国情怀；借鉴儒家的“以义制利”精神，来启示自己正确对待物质利益，借鉴儒家的仁爱精神，来培育自己热爱人民的高尚情操；借鉴儒家的气节观念，来培育自己的自尊、自强的独立人格；也借鉴墨家的“兼爱”、“尚贤”、“节用”；道家的“少私寡欲”、“道法自然”；法家的“废私立公”等思想。

儒家的主要代表人物有孔子、孟子、荀子等。儒家崇尚《周礼》，认为人人安分守己，互相关怀，达至一个大同世界，就是“仁”。“仁”是儒家的核心内容。其主要内容如下：

伦理观：“仁”是伦理道德的总纲。“仁”就是“爱人”，君主要体民情、爱惜民力，反对苛政。若要实践仁德，需要“忠”和“恕”。“忠”是尽自己的本分；“恕”是推己及人。提倡以“礼”、“乐”，约束人的行为，陶冶人的性情。

政治观：主张以礼义治国，恢复西周时期的德治。而社会各阶层人士应尽本分，以达至“君君、臣臣、父父、子子”的和谐局面，这就是正名思想。

教育观：孔子提出“有教无类”的主张，认为教不应分贵贱贤愚。他认为“因材施教”是理想的教学方法。他又提倡“温故知新”及“举一反三”等学习方法。

宇宙观：对鬼神之说抱着“存而不论”的态度，主张“敬鬼神而远之”，但却十分重视祭祀祖先。其后孟子以“性善说”论述“仁”，“人之异于禽兽者，几希。”他认为人性本善，具备了恻隐、羞恶、辞让、是非四种善端，加以发扬，便可成为仁、义、礼、智的德行。荀子主张“性恶论”，认为人与禽兽无异，“饥而欲饱，寒而欲暖”，若顺从人的本性而行，必会引起纷争。他主张通过教育改变人的本性，为善去恶。荀子强调通过“礼治”维持社会秩序，使社会各阶层人士安守本份，社会便能安定。儒家学说所倡导的“仁、义、礼、智、信”，被历代统治者及学术界所尊崇，成为中国传统思想的核心及道德的主流。

道家的主要代表人物有老子、庄子。“道”是老庄学说的思想中心，是一切事物的根源。“道”亦是循环不息。道家强调凡事均无需强求，应顺应自然，达至“道”的最高境界。道家精神在于精神上的超脱，不界限于形躯，只求逍遥及心灵上的开放。以下是道家的观念：

宇宙观：“道”是无形及不可见的，是超时空的绝对精神，是宇宙最高本体及一切事物的根源。

政治观：春秋战国时期，战争不断，民生困苦，人们必须放弃逞才、逞智、逞强、逞力，回归朴素、无知的境界，以“无为”治理天下，天下才能和平安定。最终希望回复“小国寡民”的原始社会。

人生观：万物都有对立面，物极必反。因此，人们必须“知足寡欲”、“柔弱不争”、“顺应自然”，抛弃一切礼教的枷锁，才能避免灾祸。

墨家的主要代表人物是墨子。尚贤尚同是墨家的基本政治纲领。墨家与儒家并称“显学”。以下是墨家的观念：

伦理观：提出“兼爱”，主张爱不应有亲疏、上下、贵贱、等级的分别。他认为天下之所以大乱，是由于人不相爱。

政治观：主张“尚贤”、“ 尚同”，提倡选任贤才，消除阶级观念，使天下大治，主张

"非攻"，反对一切侵略战争。

经济观：反对奢侈的生活，主张节俭，提出"节用"、"节葬"、"非乐"的思想。

宇宙观：提出"非命"，认为命运不能主宰人的富贵贫贱，强调只要通过后天的努力就可以改变。为了求福避祸，他又主张"尊天"、"事鬼"。墨家讲求刻苦、节俭，"兼爱"比"仁爱"更难遵从，又因记载较少，所以日后发展不大。

法家的主要代表人物有韩非子、商鞅等。法家是先秦诸子中对法律最为重视的一派，主张"以法治国"，而且提出了一整套的理论和方法。这为后来建立的中央集权的秦朝提供了有效的理论依据，后来的汉朝继承了秦朝的集权体制以及法律体制，成为中国古代封建社会的政治与法制主体。法家重视法律，反对儒家的"礼"，反对贵族垄断经济和政治利益的世袭特权，要求土地私有和按功劳与才干授予官职。法律的作用就是"定分止争"，也就是明确物件的所有权。"兴功惧暴"，鼓励人们立战功，而使那些不法之徒感到恐惧，兴功的最终目的是富国强兵，取得兼并战争的胜利。法家反对保守的复古思想，主张锐意改革。他们认为历史是向前发展的，一切的法律和制度都要随历史的发展而发展，既不能复古倒退，也不能因循守旧，提出"不法古，不循今"的主张。韩非则集法家大乘，提出"时移而治不易者乱"，把守旧的儒家讽刺为守株待兔的愚蠢之人。商鞅、慎到、申不害三人分别提倡重法、重势、重术，各有特点。韩非提出了将三者紧密结合的思想。法是指健全法制；势指的是君主的权势，要独掌军政大权；术是指驾驭群臣、掌握政权、推行法令的策略和手段，主要是察觉、防止犯上作乱，维护君主地位。

名家的主要代表人物有公孙龙、惠施等。名家是以提倡循名责实为学说的流派，提倡"正名实"，正是"正彼此之是非，使名实相符"。战国期间，局势动荡、混乱，很多礼法名存实亡。名家由此崛起，强调事物应该"名副其实"，借以令天下一切事情走上正确的轨道。名家注重辩论"名"与"实"之间的关系，是一种逻辑学。名家与各家不同之处，正是在于"正名实"的方法。他们主要是以逻辑原理来分析事物，而辩的内容，又多半是与政治实务无关的哲学问题。因此，名家的理论在中国五千年来的学术沿传里，一直被冠上一个"诡辩"的恶名。名家的没落，除了因为不受上位者的支持之外，也因为弟子们并无能出前人的创新主张。

阴阳家的主要代表人物是邹衍。阴阳家在自然观上，利用《周易》经传的阴阳观念，提出了宇宙演化论；又从《尚书》的"九州划分"进而提出"大九州"说，认为中国为赤显神州，内有小九州，外则为"大九州"之一。在历史观上，则把《尚书》的五行观改造为"五德终始"，又称"五德转移"。"五德"指五行的属性，即土德、木德、金德、水德、火德。按阴阳家的说法，宇宙万物与五行对应，各具其德，而天道的运行、人世的变迁、王朝的更替等，则是"五德转移"的结果。其目的在为当时的社会变革进行论证。在政治伦理上，阴阳家认为"止乎仁义节俭，君臣上下六亲之施"，赞成儒家仁义学说。同时强调"因阴阳之大顺"，包含若干天文、历法、气象和地理学的知识，有一定的科学价值。汉初阴阳家还存在，武帝罢百家后，部分内容融入儒家思想体系、部分内容为原始道教所吸收，作为独立学派的阴阳家便不在了。

纵横家的代表人物有苏秦、张仪等。"纵"指"合纵"，"横"指"连横"。所谓"合纵"，是指战国时齐、楚、燕、韩、赵、魏六国联合抗秦的外交策略。所谓"连横"，是指以上六国分别与秦国结盟的外交策略。"纵"与"横"的来历，据说是因南北向称为"纵"，东西向称为"横"。六国结盟为南北向的联合，故称"合纵"；六国分别与秦国结盟为东西向的联合，故称"连横"。所谓纵横家，是指鼓吹"合纵"或"连横"外交策略的人物。苏秦和张仪为最著名的纵横家，没有苏、张，就不存在合纵与连横，自然也就不会有所谓的纵横学和纵横家。苏秦和张仪学说多散见于史书之中，而少有专著。

杂家的代表人物是吕不韦等。严格来说，“杂家”并不是一门有意识、有传承的学派，所以他也并不自命为“杂家”的流派。自从《汉书·艺文志》第一次把“吕氏春秋”归入“杂家”之后，这个学派才正式被定名。春秋战国时代，百家争鸣，各家都有自己的对策与治国主张。为了打败其他流派，各学派或多或少地吸收其他流派的学说，或以攻讦对方，或以弥补自己学说的缺陷。然而，任何一个流派也都有其特色与长处，而“杂家”便是充分地利用这个特点，博采众议，成为一套在思想上兼容并蓄、却又切实可行的治国方针。

农家的代表人物是许行。农家者流，出于农稷之官。其言多重播百谷，劝农桑，以足衣食。故有八政：一曰食，二曰货。连孔子亦曰：“所重民食。”故可见此为其所长。农家主张与民同耕，进而论及君民并耕，此可说是一个很大的自由平等之观念，故不免引起重视“正名”的儒者反对，认为这是弃君臣之义，徇耕稼之利，而乱上下之序。因农家书多为农圃之技，而非学理，故能免于秦始皇之《焚书令》。但其最高之理想为与民同耕，虽为一平等阶级口号，但亦不容于儒者，是故其著多亡佚。

小说家的代表人物是虞初。小说家者之起源，当盖出于稗官，即出于以说故事为生者。其意多为街谈巷语，道听途说者之所造。传载舆人之诵，诗美询于刍荛。古时之人以圣人在上，史为书，瞽为诗，工诵箴谏，大夫规诲，士传言而庶人多以之谤之。而至孟春，徇木铎以求歌谣，巡省观人诗，以知风俗。过则正之，失则改之，道听途说，靡不毕纪。小说家者能代表平民社会之四方风俗。然亦因其之小道，而不为世人所重，终致弗灭。

兵家的代表人物是孙膑、孙武等。兵家是中国古代对战略家与军事家的通称，又特指先秦对战略与战争研究的派别。兵家的重要著作有《孙子兵法》、《吴子》、《孙膑兵法》、《司马法》、《六韬》、《三略》和《尉缭子》等。兵家集大成者是孙武的《孙子兵法》。中国自古以来兵家一直是受到重视的。兵书在中国的发展源远流长，兵书产生于西周，成熟于春秋。如何从宏观上把握战争，是兵法的关键。战争是政治的继续，关系到一国或一民族的生死存亡或被人奴役的大事。兵法既是统治国家、制定国家战略的指引；又是领兵打仗、制定战争战略与策略的参考。

医家的代表人物是扁鹊。中国医学理论的形成，是在公元前五世纪下半叶到公元三世纪中叶，共经历了七百多年。公元前五世纪下半叶，中国开始进入封建社会。从奴隶社会向封建社会过渡，到封建制度确立，在中国历史上是一个大动荡的时期。社会制度的变革，促进了经济的发展，意识形态、科学文化领域出现了新的形势，其中包括医学的发展。医家泛指所有从医的人。

2. 儒家历史地位的变迁

春秋时期孔子创立儒家学说。“仁”是孔子思想体系的核心，主张以爱人之心调解与和谐社会人际关系。孔子维护周朝的“礼”，主张贵贱有“序”，这是他政治思想中的保守部分。战国时期的孟子发展了孔子的学说，政治上主张仁政，并提出“民贵君轻”的思想，主张政在得民，反对苛政。主张给农民一定的土地，不侵犯农民的劳动时间，宽刑薄税。儒家思想开始与政治相结合。荀子：唯物主义思想，认为自然界有自己的规律，可以掌握其规律而利用它。这一时期，儒家是百家争鸣的诸家之一。儒家虽然属于显学，但由于其主张不能适应当时战乱动荡的社会环境，因此未被统治者所采纳。

秦朝发生焚书坑儒事件，儒家学说受到排斥。焚书坑儒是发生在中国古代的秦朝。在秦始皇三十四年（公元前 213 年），一位朝廷的高官淳于越反对当时实行的“郡县制”，要求根据古制，分封子弟。丞相李斯加以驳斥，并主张禁止“儒生”（读书人）以古非今，以私学诽谤朝政。秦始皇采纳李斯的建议，下令焚烧《秦记》以外的列国史记，对不属于博士馆的私藏《诗》、《书》等也限期交出烧毁；有敢谈论《诗》、《书》的处死，称赞过去的而议论现在政策的灭族；禁止私学，想学法令的人要以官吏为师。这种措施引起许多读书人的不满。第二年，许多方士（修炼功法炼丹的人）、儒生攻击秦始皇。秦始皇派人调查，将四百六十多名方士和儒生挖大坑活埋。历史上称这些事情为“焚书坑儒”。

西汉时期，汉武帝实行“罢黜百家，独尊儒术”，儒学成为正统思想。汉初，在政治上主张无为而治，经济上实行轻徭薄赋。在思想上，主张清净无为和刑名之学的黄老学说受到重视。武帝即位时，从政治上和经济上进一步强化专制主义，中央集权制度已成为封建统治者的迫切需要。主张清净无为的黄老思想已不能满足上述政治需要，更与汉武帝的好大喜功相抵触；而儒家的春秋大一统思想、仁义思想和君臣伦理观念显然与武帝时所面临的形势和任务相适应。于是，在思想领域，儒家终于取代了道家的统治地位。公元前 140 年，丞相卫绾对汉武帝说，现在推荐的官员，都是喜欢法家的思想，但不利于统一思想，他们的言论经常有扰乱舆论的危险。汉武帝于是让各地官员推荐懂得儒家思想的人，他亲自主持考试。董仲舒在回答汉武帝的问题时，回答得非常好。从此，汉武帝就开始重视儒生了，让他们参与到国家的管理中，有的还做了丞相。“罢黜百家，独尊儒术”，是董仲舒提出来的，意思是废除其他很多的思想，只尊重儒家的学说。以后，凡是做官的人都要懂得儒家的学说，而且法官也用儒家的思想来解释法律。独尊儒术之后，中国古代的封建正统思想就开始确立了，但真正的全面确立是到了隋唐时期。

宋朝时期，儒学有了新发展——理学产生发展。理学是以儒家思想为基础，吸收佛教和道教思想形成的新儒学，朱熹是理学的集大成者。其内容有：①“理”是宇宙万物的本原，是第一性的；“气”是构成宇宙万物的材料，是第二性的；②把“天理”和“人欲”对立起来，提出“存天理，灭人欲”，其实质是为封建等级制度辩护。

明清时期，早期启蒙思想产生，儒学受到批判。这一时期，统治者采用八股取士的办法，只在四书五经内命题，文体是八股文。这使得儒家思想成为维护封建专制制度的精神支柱，八股取士也成为一种愚民政策，严重阻碍了科学技术和文化事业的发展。与此同时，早期启蒙思想产生，儒学受到批判。明朝李贽是反封建思想的先驱，他指责儒家思想并非“万世之至论”，否定孔子是“天生圣人”；一定程度上反映了资本主义萌芽的时代要求，带有一定的民主色彩。此外，清初产生了三大民主启蒙思想家（生活在明末清初）：黄宗羲，猛烈批判封建君主专制制度，提出君主是“天下之大害”；提倡法制，反对人治；反对重农抑商，主张工商皆本。顾炎武，强调经世致用的实际学问，著有《天下郡国利病书》；反对君主专制。王夫之，唯物主义思想家，认为“气”是物质实体，“理”是客观规律，提出“气者，理之依也”和“天下唯器”的唯物观点。他还提出“静即含动，动不舍静”，即运动是绝对的、静止是相对的朴素辩证法思想。他用发展的观点来看待历史，提出在政治上要“趋时更新”。

戊戌变法期间，康有为、梁启超把西方政治学说同传统儒家思想相结合，来宣传维新思想，利用孔子的权威为变法制造理论依据。资产阶级维新派同封建顽固势力的论战，是资本主义思想同封建主义思想的正面交锋，使一些知识分子开始摆脱封建思想的束缚。1898 年的百日维新期间，光绪帝的诏书中有废除八股、改试策论的内容，但很快被慈禧废除。

19 世纪晚期，西方资本主义思想传入，资产阶级民主革命思想开始传播。此后，辛亥革命建立起资产阶级共和国，民主共和的观念深入人心，儒家正统地位受到猛烈冲击。

北洋军阀统治时期，袁世凯在文化领域掀起“复古”逆流，为复辟帝制摇旗呐喊。但1915年兴起的新文化运动，猛烈批判旧道德，提出了“打倒孔家店”的口号，动摇了封建思想的正统地位。五四运动后，马克思主义广泛传播，在马克思主义科学真理指导下，新民主主义革命一步步取得胜利，儒学正统地位逐步废除。

因儒家思想特有的大一统意识、民本意识、道德意识、和谐意识等，对维护中华民族统一、建立和谐的人际关系、增强历史的使命感和责任感、谋求社会的共同发展和保护生态环境都不无裨益，因此，新时期改革开放以来，儒家思想地位有所提升，成为进行传统文化和道德教育的主要阵地。同时出现了现代新儒家派，其主要的代表人物有梁漱溟、张君劢、熊十力、冯友兰、方东美、马一浮、贺麟、唐君毅、牟宗三、徐复观等人。

四、中华典章制度与科技

1. 古代制度

(1) 官吏选拔制度

两汉的察举制。察举制即选举，是一种由下而上推选人才为官的制度。这是两汉选用官吏最主要的途径之一。汉武帝继位后，令郡国岁举孝、廉各一人，建立起人才选拔制度，孝廉成为士大夫做官的主要途径。岁举人才，对象有吏有民。实际上包括才能之士和品德优秀之人。东汉时期，察举制注重孝廉一科。察举主要根据人才在地方上的声望，称为乡举里选。随着地方豪强实力的发展，封建国家的行政组织日趋瘫痪。声望影响逐渐被官僚家族所支配，门第望族成为选举的主要依据，累世公卿的世家地主因此形成并发展起来。

三国魏晋南北朝时期的九品中正制。这是魏晋南北朝时维护世族特权的官僚选拔制度。东汉末，曹操当政，施行“唯才是举”。至延康元年（公元220年），魏文帝曹丕采吏部尚书陈群议，推选各郡有“声望”的人，出任“中正”，将当地士人按“才能”分别评定为上上、上中、上下、中上、中中、中下、下上、下中、下下九品（九等），每十万人举一人，由吏部按等选用，授予官职，谓之“九品官人法”。三国魏齐王曹芳时，司马懿当政，于各州设大中正，用世族豪门担任，选取原则以“家世”为重。从此，形成“上品无寒门，下品无势族”的门阀制度，九品中正制亦成为世族地主操纵政权的工具。至隋废止，改行科举制。《晋书·刘毅传》：“毅以魏立九品，权时之制，未见得人，而有八损，乃上疏曰……今之中正，不精才实，务依党利；不均称尺，务随爱憎。所欲与者，获虚以成誉；所欲下者，吹毛以求疵。高下逐强弱，是非由爱憎。随世兴衰，不顾才实，衰则削下，兴则扶上，一人之身，旬日异状。或以货赂自通，或以计协登进，附托者必达，守道者困悴……是以上品无寒门，下品无势族。”又“由此论之”选中正而非其人，授权势而无赏罚，或缺中正而无禁检，故邪党得肆，枉滥纵横，虽职名中正，实为奸府；事名九品，而有八损……古今之失，莫大于此。

科举制。随着士族门阀的衰落和庶族地主的兴起，魏晋以来选官注重门第的九品中正制，已无法继续下去。隋文帝继位以后，废除九品中正制，开始采用分科考试的方式选拔官员。隋炀帝时，始建进士科，科举制形成。

唐朝继承和完善科举制度。贞观时（唐太宗李世民），增加了考试科目，以进士、明经（经义）两科为主。武则天时，大量增加科举取士的人数，还首创了武举和殿试。开元年间

（唐玄宗李隆基），用高官主持考试，提高了科举考试的地位，以后成为定制。

北宋时期科举制的发展。科举考试分为乡试、省试、殿试三级。考试科目逐渐减少，进士科成为主要的科目。考试方法上实行了糊名法。录取名额比唐朝大大增加。

封建社会由盛转衰——明清。明朝沿袭了前代科举取士制度。为了严厉控制士人的思想，科举试卷仅从儒家的四书、五经中命题，不许发挥个人见解。答卷文体为“八股文”。清朝继续沿袭这种制度，实行了严酷的文字狱，主要是八股取士。

(2) 法律制度

中国古代政治制度的重要组成部分。自夏商周到明清四千多年，中国古代法律制度的发展脉络清晰，有因有革，内容丰富，特点鲜明。

历代立法。中国古代自国家出现后，统治阶级就开始通过国家机关制定法律，建立法律制度。经过几千年的发展，逐步形成了一整套沿革清晰、特点鲜明的法律体系。

夏商周。夏、商、周的法律是奴隶制法律，以习惯法为主，礼刑并用。它体现了王权与族权的统一，渗透了神权思想。夏代是中国第一个奴隶制国家，其法律总称为“禹刑”。《周礼·秋宫·司刑》注：“夏刑大辟二百，膑刑三百，宫刑五百，劓刑各千。”中国古代的刑与法含义相同，刑罚的出现，标志着夏代法律制度已经产生。

“汤刑”是商代法律的总称。《尚书·盘庚》记载：“以常旧服，正法度”。商代已具有成文法律，在古文献中有明确记载，并在考古发掘中得到证实。商朝的刑法严酷，有死刑、肉刑、流刑、徒刑等。卜辞中，有象征残酷刑罚的文字；《简书·康诰》载：“罚蔽殷彝，用其义刑义杀。”战国时荀子亦说：“刑名从商。”

西周的法律制度因于夏、商，到了西周更趋成熟。《周礼》中包含有刑法、民法、行政法、诉讼法等内容。《吕刑》中对犯人施行五种刑罚的规定长达三千条；同时，明确规定了罚金等级和赎刑制度等。

春秋战国。春秋时期，奴隶制法制解体，各诸侯国的法律制度发生重大变化，成文法陆续颁布。郑国执政子产“铸刑书于鼎，以为国之常法”（《左传·昭公六年》杜预注），邓析编订“竹刑”。晋国亦“铸刑鼎，着范宣子所为刑书”（《左传·昭公二十九年》）。成文法的制定和公布，限制了旧贵族的特权，促进了封建生产关系的发展，标志着奴隶制的瓦解。

战国时期封建制确立。各诸侯国陆续颁布了以保护封建私有制为中心内容的封建法律。其中，魏国李悝在总结各国刑法典的基础上制定《法经》6 篇，即《盗》、《贼》、《囚》、《捕》、《杂》、《具》。《法经》是以刑为主、诸法并用的第一部封建法典。秦国统治者奉行法家学说，任法为治。公元前 359 年，商鞅以《法经》为蓝本，改法为律，制定《秦律》6 篇。此外，秦还颁布了大量法令。

秦汉。秦统一六国后，秦始皇把秦国的法律推行全国，第一次建立起全国统一的封建法制。1975 年 12 月，湖北云梦出土的睡虎地秦简，其中有《秦律二十九种》、《法律答问》、《封诊式》3 类法律文书，其内容涉及农业、手工业、商业、徭戍赋敛、军爵赏赐、官吏任免以及什伍组织等社会生活各个领域，说明秦代“莫不皆有法式”的说法是信实的。秦代法律以酷烈而著称于世，刑罚种类繁多，手段也极为残酷，有死刑、肉刑、徒刑、笞、籍没收孥等，对罪犯往往数刑并施。

西汉，萧何以《秦律》为基础，制成《九章律》，确立以律、令、科、比为形式的一整套法律制度。汉武帝“罢黜百家，独尊儒术”，其实质乃外儒内法，正如汉宣帝所说：“汉家自有制度，本以霸王道杂之”（《汉书·元帝纪》）。这种思想构成了封建法律的理论基础，一直为历代封建统治者所奉行。

三国两晋南北朝这一时期各朝都编纂法典。曹魏对法律作了重大修改，制定《魏律》18篇，并改汉具律为刑名，冠于全律之首；规定五刑，使刑名进一步规范化；保护贵族、官僚、地主等8种权贵人物在审判上享有特权的“八议”也正式上升为法律制度，充分体现了“举贤不出世族，用法不及权贵”。这是中国古代刑法的重要发展。其后产生了诸如《晋律》、《北齐律》等。《北齐律》首创“重罪十条”（亦称“十恶”）；北魏、南陈法律中规定的官吏可以官抵罪的“官当”制度，对后世的封建法典皆有重大影响。

隋唐是中国封建社会诸种制度包括法律制度发生重大变革的时期。隋朝制定的《开皇律》在封建法典中占有重要地位。唐代尤为重视立法建设，唐太宗时，制定《唐律》12篇，500条。高宗永徽年间，编定《唐律疏议》30卷，永徽四年（653）颁行全国。唐律把“十恶”特标篇首，律文全面反映了唐代社会的等级划分，明确规定了社会各等级的不同身份、地位、权利和义务，以及它们之间的关系。《唐律》和《唐律疏议》是中国历史上最完整的封建法典，对中国封建法律的发展影响极大，对亚洲一些国家亦有一定影响。

宋元。《宋刑统》是宋代的基本法典。它是以五代时后周的《显德刑统》为基础修改而成的。宋朝全面强化封建专制主义，皇帝可随时颁布敕令作为断罪处刑的依据，诏敕成为最重要和具有最高效力的法律，编敕成为宋代最经常、最重要的立法活动。宋代正式出现“典卖”制度的法律规定。

元世祖忽必烈统一中国后，颁布了《至元新格》；元英宗时制定了《大元通制》。元代法律的基本内容依循唐律，形式上仍沿用宋代的编敕，但改敕为“条例”或“条格”。元朝的法律具有阶级压迫和民族压迫的双重特点。

明、清是中国封建社会后期的两个朝代，在法律上亦反映出封建社会后期的时代特点。明、清法规以律为主，律外有诰、例、令、条例、则例、会典等。

明太祖总结历代统治经验，把“明礼以导民，定律以绳顽”、“治乱世用重典”等作为立法的指导思想，制定了《大明律》、《明大诰》等一系列重要法律。《大明律》是明代最主要的法典。它改唐律12篇为7篇，即在名例律之下按六部官制分吏律、户律、礼律、兵律、刑律、工律，改变了隋唐以来的封建法律体系结构。《明大诰》共4篇，是以诏令形式颁发的，由案例、峻令、训导三方面内容组成的具有教育作用和法律效力的特种刑法。这是中国古代法律制度上前所未有的。明代还加强了经济方面的立法，主要有钞法、钱法、税法、盐法等。

清代制定的《大清律例》，是中国古代历史上最后一部封建法典。它的篇目与《大明律》相同，在沿用唐、明五刑的基础上，又增加了许多新的刑罚及民族压迫条款。在刑罚和诉讼方面，清律规定满人享有各种法律特权。清朝还颁布了用于少数民族地区专有特定内容的单行法律，如《回律》、《番律》、《蒙古律》等。随着封建经济的发展，清律中调整经济关系的内容也大为增加。

2. 中华科技成就

据1975年出版的《自然科学大事年表》记载，明代以前，世界上重要的创造发明和重大的科学成就大约300项，其中中国大约175项，占总数的57%以上，其他各国占42%左右。英国剑桥大学凯恩斯学院院长李约瑟博士研究后指出，中国的发明和发现，远远超过同时代的欧洲。

(1) 天文历法

① 相传夏朝就有了历法，夏历的产生，开创了以天象定农时取代以物候定农时的局面。

商朝沿用夏历，知道闰月，并认识许多星座，商朝甲骨文中就有了世界上最早的日食和月食的记录。春秋战国时期，随着社会的巨大变革和生产力的发展，天文历法方面有了重大突破。

② 东汉时期杰出的科学家张衡发明了用于观察天象的浑天仪和用于测报地震的地动仪。

③ 唐朝僧一行首次测量出地球子午线的长度。

④ 北宋的沈括创制的“十二气历”，有利于安排农事。

⑤ 元朝郭守敬制造了十多种天文仪器，并测出一年为365.2425天，同地球公转同期相差无几，所编《授时历》同现行公历一年日期相同，而比现行公历早300年，他还主持元朝大规模的天文测量工作。

(2) 农业、手工业专著

北魏贾思勰的《齐民要术》，是我国现存的第一部完整农书；北宋沈括反映技术革新成就的巨著《梦溪笔谈》有重要价值；明朝徐光启的《农政全书》具有很高的科学价值；宋应星的《天工开物》，被誉为“中国17世纪的工艺百科全书”。

(3) 医学

战国时期我国医学就有很高成就，有了医学分科；扁鹊提出了四诊法；《内经》提出了病理学说。秦汉时期医学有重大发展，“医圣”张仲景的《伤寒杂病论》奠定了中医治疗学的基础；华佗的“麻沸散”是世界上最早的“全麻”法。唐朝分科较细的医学校刊《唐本草》是世界上第一部由国家编定和颁布的药典；“药王”孙思邈的《千金方》是著名的医学专著。明朝李时珍的《本草纲目》集古代医学之大成，是当时世界上内容最丰富、考订最详实的药物学著作，被译成多种文字。

(4) 数学

春秋时期就出现了九九乘法表。《周髀算经》记载了西周初年就有的对勾股定理特例的认识，汉代《九章算术》记录了当时世界上最先进的数学成就。我国古代数学家对圆周率早有推算，南朝宋、齐间的祖冲之，第一次把圆周率的数值精确到小数点后七位数字，其数学专著《辍术》后来成为朝鲜和日本的教材。

(5) 四大发明

造纸术发明于西汉，改进于东汉。印刷术、指南针和火药三大发明，起始远在宋代以前，但其完成和发展却在宋代。它代表着宋代自然科学技术的突出成就。四大发明是中国成为世界四大文明古国之一的标志之一，其对世界科技乃至整个社会发展的巨大作用为世人所共识。

五、世界文明概述

1. 世界文明古国

所谓“四大文明古国”，指的是亚非大河流域四大文明古国，包含古埃及、古巴比伦、中国、古印度这四个人类文明最早诞生的地区。前面几节里，我们单独介绍了中国，在这一节，我们简单介绍其他三个古国以及古罗马。

(1) 古埃及

“埃及是尼罗河的赠礼”，这是古希腊著名历史学家希罗多德的一句名言。尼罗河穿过非洲东北部，全长6600多公里，是世界上第一大河。每年进入雨季时，河水就上涨。从7月开始，河水逐渐淹没埃及的整个盆地。到11月末，河水退去，留下肥沃的淤泥，仿佛是大自然给埃及的土地普遍施了一次肥料。正是靠着尼罗河，人们在湿润肥沃的土地上种植庄稼，发展生产，使这里也成为了产生古代文明的一个摇篮。

大约公元前5000年，尼罗河畔第一批猎人和采集者转入了定居的生活方式。他们通过对尼罗河洪水期的观察，把一年365天分为12个月，可见，早在公元前3000年他们就使用了和今天几乎同样的历法。

提到埃及，大家很快会想到金字塔。金字塔是其中埋葬法老的身份和象征。金字塔越来越高，越来越雄伟，就是法老相互攀比的证明。最大的金字塔是公元前2500年的法老胡夫建造的胡夫金字塔。它是用大约230万块巨石垒起来的，每块平均重两吨半，最大的有160吨重。这些巨石从尼罗河东岸的都拉采来，横渡尼罗河，再运到西岸的齐泽，然后沿着斜坡拖到高出河面一百多米的修塔处。在古埃及，不要说起重机、载重汽车，就连马和马车也没有，所有的劳动几乎全靠人力。这么沉重巨大的岩石是怎样翻山过河和堆砌成塔的，到今天仍然是一个谜。

金字塔内部是法老的墓室，埃及人相信死后的生活。为死后能够继续生活，就需要完整的躯体。他们采取了一种十分烦琐的方法加以保护，外面用浸透树脂的布料裹住尸体。为了法老死后能够在另一个世界生活得舒适，法老的一部分财宝同样葬入墓室。当然也有各种食品和饮料。

埃及文明持续的时间比任何其他的时代都长。一直到约3000年之后，由于希腊的亚历山大大帝的大军于公元前332年对埃及的占领，这个时期才宣告结束。

(2) 古巴比伦

从埃及渡过苏伊士运河，就登上了亚洲大陆。在亚洲西南部有两条河流，一条叫幼发拉底河，东边的一条叫底格里斯河。大约在公元前19世纪（中国夏朝的时候），世界文明古国——巴比伦王国就诞生在两河相接的地方。

附：有这么一个流传到今天的巴比伦神话：

一位巴比伦国王的祖先梦见他遇到了神仙。神告诉他，洪水就要淹没大地，来惩罚人类的罪恶。因为他一向对神十分虔诚，所以神要搭救他。这个人听从神的吩咐，造了一只方舟，把全家人都搬到舟上，还带了几只动物和一些种子。没过多久，乌云布满天空，黑暗笼罩了大地，狂风暴雨袭来，滔滔洪水淹没了一切生命，只有那只方舟在茫茫无边的水面上漂行。到了第七天，风住了，河水平静下来。这时候，方舟漂到一座山旁。舟上的人把动物放出方舟，将种子撒在山上，大地的生命重新开始了。

公元前19世纪初期，阿摩利人以巴比伦为都城，建立了一个国家，史称古巴比伦王国。其位于美索不达米亚平原，大致在当今的伊拉克共和国版图内。巴比伦将两河流域南北两部统一为奴隶制的中央集权王国，是在它的第六代国王汉谟拉比时完成的。

古巴比伦王国时期是两河流域历史上最辉煌的时期之一。这个国家出现了一位著名的君主——汉谟拉比。汉谟拉比用武力统一了两河流域后，建立了一个中央集权的专制国家。他个人集宗教、军事、行政、司法和水利建设等各种大权于一身。为了更有效地统治自己的国家，他颁布了著名的《汉谟拉比法典》。法典共282条，刻在一块高2.25米的黑色玄武岩石柱上，后人又称《石柱法》，这是迄今发现的最早完备成文的法典。

古巴比伦王国在汉谟拉比统治时期达到极盛，但是汉谟拉比死后，帝国就瓦解了。王国先后受到赫梯人、喀西特人的入侵，直到公元前729年终于被亚述帝国吞并。

公元前612年，迦勒底人联合米底人推翻了亚述帝国。他们也是以巴比伦城为首都，历史上称为“新巴比伦王国”。这个王国在尼布甲尼撒统治时期达到鼎盛。尼布甲尼撒曾两次攻陷耶路撒冷，毁灭犹太王国，把大批犹太人当奴隶押往巴比伦。这就是圣经上所说的“巴比伦之囚”。尼布甲尼撒还下令重建巴比伦城，在城内建造了古代世界七大奇迹之一的“空中花园”。相传，他娶波斯国公主塞米拉米斯为妃。公主日夜思念花木繁茂的故土，郁郁寡欢。国王为取悦爱妃，即下令在都城巴比伦兴建了高达25米的花园。此园采用立体叠园手法，在高高的平台上，分层重叠，层层遍植奇花异草，并埋设了灌溉用的水源和水管，花园由镶嵌着许多彩色狮子的高墙环绕。王妃见后大悦。因从远处望去，此园如悬空中，故又称“空中花园”。重建后的巴比伦城宏伟壮丽，直到100多年后，希腊历史学家，被称为“历史之父”的希罗多德来到巴比伦城时，仍称它为世界上最壮丽的城市。

新巴比伦王国在公元前538年被波斯帝国所灭。此后，古代两河流域再也没有出现过独立的完整的国家。

(3) 古印度

恒河，从喜马拉雅山起步，走过一个被孟加拉湾、阿拉伯海和印度洋环抱的亚洲半岛，滋润了这一方土地，也孕育了一片光辉灿烂的文明，成为一个国度的“圣河”。而这个幸运的国度就是世界文明古国——印度。

在距今五十万年以前，印度次大陆就已有了远古先民，他们同样是刀耕火种、渔猎采集，在此一代代地繁衍生息。到了距今一万年左右的新石器时代，印度境内遍布了居民点，人们已开始从事农业，驯养家畜，制造精美的生活用具。这一切，为一个辉煌灿烂的古代文明的诞生提供了沃土。在南亚次大陆，有一个头枕高耸的喜马拉雅山、脚濯浩瀚的印度洋，恢恢然陈躺，又生机无限的古老国度。这就是被人称作“月亮之国”的印度，因其国土形状宛若牛首，也有人称之为“牛颅之国”。

印度的名称起源于印度河。中国汉代史籍译作“身毒”或“天竺”，直到唐代才改译为“印度”。印度文明我们了解很少，因为它的文字至今还没有解读出来。对它的研究，目前只能依赖考古发掘。公元前1400年，雅利安人到达了印度北部，并征服了当地的土著民族。由于雅利安人对达罗毗荼人的征服和奴役，以及雅利安人内部贫富分化的结果，在雅利安社会中逐渐形成了一个森严的等级制度，这就是种姓制度。在种姓制度下，古代印度人被分为四个种姓：婆罗门、刹帝利、吠舍和首陀罗。婆罗门是祭司贵族，在社会中地位是最高的。刹帝利是雅利安人的军事贵族，掌握国家的除神权之外的一切权力。婆罗门和刹帝利这两个高级种姓，占有了古代印度社会中的大部分财富，依靠剥削为生，是社会中的统治阶级。吠舍是古代印度社会中的普通劳动者，也就是雅利安人的中下阶层，包括农民、手工业者和商人，他们必须向国家缴纳赋税。首陀罗是指那些失去土地的自由民和被征服的达罗毗荼人，实际上处于奴隶的地位。各个种姓职业世袭，互不通婚，以保持严格的界限。不同种姓的男女所生的子女被看成是贱民，或叫不可接触者，贱民不包括在四个种姓之内，最受鄙视。几千年来，印度社会的发展一直比较迟缓。这与印度存在着一个森严的等级制度——种姓制度有着一定的关系。

经过一个同样很长的历史时期，从雅利安人和土著人的宗教观念中，逐渐产生了印度教，成了印度的主要宗教信仰。处于印度教中心位置的学说是“羯磨（业）”即再生。对印度教提出批评的是悉达多王子。他认为人之所以受苦，就是因为他不能满足内心的欲望。为了不被欲望所烦扰，就必须成为它的主人，必须不断减少欲望，直到无望而知足。谁达到了无欲的境界，就会死后获得重生；他的灵魂会在“涅槃”（即不生不灭的境界）中获得永恒的超脱。作为大彻大悟的“佛陀”，悉达多走向世人传播他的新学说，佛教，今天，它和印度教一样，已成为世界性大宗教之一。

(4) 古罗马

古罗马通常指从公元前 9 世纪初在意大利半岛中部兴起的文明，历经罗马王政时代、罗马共和国，于 1 世纪前后扩张成为横跨欧洲、亚洲、非洲的庞大罗马帝国。到 395 年，罗马帝国分裂为东西两部。西罗马帝国亡于 476 年。东罗马帝国（即拜占庭帝国）变为封建制国家，1453 年为奥斯曼帝国所灭。

公元前 10 世纪～公元前 7 世纪，意大利半岛处于一个多民族、多元文化交织的时期。“古意大利人”是其中最重要的一族。大概在公元前 1000 年的铜器时代，他们穿越北部和东部的阿尔卑斯山和亚得里亚海到达意大利，并残暴地迫使许多当地土著部落迁徙他乡。他们起初过着游牧生活，但已经具有制作铜器、使用马匹和带轮子的大车的技能。抵达意大利之后，他们形成了以农耕为基础的生活方式。这种生活方式成为随后几个世纪其子孙后代的主要生活方式，直至罗马文明的衰落。

附：罗马的标志是一只母狼，身下有两个男孩在吮吸它的乳汁。这幅图像源于一个传说：据说罗马是在公元前 753 年由孪生兄弟罗慕洛斯和勒莫建立的，他们在婴儿时期被遗弃，在一只母狼的哺育下长大。实际上，罗马的形成并没有多少传奇。人们现在估计，早在公元前 800 年，就有农民、牧民和渔民生活在台伯河沿岸山丘上的小村落中。从这个小小的开始，在后来的 300 年中，发展成为一个富裕的大城市，它和整个北部意大利一样处于埃特鲁斯坎人（意大利的第一个文明民族）的统治下。

公元前 3 世纪，罗马和位于非洲北部的一个城邦迦太基之间发生了冲突。罗马先后与迦太基发生了三次战争。因罗马人称迦太基人为“布匿”，故名布匿战争。第一、二次布匿战争是作战双方为争夺西部地中海霸权而进行的扩张战争，第三次布匿战争则是罗马以强凌弱的侵略战争。

在前后历时百余年的布匿战争期间，罗马在与迦太基及其盟友的反复争斗中，占领了欧、亚、非的广大地区，掠夺了大量奴隶和财富，这对罗马奴隶占有制社会内部阶级关系的变化、经济的发展以及地中海地区后来的历史命运，都产生了巨大影响。

古罗马对西方文明最重要的贡献之一就是其完备的法律体系，包括市民法（仅适用于罗马公民）、自然法（适用于所有人）和国家关系法（用于调节罗马人与其他民族之间的关系）。从公元 2 世纪～公元 6 世纪，罗马法经历了一个不断补充和完善的过程，至公元 534 年在东罗马帝国国王查士丁尼的主持下编撰完成并颁布施行，后人称之为《民法大全》。该法典对西方文明的影响被认为仅次于《圣经》，其基本思想和原则已融入西方乃至世界各国的法律中。

2. 古希腊思想家

公元前 5 世纪～公元前 4 世纪，是希腊古典时期。这一时期，产生了许多伟大的思想家。其中，又以苏格拉底、柏拉图与亚里士多德最具典型。

(1) 认识你自己——苏格拉底

苏格拉底是著名的古希腊哲学家，他和他的学生柏拉图及柏拉图的学生亚里士多德被并称为“希腊三贤”。他被后人广泛认为是西方哲学的奠基者。

在苏格拉底以前，希腊的哲学主要研究宇宙的本原是什么、世界是由什么构成的等问题，后人称之为“自然哲学”。苏格拉底认为再研究这些问题对拯救国家没有什么现实意义。出于对国家和人民命运的关心，他转而研究人类本身，即研究人类的伦理问题，如什么是正义、什么是勇敢、什么是诚实、什么是智慧、什么是国家、具有什么品质的人才能治理好国家等。后人称苏格拉底的哲学为“伦理哲学”。他为哲学研究开创了一个新的领域，使哲学“从天上回到了人间”，在哲学史上具有伟大的意义。

苏格拉底经常和人辩论。辩论中他通过问答形式使对方纠正、放弃原来的错误观念并帮助人产生新思想。这种问答分为三步：第一步称为苏格拉底讽刺，他认为这是使人变得聪明的一个必要的步骤，因为除非一个人很谦逊、“自知其无知”，否则他不可能学到真知；第二步叫定义，在问答中经过反复诘难和归纳，从而得出明确的定义和概念；第三步叫助产术，引导学生自己进行思索，自己得出结论，正如苏格拉底自己所说，他虽无知，却能帮助别人获得知识，好像他的母亲是一个助产婆一样，虽年老不能生育，但能接生，能够帮助新的生命诞生。

附：苏格拉底教学生也从不给他们现成的答案，而是用反问和反驳的方法使学生在不知不觉中接受他的思想影响。请看一个他和学生问答的有趣的例子。

学生：苏格拉底，请问什么是善行？

苏格拉底：盗窃、欺骗、把人当奴隶贩卖，这几种行为是善行还是恶行？

学生：是恶行。

苏格拉底：欺骗敌人是恶行吗？把俘虏来的敌人卖做奴隶是恶行吗？

学生：这是善行。不过，我说的是朋友而不是敌人。

苏格拉底：照你说，盗窃对朋友是恶行。但是，如果朋友要自杀，你盗窃了他准备用来自杀的工具，这是恶行吗？

学生：是善行。

苏格拉底：你说对朋友行骗是恶行，可是，在战争中，军队的统帅为了鼓舞士气，对士兵说，援军就要到了。但实际上并无援军，这种欺骗是恶行吗？

学生：这是善行。

苏格拉底这种方法可以启发人的思想，使人主动地去分析、思考问题，他用辩证的方法证明真理是具体的，具有相对性，在一定条件下可以向自己的反面转化。这一认识论在欧洲思想史上具有巨大的意义。

(2) 不知道自己的无知，乃是双倍的无知——柏拉图

柏拉图出身于雅典贵族，青年时从师苏格拉底。柏拉图这样评价老师：相貌像山羊，思想却像神。苏氏死后，他游历四方，曾到埃及、小亚细亚和意大利南部从事政治活动，企图实现他的贵族政治理想。公元前387年，活动失败后逃回雅典。他一生著述颇丰，其教学思想主要集中在《理想国》和《法律篇》中。

附：在柏拉图的《理想国》中，有一个著名的洞穴比喻来解释理念论：有一群囚犯在一个洞穴中，他们手脚都被捆绑，身体也无法转身，只能背对着洞口。他们面前有一堵白墙，他们身后燃烧着一堆火。在那面白墙上他们看到了自己以及身后到火堆之间事物的影子，由于他们看不到任何其他东西，这群囚犯会以为影子就是真实的东西。最后，一个人挣脱了枷锁，并且摸索出了洞口。他第一次看到了真实的事物。他返回洞穴并试图向其他人解释，那些影子其实只是虚幻的事物，并向他们指明光明的道路。但是对于那些囚犯来说，那个人似乎比他逃出去之前更加愚蠢，并向他宣称，除了墙上的影子之外，世界上没有其他东西了。

柏拉图利用这个故事来告诉我们，“形式”其实就是那阳光照耀下的实物，而我们的感官世界所能感受到的不过是那白墙上的影子而已。我们的大自然比起鲜明的理想世界来说，是黑暗而单调的。不懂哲学的人能看到的只是那些影子，而哲学家则在真理的阳光下看到外部事物。

柏拉图的《理想国》还向我们描绘出了一幅理想的乌托邦的画面，柏拉图认为，国家应当由哲学家来统治。柏拉图的理想国中的公民划分为卫国者、士兵和普通人民三个阶级。卫国者是少部分管理国家的精英。他们可以被继承，但是其他阶级的优秀儿童也可以被培养成卫国者，而卫国者中的后代也有可能被降到普通人民的阶级。卫国者的任务是监督法典的制定和执行情况。为达到该目的，柏拉图有一整套完整的理论。他的理想国要求每一个人在社会上都有其特殊功能，以满足社会的整体需要。但是在这个国家中，女人和男人有着同样的权利，存在着完全的性平等。政府可以在为了公众利益时撒谎。每一个人应该去做自己分内的事而不应该打扰到别人。在今天看来，柏拉图描绘的理想国是一个可怕的极权主义国家。但是“理想国其实是用正确的方式管理国家的科学家的观点”，柏拉图本人并没有试图实现理想国中的国家机器。他把理念与社会民众阶级相对应。欲望代表工人、农民与商人，理智代表贵族，而理智能力最多的哲学家则是王。他的哲学实质不是民主与平等，而是效率与和谐。

(3) 吾爱我师，吾更爱真理——亚里士多德

亚里士多德是柏拉图的学生。公元前 335 年，他在雅典办了一所叫吕克昂的学校，被称为逍遥学派。亚里士多德一生勤奋治学，从事的学术研究涉及逻辑学、修辞学、物理学、生物学、教育学、心理学、政治学、经济学、美学等，写下了大量的著作，他的思想对人类产生了深远的影响。他创立了形式逻辑学，丰富和发展了哲学的各个分支学科，对科学做出了巨大的贡献。

亚里士多德虽然是柏拉图的学生，但却抛弃了老师所持的唯心主义观点。柏拉图认为理念是实物的原型，它不依赖于实物而独立存在。亚里士多德则认为世界乃是由各种本身的形式与质料和谐一致的事物所组成的。就像是现在有一只鼓翅乱飞的鸡，这只鸡的“形式”是它会鼓翅、会咕咕叫、会下蛋等。当这只鸡死时，“形式”也就不再存在，唯一剩下的就是鸡的物质。柏拉图断言感觉不可能是真实知识的源泉。亚里士多德却认为知识起源于感觉。这些思想已经包含了一些唯物主义的因素。亚里士多德对因果性的看法比柏拉图的更为丰富，他指出，因主要有四种，举个例子来说，制陶者的陶土为陶器提供其质料因，而陶器的设计样式则是它的形式因，制陶者的轮子和双手是动力因，而陶器打算派的用途是目的因。

亚里士多德在哲学上最大的贡献在于创立了形式逻辑这一重要分支学科。逻辑思维是亚里士多德在众多领域建树卓越的支柱，这种思维方式自始至终贯穿于他的研究、统计和思考之中。马克思曾称亚里士多德是古希腊哲学家中最博学的人物，恩格斯称他是古代的黑格尔。

3. 中世纪和文艺复兴

(1)“黑暗”的中世纪

中世纪（约公元 476～公元 1453 年），是欧洲历史上的一个时代（主要是西欧），由西罗马帝国灭亡（公元 476 年）数百年后，在世界范围内，封建制度占统治地位的时期，直到文艺复兴时期（公元 1453 年）之后，资本主义抬头的时期为止。“中世纪”一词是从 15 世纪后期的人文主义者开始使用的。这个时期的欧洲没有一个强有力的政权来统治。当时罗马教会占有极大势力，神学凌驾于一切之上，哲学、政治学、法学都隶属于神学。可以说，中世纪文化是以神学为中心的。封建割据带来频繁的战争，造成科技和生产力发展停滞，人民生活在毫无希望的痛苦中，所以中世纪或者中世纪的早期在欧美普遍称作“黑暗时代”，传统上认为这是欧洲文明史上发展比较缓慢的时期。

当然，中世纪的科学、艺术、哲学也不是完全没有进步。比如雕塑、城堡、草坪、教堂、大学。今日分布在欧洲各地的最著名的教堂几乎全为中世纪所建，甚至包括一些世界上最有名的大学都是中世纪首创；“经院哲学”尽管遭到批判，但其对于哲学思辨的进步也有一定的贡献；按法律确定各级政府之间关系的制度，为现代社会因素的产生提供了很多的空间等。

这一时期，曾发生了历史上的疾病大流行。1346～1350年，黑死病大规模袭击欧洲，导致欧洲人口急剧下降，死亡率高达30%。约1347年，往来克里米亚与墨西拿（西西里岛）间的热内亚贸易船只带来了被感染的黑鼠或跳蚤，不久便蔓延到热内亚与威尼斯，1348年疫情又传到法国、西班牙和英国，1348～1350年再东传至德国和斯堪的纳维亚，最后在1351年传到俄罗斯西北部。估计欧洲约有2500万人死亡，而欧、亚、非洲则共约5500万～7500万人在这场疫病中死亡。当时无法找到治疗药物，只能使用隔离的方法阻止疫情蔓延。此后在15、16世纪，黑死病多次再次侵袭欧洲；但死亡率及严重程度逐渐下降。

黑死病的肆虐，严重打击了欧洲传统的社会结构，让人们对神的保佑产生质疑，许多人丧失了对基督教的信仰。因此，有人认为，削弱封建与教会势力，间接促成了后来的文艺复兴与宗教改革。

(2) 文艺复兴

15世纪，就在大多数人还把他们的命运和世界现状看成为上帝所赋予的时候，有些人，主要是一些学者和艺术家试图从这个占统治地位的世界图像中解放出来。他们至少有一种对美好时代的设想。但他们并不是面对未来，而是首先再次回到希腊和罗马时的世界，他们认为那个时代要比现在更为光明。这个时代有一个名字，叫“文艺复兴”。中世纪基督教中所谓生活是为来生做准备的人类形象，已经不再适用。人们把目光放到了此生，把人推向科学和艺术关注的中心。从古希腊思想出发，人不再是一个整体的一部分，而是自身有自己目的的生灵。他应该自己决定命运和生活，并发展自己的能力。作为先决条件，就是要普及以古希腊罗马为榜样的教育。这个新的思想，首先产生于欧洲文明最发达的佛罗伦萨和威尼斯。由于人被置于中心地位，所以被称为“人文主义”。

恩格斯在谈到文艺复兴时曾说，“这是一次人类从来没有经历的最伟大的、进步的变化，是一个需要巨人而且产生了巨人的时代。”人文主义者所获得的新知识，并不是来源于圣经，而是通过自己对人和自然界的观察和研究。如意大利人莱奥纳多·达·芬奇（1452～1519年）就是新的文艺复兴人的象征。他不仅创造了著名的油画《蒙娜丽莎》和《最后的晚餐》，同时还是雕塑家、科学家、建筑师、工程学家和发明家。人们甚至发现了他的飞行器设计图纸。这位博学天才达·芬奇，同时意识到他作为科学家和发明家的责任，也是每一个科学家都应该具有的素质，他写道：“我知道如何长时间不吃东西而能在水下停留的方法。但我不发表，也不告诉任何人。因为人是性恶的，一旦掌握了这个方法，就会到海底去杀人。他们会钻破船底，让所有人都沉到海底。”

我们如果想把人类历史中的伟大人物排列起来，那么任何时代都不会像文艺复兴时代的阵容那样强大。复兴古希腊文化致使在这一期间的文学、天文学、数学、物理学、生理学、医学、地理和建筑等学科的发展有了卓越的成效。画家和雕塑家米开朗琪罗、伟大的人文主义者和哲学家伊拉斯谟、天文学家哥白尼（是他发现了地球也是一个星体，和其他星体一样围绕太阳旋转）——他们都生活在这个时代。

有好一段时间，文艺复兴被认为是简单地恢复了古典文化。其实，文艺复兴并不是真正要“恢复”古典的文化，而是借此抨击当时的文化和制度，以建立新的文化，为建立新的社会制度体系造舆论。文艺复兴虽然没有明确的分界线和事件，却使当时的人们思想发生了变化，导致了宗教改革和激烈的宗教战争。后来的启蒙运动以文艺复兴为自己的榜样。19世纪的历史学家认为，之后的科学发展、地理大发现、民族国家的诞生都是源于文艺复兴。因此可以说，文艺复兴是“黑暗时代”的中世纪和近代的分水岭，是使欧洲摆脱腐朽的封建宗教束缚、向全世界扩张的一个前奏曲。

思考题

1. 根据你的经历谈一谈中西文化异同的具体事例，由此思考所谓“普世价值”是不是合理呢？

2. 结合现在社会上“国学热”现象，说一说当代大学生应该以何种态度对待“国学”。

3. 中国古代科技水平总体处于世界领先水平，但是近代中国科技水平却远远落后于西方国家，这是为什么？

4. 在世界四大文明古国中，古埃及、古巴比伦、古印度这些古代文明由于外族入侵相继衰落、中断、湮灭；而只有中华文明是世界上唯一没有中断而延续至今的古老文明。想一想，这是为什么呢？

5. 古希腊伟大的思想家们留给后人一笔巨大的精神财富。从他们的思想中我们应该汲取什么？又有哪些观点是我们应该摒弃的呢？

6. 今天，我们应该如何客观评价中世纪这段历史呢？文艺复兴的实质究竟是什么？你还了解哪些文艺复兴时期的成就呢？

哲学篇

“哲学乃是社会生活与政治生活的一个组成部分：它并不是卓越的个人所做出的孤立的思考，而是曾经有各种体系盛行过的各种社会性格的产物与成因。”

——罗素

21世纪文明冲突与文明融合的深层根源在于文化体系中的哲学思维，即我们的观念体系。人类对世界的认识有多个角度、多种方式、多重深度。一般说来，人们把握世界有常识性、科学、宗教、哲学、伦理、美学等不同的认识方式，因此人类的精神大致包括三个层面：常识体系、知识体系、观念体系。观念体系最重要，在人们的思想行为中作用也最大，观念体系实际上就是哲学思维的范畴。黑格尔曾经说过，一个国家如果没有了国家哲学，就好比一座神庙，尽管装饰得富丽堂皇，却没有神灵一样。哲学是一个民族的精神所在，也是个人一切行为的出发点，好的哲学理念可以引导人们正确地认识事物，了解社会，对待人生。不好的哲学理念则会使人认不清是非善恶，最终造成行为上的偏差。

一、人类最美丽的花朵——时代精神的精华

1. 哲学的一般意义

哲学一词的理解无论在实践范围内，还是在空间范围内，都有着不同的内涵和理解。哲学一词源于古希腊文 philosophia，本来由爱和智慧两词所组成。而相应地哲学家被叫做“爱智慧的人”。因而，“爱智慧”和“爱智者”分别道出了西方哲学家对于“哲学”和“哲学家”的原初意蕴。古希腊哲学家亚里士多德“吾爱我师，吾更爱真理”，可以说明西方哲学的总体思维取向，对真理的追求与探索，所以西方哲学在爱智慧的精神指导下，从本体论的追问一直发展到认识论、方法论、人本主义、科学主义、马克思主义。甚至是对于宗教信仰也有经院哲学来为其做理性论证。

中文“哲学”一词首先是日本学者西周对西文中“philosophy”的翻译，当初在日本也是几经反复，最后才定为“哲学”。后经晚清旅日诗人黄遵宪的推介而传入中国，从而使中国哲学具有了西方哲学的意义——追求真理。

在中国传统的思想理念中，“哲学”是智慧之学，《尔雅·释言》：“哲，智也。”《说文》：“哲，知也。”古汉语中“知”、“智”通。“圣哲”或“哲人”是指有大智慧的人，指通过对人生、社会、政治、国家、天下乃至宇宙的真谛之深刻领会，并找到了人生的归宿或懂得治国平天下的人。所以中国的大（太学）学之道是“在明明德、在亲民、在止于至善”。胡适

在《中国哲学史大纲》中定义的哲学概念，更能反映中国人对于哲学的理解："凡研究人生切要的问题，从根本上着想，要寻一个根本的解决：这种学问，叫做哲学。"

东西方的不同思维习惯，决定了对哲学的不同理解和追求。目前，通用的对于哲学的较为科学、全面、具有概括性的概念是中国词典的说法："哲学是关于世界观的学问，是研究自然、社会和思维的最一般的规律，是对自然知识和社会知识的概括和总结。"

（1）哲学是世界观的理论体系

什么是世界观？世界观也称宇宙观，是人们对整个世界的总的看法和根本观点。世界观是人人都有的，是人们在长期的社会实践中逐渐形成的。在生活实践中，人们为了自己的需要，每时每刻都同周围的事物打交道，力求认识并按照自己的需要改造它们。开始时，接触到的只是个别事物和现象，形成对各种具体事物和现象的看法。随着人们在实践中接触的事物日益增多、眼界日益扩大，就由认识个别事物和现象深入到认识事物一般的或共同的本质，逐渐形成对整个世界的总的看法、根本的观点，即世界观或宇宙观。世界观形成以后，对人们的言行起着指导作用。不过，这些世界观一般是朴素的、零散的、不系统的，缺乏理论论证和严密的逻辑。只有理论化、系统化的世界观才可称为哲学。即通过较严格的理论思维论证，获得比较有系统的逻辑性的世界观思想体系。

（2）哲学是自然知识、社会知识和思维知识的概括和总结

哲学作为世界观的理论体系，不是凭空产生的，它是自然知识、社会知识和思维知识的概括和总结。科学的门类很多，但归纳起来无非有三大类：研究自然界及其发展规律的自然科学知识、研究社会及发展规律的社会科学知识和研究思维及其发展规律的思维知识，这些科学知识统称为具体科学。具体科学研究的是世界一定领域、一定层次的本质和规律；而哲学研究的是世界的整体、世界的普遍本质和世界发展的普遍规律。具体科学从对世界的直接研究中揭示特殊本质和特殊规律，而哲学则是从对具体科学的概括和总结中揭示世界的普遍本质和普遍规律。因此，哲学和具体科学是相区别的。同时，哲学和具体科学又是相联系的。其联系是：每一时代的哲学都是以该时代各门具体科学为基础，用从具体科学中总结和概括出来的一般结论和原则去指导人们认识自然界、社会和人类思维本身，这具有世界观和方法论的意义。

（3）哲学和具体科学的关系

哲学和具体科学是共性和个性、普遍和特殊的关系，两者既相互区别又相互联系。认识哲学和具体科学的关系具有重要意义，首先，哲学以具体科学为基础，哲学工作者必须自觉地关注科学的发展，概括、总结科学发展的新成果，这是哲学发展的重要条件。其次，哲学为具体科学提供世界观和方法论的指导，离开了哲学的指导，会影响具体科学的研究。在哲学与具体科学的关系问题上，要反对两种错误倾向，一种是贬低哲学的哲学"无用论"和"取消论"，即认为哲学没什么用处，可以取消哲学；另一种是夸大哲学作用的"代替论"，即认为可以用哲学取代具体科学基础理论研究。这两种倾向都割裂了哲学和具体科学的联系。

（4）哲学是指导人们认识世界、改造世界的方法论

方法论是人们在世界观的基础上，认识世界和改造世界的方法的学说和理论。哲学是理论化、系统化的世界观。当人们运用关于世界的总的观点去观察问题、分析问题、解决问题时，世界观就变成了方法论。例如，我们对世界的根本看法是唯物的、辩证的，用这种观点分析处理问题的方法就是实事求是的方法、工作的方法，就是在世界观基础上所确立的基本原则和基本方法。在现实生活中，哲学世界观和方法论总是统一的：一定的世界观总要表现为一定的方法论，一定的方法论也总是由一定的世界观来表现。在世界观和方法论的统一中，世界观决定方法论，有什么样的世界观，就有什么样的方法论。人们的世界观不同，观察和处理问题的方法也就不同。凡是树立了正确世界观的人，一般也具有正确的方法论，而方法论不同，也会影响和动摇已具有的正确的世界观。从哲学在社会中所处的地位来看，它是由社会存在决定并反作用于社会存在的特殊的社会意识形态，是上层建筑中的一个重要组成部分。哲学处于社会意识形态中的最高层次，它远离社会的经济生活，但归根到底仍然是该时代的经济和政治的反映。

综上所述，哲学是关于世界观的学问，是理论化、系统化的世界观；是关于自然、社会和思维知识的概括和总结；是世界观和方法论的统一；是以最一般的形式来反映社会存在的特殊的社会意识形态。

2. 哲学的基本问题及其意义

(1) 哲学的研究对象

任何一门科学都有自己特定的研究对象，哲学也有自己的研究对象，不过人们对哲学对象的认识经历了一个过程。

早在古希腊、古罗马时期，哲学家们就提出了哲学的研究对象问题，他们把万物的本原或“始基”看作哲学的研究对象。人们追求世界究竟从哪里来？复归于哪里？亚里士多德则明确地认为，哲学是一门关于万物“最初的根源和最高的原因”的知识，在古希腊，无论哪一种哲学派别，都表现为一种直观性和无反思性，将某种具体物质形态视为世界的本原或“始基”；将哲学视为包罗万象的知识总汇，尤其是在唯物主义哲学中。

中世纪的欧洲，哲学完全成为宗教的婢女，成为论证上的存不存在、如何存在的学说。

欧洲文艺复兴以后，科学精神在批判神学唯心主义的基础上逐渐确立。由于资本主义生产方式发展的需要，分门别类研究自然界和人类社会的具体科学比较完整地形成了，自然科学的成就使得包罗万象的哲学成为研究认识论和方法论的学说。但在 15～17 世纪，它们还没有完全从作为知识总汇的哲学中分化、独立出来，往往还要借助于哲学的语言来描述和解释各种现象。

18 世纪末～19 世纪初的德国古典哲学开始在人的认识领域，对哲学和科学有了较明确的划分。康德首先明确区分了自然科学研究的对象与形而上学的研究对象，认为自然科学是现象界的知识，而哲学则是关于本质“物自身”的学问，人们根本无法靠理性认识世界本质，只能认识现象。黑格尔不同意康德关于“物自身”不可知的看法，并将“物自体”演化为宇宙中的“绝对精神”，哲学似乎又回到了神学。黑格尔哲学终结了理性思维对世界的唯心主义认识，从此，哲学沿着两条路线发展。马克思和恩格斯批判地继承了德国古典哲学关于哲学对象的合理思想，从哲学与具体科学关系的角度把哲学的对象确定为“自然、人类社会和思维的运动和发展的普遍规律”；现代西方哲学开始回避人类理性对于世界本质和人生意义的追问，完全将哲学的对象定格在人的现实问题或科学化的探讨方式上。

(2) 哲学的基本问题

无论哲学采取什么样的形式，以什么为对象，哲学实际所要回答的问题只有一个，恩格斯指出：“全部哲学，特别是近代哲学的重大基本问题，是思维与存在的问题”。哲学基本问题包括两方面的内容：第一：思维和存在或精神和物质，谁是第一性、谁是第二性的问题，也就是两者谁是本原、谁是派生的问题。对此问题所作的不同回答，是划分唯物主义和唯心主义两大哲学基本派别的唯一标准。凡承认物质第一性、精神第二性，承认物质是世界的本原，精神是物质派生的，就是唯物主义。相反，凡认为精神第一性、物质第二性，精神是世界的本原，物质是由精神派生的，就是唯心主义。唯物主义和唯心主义是哲学上的两大基本派别，一切哲学观点和哲学体系要么属于唯物主义，要么属于唯心主义，超越这两大派别之上的中立的哲学是没有的。第二：思维和存在的同一性问题。对这个问题所做的不同回答，是划分可知论和不可知论的标准。可知论坚持思维和存在具有同一性，认为世界上只有尚未认识之物，没有根本不可认识之物。不可知论把思维和存在绝对对立起来，抹杀两者的同一性，认为人根本不可能认识世界或不能彻底认识世界，它的基本倾向是唯心主义的。

首先，哲学基本问题是哲学家必须要回答的问题。哲学作为理论化、系统化的世界观，所要揭示的是世界万物的最一般本质，世界上的事物和现象归根到底无非有两大类：物质现象和精神现象。哲学要表达自己对世界的根本看法，就不能不首先对这两大类现象及其相互关系作出说明。实际上，一切哲学问题都必须提高到哲学基本问题上加以认识和解决。其次，思维和存在的关系问题也是人类实践的基本问题。人们如何看待主观和客观、理想和现实的关系，是坚持实事求是的思想路线还是坚持从原则出发，其实都与这个问题有关。我们在实践中能不能正确地认识世界和有效地改造世界，关键是能不能处理好主观和客观的矛盾。例如，在建设有中国特色的社会主义、发展社会主义市场经济的过程中，只有从实际出发，实事求是，按客观规律办事，才能达到主观和客观的统一，才能取得社会主义建设事业的成功，否则就会失败。

思维和存在这个一般的哲学基本问题，贯彻到社会历史领域中，就表现为历史观的基本问题，即社会存在和社会意识的关系问题。

3. 哲学思想的基本派别及历史发展

人类的哲学思想从萌芽、形成，到现在的发展，经历了一个漫长的历史过程。在这个过程中，由于不同民族的历史文化传统和现状，形成了不同哲学的概念体系和发展道路。从古代的中国哲学、印度哲学和作为西方哲学来源的希腊哲学，到近、现代哲学，产生了许多带有本民族特点的哲学流派，从世界观的角度看，哲学基本的派别有两个：唯物主义和唯心主义。在唯物主义和唯心主义的对立中还交织着方法论上辩证法和形而上学的对立和斗争。

（1）唯心主义有两种基本形态

唯心主义有两种基本形态：客观唯心主义和主观唯心主义。客观唯心主义断言，有某种客观的、先于世界而存在的精神实体或精神原则，由它外化或演化出整个现实世界。如中国宋代程朱理学中的“理”、古希腊柏拉图的“理念”、德国哲学中莱布尼茨的“单子”和黑格尔的“绝对精神”，都被说成是这样的精神实体或原则；主观唯心主义则认为，世界依存于人的主观意识，是人的主观精神或意志的产物。宋代和明代的陆九渊、王守仁的“心学”，断言“宇宙便是吾心，吾心便是宇宙”和“心外无物”，以及英国近代哲学家贝克莱的“存在就是被感知”的说法及其哲学体系，就是这方面的典型。现代西方哲学中，诸如唯意志论、生命哲学、现象学、存在主义、实用主义和解释学等学派，实质上都属于主观唯心主义哲学。不管是主观唯心主义还是客观唯心主义，它们都否认世界的本原是物质的，都是违背实践、违背科学的。

(2) 唯物主义的三种历史形态

唯物主义作为与唯心主义相对立的一个基本的哲学派别，其总的理论立场是，坚持物质对精神的根源性和意识对物质的派生性，即努力从物质世界本身来说明现实世界的各种现象或变化、发展。随着人类文明的进步和实践与科学的发展，唯物主义哲学在其发展中也以不同的形态出现。按其历史形态而言，唯物主义思想的发展大体上经历了古代朴素唯物主义、近代形而上学的唯物主义、现代的辩证唯物主义和历史唯物主义三种历史形态。

古代朴素唯物主义的主要特征是把世界的物质本原理解为某一种或几种具体的物质形态。例如，公元前 7 世纪～公元前 6 世纪古希腊哲学家泰勒斯认为，水是万物的本原，后来的赫拉克利特又认为火是万物的本原。中国古代的“五行说”认为，宇宙万物是由金、木、水、火、土这五种元素构成的。其中，古希腊的德谟克利特关于万物都由微小的、不可分的原子所构成的原子论，代表了古代朴素唯物主义的最高成就。古代的唯物主义坚持了世界物质性的正确立场，但缺乏科学的论证、带有猜测的成分，带有自发性、直观性的特点。

近代形而上学的唯物论产生在资产阶级革命时期，这种唯物主义以 16～17 世纪英国培根、洛克的经验论的唯物主义、欧洲大陆斯宾诺莎的唯理论的唯物主义、18 世纪法国唯物主义以及 19 世纪德国费尔巴哈的唯物主义为代表。近代形而上学唯物主义的基本点是认为世界万物都是由原子构成的，原子是世界的“始基”，物质即原子，原子的特性就是物质的特性。近代形而上学唯物主义是同近代科学相联系的、富有成果的资产阶级哲学，它克服了古代朴素唯物主义的直观性，坚持了世界的物质性，在反对封建专制和宗教神学的斗争中起了旗帜的作用，也为马克思主义哲学的产生提供了宝贵的思想材料，作了理论上的准备，马克思主义的经典作家曾给这一时期的思想家以很高的评价，这是它的历史贡献。但是，近代形而上学的唯物主义也有自身无法克服的严重缺陷，即机械性、形而上学性和不彻底性（历史观上的唯心主义）。哲学思想的这种状况由当时自然科学发展水平的限制与剥削阶级的局限性所决定的。当时的自然科学尚处于“搜集材料”阶段，为了认识不同的事物，就要对既成事物进行分门别类的研究，这种研究是当时认识自然现象方面获得巨大进展的基本条件，但同时也给人们留下了一种习惯，即孤立、片面、静止地看待事物。这种考察事物的方法被培根、洛克引入哲学领域中来，并因此成为近代唯物主义的一大缺陷。加之，在当时的自然科学中，只有刚体力学达到了比较完善的地步，这就致使法国唯物主义想用机械性来说明一切。正如笛卡儿把动物视为机器一样，18 世纪法国的唯物主义者也把人说成是机器。恩格斯指出，“这种想法在当时是不可避免的”，因为“这是同当时的自然科学状况以及与此相联系的形而上学的即反辩证法的哲学思维方法相适应的。”至于这些近代资产阶级哲学，都毫无例外地不能唯物地理解社会生活，至多只能唯物地理解自然界和一般认识的源泉，这是由资产阶级的历史地位和形而上学的思维方式所限定的。

(3) 辩证法三种历史形态

辩证法思想的发展大体上也经历了古代朴素的辩证法、近代以黑格尔为代表的唯心主义辩证法、现代的唯物主义辩证法三种历史形态。

在古代朴素唯物主义的思想中往往交织着辩证法的思想，唯物主义和辩证法处于某种程度的自发结合的状态。被列宁称作辩证法奠基人的赫拉克利特则认为，“世界是包括一切的整体，它不是由任何神或任何人创造的，它过去、现在和将来都是按规律燃烧着、按规律熄灭着的永恒的活火”，被列宁评价为“对辩证唯物主义原则的绝妙说明”。中国古代的唯物主义在把“五行”当作世界的本原的同时，还以它们之间“相生相克”的关系来说明世界的联系和发展。

黑格尔是德国古典哲学的主要代表，是全面论述辩证法的第一人。恩格斯指出：“黑格尔第一次——这是他的巨大贡献——把整个自然的、历史的和精神的世界描写为一个过程，即把它描写为处在不断的运动、变化、转变和发展中，并企图揭示这种运动和发展的内在联系。”但是，黑格尔的辩证法是唯心主义的辩证法。在他看来，在自然界和人类出现以前，就存在着“绝对观念”，世界上的一切事物和现象都是“绝对观念”的体现和派生的物。因此，黑格尔的辩证法是头脚倒置的辩证法。同时，由于唯心主义体系的需要，他把自己的哲学看作是“绝对观念”发展的顶点，是一个凌驾于一切科学之上的、包括一切代替一切的“科学之科学”。这样，合理的辩证法思想就被保守的唯心主义体系所窒息。

马克思、恩格斯总结了 19 世纪 40 年代无产阶级革命斗争的经验和自然科学的最新成果，批判地继承了人类文化的遗产，特别是批判地吸取了德国古典哲学中黑格尔和费尔巴哈哲学思想中的合理因素，解决了唯物主义和辩证法相分离的矛盾，第一次把唯物主义和辩证法有机地结合起来，把唯物辩证的自然观和历史观有机地统一起来，建立起了科学的世界观和方法论，从而实现了哲学史上的一次革命变革。

4. 哲学的特征

哲学是人类精神的精华，因为它是对哲学所产生的那个时代的现实和思想的更深层次的思考，是对时代问题——时代矛盾的系统性的解读、概括，并提出相应的解决办法——尽管有些思考并不被社会所接受、或脱离现实生活。因而哲学具有以下几个特征和功能。

哲学具有反思性特征——哲学不同于其他学科的特点，哲学不是直接地对某个具体的事物的认识，比如像物理学那样对于具体物的结构、功能要素的认识活动，而是对人类现实中和历史中的行为和思想的反思。即当人们在某种现实情境下，对某种具体事物具有共性的认识和行为发生了，当其中的矛盾再一次成为人们的思维对象时，就产生了哲学——反观自身的学问。比如尼采将当时人类普遍具有的信仰危机思想观念和行为进行再认识，得出“上帝死了”的哲学性结论。比如柏拉图对于人们认识中的理念的认识；经院哲学对于信仰的认识；马克思对于人类必须要遵循的社会发展规律的认识等。哲学的反思性特征是哲学与其他学科的最根本的区别。

哲学具有时代性特征——反映时代矛盾。哲学对于对象的反思，是有选择性的，哲学所要回答的是其产生的那个时代思想和现实矛盾最尖锐、最突出、最典型的问题。比如 20 世纪两次世界大战前后，人们美好的生活遭到极大的破坏，人们的价值理念、信仰体系、思想观念受到严重的冲击，人们的心理承受力遭遇前所未有的挑战……于是产生了要解决这一系列问题的尼采生命意志哲学、萨特存在主义哲学、马克思无产阶级解放理论、弗洛伊德精神分析等思想。哲学家从不同的视角提出不同的见解，其目的是共同的，就是解决现实的矛盾——现实的、精神的、心理的、信念的、行为的……人类进入21世纪，全球性的问题越来越严重，新儒学，这个具有强烈东方哲学色彩的思潮兴起，也同样是在回应时代的要求。哲学的时代性特征是哲学存在发展的生命所在。

哲学具有民族性特征——不同的民族具有自己的思维传统、语言表达方式；哲学具有历史性特征——哲学中必然体现历史的连续性和超越性，即发展；哲学具有阶级性特征——哲学是不同阶级立场的人站在本阶级立场上表达的思想。哲学的这三个特点，实际上都是对哲学创生的主体——哲学家及与哲学家同时代的人的具体性而言。人是社会的存在物，是在一定的时间、空间范围内的存在，他们必定要在既有的社会成果基础上，发展自己，实现哲学的进步。同时，因为这种既定的现实性的存在，就使得哲学家不可能完全超越他所在的阶级和民族思维习惯、视野、立场、观点、方法。哲学具有了相对性的意义。

二、人类主体精神的确立

古代、近代哲学家和哲学所拥有的现代意义，是他们确立了人类生存世界的主体精神——科学的精神、信仰的精神、博爱的精神。人类历史在这种精神的指导下，不断地趋于完美和解放。

1. 蔚蓝色的地中海文明——古希腊哲学思维

蔚蓝色的地中海是人类文明最早的发祥地，在这里，孕育了古希腊罗马的哲学思想；诞生了影响人类历史深远的基督教的文明、阿拉伯文化；甚至四大文明古国的埃及、巴比伦也都围绕在地中海的周围；西方资本主义最早的精神解放运动—文艺复兴运动在这里蔓延到整个欧洲；最早资本主义的生产关系也在这里萌芽……尤其值得我们敬慕的是古希腊哲学家和他们的哲学思想，他们以其对于真理的热爱和探索，确立了西方乃至人类科学和信仰两大主体精神。

从古希腊最早的哲学家泰勒斯“水是万物之源”对宇宙的探索，到苏格拉底的“人啊，你要认识你自己”对人性自身的反思；从毕达哥拉斯对数的神秘力量的解读，到亚里士多德的“吾爱我师，吾更爱真理”的宣言；从“世界是一团永恒的火”，到“我们不能两次踏入同一条河流”的辩证思维……无不闪烁着古希腊哲学智慧的光芒，引导人们在信仰和科学的精神指引下，摆脱愚昧与黑暗，创造辉煌的欧洲文明。

古希腊哲学分为前期、中期和后期三个阶段。前期哲学主要在于探索宇宙的本原问题，他们所探讨的问题，包罗万象地涵盖了人类认知世界的所有领域：科学、哲学、宗教等。这一时期有三个主要学派：米利都学派、毕达哥拉斯学派、爱利亚学派。

泰勒斯是米利都学派的第一个代表人物，也是古希腊哲学的创始人，生活于公元前585年前后，他的鼎盛年是公元前585年。他提出万物由水产生，后人将其解释为万物的始基是水，他本人并没有提出这样的命题，但是已经有这个意思。

按照亚里士多德的解释，泰勒斯提出万物是由水产生的，这来自于希腊人的海洋崇拜，即海神夫妇是万物的祖先。“万物是由水产生”的解释，反映了他朴素的唯物主义的宇宙观。

毕达哥拉斯（公元前570～公元前531年）提出了数是万物的本原，认为数是有定形的，是支配和指挥万物的神圣力量。他把哲学看成是一种神圣的生活方式，他相信灵魂是轮回的，一个人的灵魂可以通过道德修为得到净化。他在数学上的建树就是发现了毕达哥拉斯定理。

赫拉克利特是爱利亚派代表人物（公元前540～公元前480年）。赫拉克利特认为火是万物的始基。他说水也好，气也好，其他无定形的东西也好，都不能解释运动，不能解释动力源。那么火可以，火本身就是能动的。他的功劳一个是提出了世界本原是火的理论。另外一个是提出了逻各斯的概念，逻各斯就是尺度的概念。他认为世界是一团永恒运动的火，而运动是遵循某种规则的，人的思维也要遵循这样的规则才能进行理性认识。赫拉克利特的哲学思想包含了很多辩证法思想。

早期的哲学观点相互间有很多不同和自相矛盾之处，因为人类认知能力和实践能力的限制，这些哲学家的认识是很笼统的、朴素的，甚至是片面的。在世界本原问题上，水、火、空气、原子、存在等都被用来解释世界，而他们的后人又往往能够发现他们把具体事物作为世界普遍的原则的局限性，因而，试图用另一种方式解释，继而引起新一轮的争论，对世界的本原探讨往往走向对自身的否定。

争论引发了人们进一步的思考，我们为什么在认识统一世界的时候，会得出不同的结论。于是，智者学派在怀疑中提出了千古名句，苏格拉底的辩证思考也开始了，而对这些怀疑性思考的结果就是柏拉图的理念论和亚里士多德的思维逻辑学诞生。

智者学派思想，既是当时哲学发展的必然，也反映了当时雅典的政治改革需要。伯利克里的改革，致使很多原来被认为是卑微的贫穷的人有机会从事政治职业，这产生了两个结果，一是原来被认为是天经地义的尊卑观念被打破，二是很多成年人开始学习语法修辞及政治学科，于是出现了一个专门从事于这种教育的智者学派。智者学派的主要代表人物是普罗泰戈拉，他有一个著名的命题："人是万物的尺度，是存在者存在的尺度，是不存在者不存在的尺度"，柏拉图是这样解释的："事物对于我它对我显现的那样，事物对于你就是它对你显现的那样。"这种相对论的观点难免会走向不可知论，因而，普罗泰戈拉受到了雅典人民的强烈批判，他被逐出雅典，著作也被烧毁。但是，智者学派却告诉后人一个道理：没有绝对的正确与错误。

智慧一直是古希腊的最重要美德，当智者学派以他的方式在否定现行社会道德信念时，苏格拉底作为古希腊第一位真正意义上的哲学家，开始以关注人类命运的身份，捍卫智慧的神圣和信念。

苏格拉底同样认为人应关心人自身，而不是宇宙，"人啊，你要认识你自己"是他哲学的第一准则，但与智者学派不同的是，他试图澄清问题，而不仅仅是破坏和质疑，他的目的是建立一种经过考察的智慧的人类生活。为了区分他和智者学派的不同，他给自己的学派取了一个名字"爱智慧"。苏格拉底的道德是伟大的、高尚的，柏拉图认为他是"在我认识的他那个时代所有人中，最有智慧、最正直和最善良的人。"

苏格拉底哲学最大的贡献是提出了接生术的方法，用一个大家公认的原理引导青年自己提出对这一原理否定的结论，从而发现这一原理的相对性，然后，提出自己的主张。这种方法也被称为思维的辩证法。因为这种教育，他以莫须有的腐蚀青年罪被判处死刑。

柏拉图是苏格拉底的学生，雅典贵族之子，雅典政治改革家梭伦的后代，因家族的关系，特别关心政治，崇尚哲学智慧。著名代表作《理想国》，在这本乌托邦式的哲学著作和政治学著作中，国王就是哲学家，他认为只有那获得智慧的人，才能建设理想的国家。正义的社会是和谐的社会，正义就是"具有他自己的东西，做他自己的事情"。每个公民都有成为他应该是的那种人的机会时，正义就实现了。

作为对政治理念的支持，柏拉图在哲学上提出绝对理念的概念。柏拉图认为，我们感官感觉到的都是千变万化的存在，是不真实的，这些变化现象背后的绝对理念才是事物的本质，是不变的，是需要理性思考才能够认识的。理念是世界的本质，他不因为事物的变化而发生变化，比如"马"这一理念，存在于一切马之中，不会因为哪匹马死了而本质就不存在了。柏拉图试图所要解决的就是人类思维中一和多、抽象与具体、一般与个别、本质与现象之间的关系。因为试图在多样化的世界里寻找到一个统一的本质，柏拉图代表了宗教的启示，后期柏拉图的复兴者所提出的"太一"的理论，即是柏拉图"理念论"的逻辑必然，也是基督教的哲学基础。

亚里士多德，曾经担任亚历山大大帝的老师，曾经建立了一所吕克昂学院，用以对生物学的研究。他和柏拉图之间有着深厚的友谊和交情。但是，他却以一句"吾爱我师，吾更爱真理"，奠定了人类思想史的科学精神。

他的学说和著作包括很多部分：形而上学（形之上的学问——哲学）、物理学、生物学、心理学、天文学、政治学、逻辑学、伦理学等，虽然在他的学说中也有很多错误，但亚里士多德所在研究中体现的敏锐的洞察力和对人类认知领域的分类，以及逻辑上的三段论，奠定了以后科学研究的基础。

中期哲学从苏格拉底到亚里士多德，转而探讨人自身的存在和认识问题，几位哲学家试图在精神和物质之间建立起一种必然的联系，这一时期的苏格拉底、柏拉图、亚里士多德不仅哲学思维方面，引导人们向前迈进了一大步，而且在人格上也能够代表对真理的信仰精神和科学精神，这时期的哲学发展，是古希腊哲学的鼎盛时期。亚里士多德以后的古希腊哲学伊壁鸠鲁派、斯多亚派和新柏拉图主义，在哲学思想的深度和整体构架上，都没有大的突破，基本上可以说是古希腊哲学思想的庸俗化和极端化，但却为基督教思想产生奠定了基础。

总之，古希腊文明奠定了西方几个世纪的科学与信仰精神，为人类社会的进步做出了不可磨灭的贡献。

2. 仁者爱人——中国传统哲学思想

中国哲学始于先秦，历史悠久，在世界哲学史上是独立发展的哲学类型之一。与同时期世界其他地区的哲学相比，属于少数达到较高水平的哲学形态之一。中国传统哲学思想与西方哲学体系大不相同，中国哲学更突出人的问题，哲学的精神实质是被作为一种人生智慧，并认为这种智慧的根本意义在于帮助人们在现实世界中，寻找人的生存意义和价值，找到人生的归宿，并为其找到现实的和理论上的依据。中国哲学效法自然，形成了一系列体现天人合一、体现天地精神的思想方式和生活方式。这就产生了中国重视人伦精神的“仁爱哲学”。可以说，中国哲学是历史上最早的人本主义学说，只是这种人本主义建立在中国特有的“人格信仰——类本质”的基础上。

从总体上说，中国哲学对于丰富人类的精神家园贡献很大，这主要体现在中国哲学的现实主义和“人本主义精神”。在人类文化发展史上，中国哲学确立了不同于西方科学与信仰精神的伦理精神、仁爱精神。一直以来，中国哲学以儒学为正统，着眼于现实社会的研究，具有浓厚的伦理色彩。在先秦时代，诸子百家中儒、道、墨、法等诸家都以天道观为其伦理学说的理论依据。秦汉以后，儒学被奉为正统，无论是董仲舒的天人感应论，还是王弼的“名教出于自然”的主张，都是通过各自的本体论为儒家的纲常伦理作论证。在宋明理学中，本体论、认识论与道德论的结合更为显著。张载以气为万物本原，宣扬“民胞物与”的仁爱精神，二程和朱熹以理为本体，强调天理即是人伦的最高原则。在中国哲学中，认识论也往往和道德认识、道德修养相联系。孟子的“思诚”、荀子的“虚壹而静”，既是求知方法，又是道德修养方法。

儒家思想一直在中国传统文化中居于正统地位，儒家的主要思想是家国一体的伦理道德思想，用《大学》中的话来说就是“诚意、正心、修身、齐家、治国、平天下”，这种思想的核心就如孔子所说的“吾道一以贯之，忠恕而已”。可见中国儒学的基本观点实际上是贯彻了人类的另一种精神——仁爱的精神，这种精神不同于西方建立在信仰基础上的上帝之爱，也不同于佛教中的慈悲济世思想，而是建立在“道法自然”基础上的现实社会中的“天伦之爱”，因而，在当今世界，这种爱并没有因为科学的发展受到理性的质疑，成为21世纪拯救人类社会危机的希望所在。

在儒家思想中影响最大的是孔子（公元前551～公元前479年）——春秋末期思想家、

教育家，儒学学派的创始人，中国历史上最伟大的教育家。但他首先是一个品德高尚的知识分子。他正直、乐观向上、积极进取，一生都在追求真、善、美，一生都在追求理想的社会。他的成功与失败，无不与他的品格相关。孔子先后删《诗》、《书》，订《礼》、《乐》，修《春秋》，对中国古代文献进行了全面整理。为后人能更好地理解《周易》作《十翼》，曾达到“韦编三绝”的程度。孔子的思想及学说对后世产生了极其深远的影响。其思想核心是“仁”，“仁”即“爱人”。主张统治者对人民“道之以德，齐之以礼”，从而再现“礼乐征伐自天子出”的西周盛世，进而实现他一心向往的“大同”理想。

孔子作为儒家思想的创始人，一脉相承的还有孔子的学生曾参、曾参的学生孔伋（孔子的孙子）、孔伋的学生孟轲，他们分别著书《论语》、《大学》、《中庸》、《孟子》，被称为“四书”，对中国后世文化、政治影响深远。中国知识分子“为往圣继绝学，为万世开太平”的“仁义为己任”献身精神，正是儒家思想仁爱精神的最高体现，激励了一代代中国知识分子在国家最危难的时候，挺身而出，前仆后继，演绎了许多悲壮的历史诗篇。

中国从汉武帝时期就开始“罢黜百家，独尊儒术”，自汉朝以后的统治者们出于政治上的考虑，不断为孔子加封，从而确立了儒学思想在中国文化发展中的主体地位，即使后来在中国也有外来文化的传播，但都免不了要融合到这样一种价值体系和思维习惯、生活方式之中，只有融入其中才会有发展。因而，孔子思想核心内容“仁爱”，深入到中国人的民族精神之中。尽管不同时期思想表述上会有一些差异，但由于中国封建统治有意识地将哲学思想意识形态化，使得中国传统哲学思想主题明确、缺少创新、缺少西方哲学求真的科学精神，但却在天人合一的哲学认知上，将人类的另一种重要的精神主题——伦理政治、仁爱精神研究得非常透彻。在全球化的今天，仁爱思想和佛教慈悲济世精神对于人类精神家园的重建有着重要意义。

道家是中国春秋战国诸子百家中最重要的思想学派之一，道家思想的起源很早，传说中，轩辕黄帝就有天人合一的思想。

一般来说，公认第一个确立道家学说的是春秋时期的老子（约公元前600～公元前500年）——春秋时思想家，道家创始人。老子在他所著的《老子》（《道德经》）中作了详细的阐述。道家思想其他的代表人物还有战国时期的庄周、列御寇、惠施等人。道家倡导自然的世界观和方法论，尊黄帝、老子为创始人，并称黄老。

道家思想的核心是“道”，认为道是宇宙的本原，也是统治宇宙中一切运动的法则。老子曾在他的著作中说：“有物混成，先天地生。萧兮！寥兮！独立而不改，可以为天地母。吾未知其名，强名之曰道”（《老子》第25章）。行道有得于身，行道有得于心，因此，道家特别注重心境的清净修养。

道家对中国文化的贡献与儒家同等重要，尤其是道家的辩证性，为中国哲学思想提供了创造力的源泉。道家主张道法自然，清净无为，因而为中国知识分子的政治活动提供了活络的空间，使得这些有着太强政治理想的人，能轻松地发现进退之道，理解出入之间的智慧。

儒、释、道三家学说，共同的文化理念很多，其核心的孝悌忠信、礼义廉耻八德，基本上是三种学说共同的价值追求。

三、逻辑与历史统一——从理性到非理性的转变

柏拉图和亚里士多德之后，哲学具有了二元对立的特征。从宗教的角度，有僧侣与世俗、天国与人间、灵魂与肉体等二元对立。经过文艺复兴运动和欧洲的文化启蒙运动，科学

得到发展，然而，人们的思维仍然存在物质与精神、运动与静止、真理与谬误、有限与无限等观念与现实的二元对立。即使是现代西方哲学，也存在科学与人本、理性与非理性、自由与必然、民主与专制等观念的或现实世界的对立。因此，二元之间的对立与调和构成了近现代哲学发展的内在逻辑动力。同时，观念中的对立，也正反映了现实生活中的问题与矛盾，在现代矛盾解决的过程中，哲学得以发展。

1. 二元对立的哲学思维——近代西方哲学

早期基督教哲学家德尔图良说："上帝之子死了，虽然是不合理的，但是可信的；埋葬了，又复活了，虽然是不可能的，但却是可肯定的。正因为荒谬，所以我信仰。"这句话可以反映基督教哲学的主要特征：荒谬不合逻辑。"因信称义"不需要理性的理解与表达，因此，中世纪哲学本质上并不是人类理性思维的结果，古希腊所崇尚的人类智慧在这里让位于对信仰的忠诚。然而，神性的至善终究无法抹煞人性的力量，宗教改革从内部瓦解了中世纪的思想体系，文艺复兴以其多姿多彩的方式，复兴了人性的伟大，哲学再一次在罗吉尔·培根的试验方法引导下，以人类理性思维的方式来探究自然、社会、人性的真谛，同时，开始从真正科学的角度认识世界，近代哲学产生了。

近代哲学继承了苏格拉底的精神，开始对人类自身进行反思，试图发现千年历史中人类精神生活的根源。哲学家发现了感性经验和理性思维两个认知世界，基于二元对立的特征，因为无法实现从感性到理性的过渡，于是产生了两个对立的学派：经验论和唯理论。近代哲学就是这两个哲学派别演绎自己的观点的过程；是不断地由于对方的批判弥补自己理论缺陷的过程；是在相互的批判和调和中走向终结的过程。

(1) 人类的一切知识来源于感觉经验——经验论

经验论主要代表人物有弗兰西斯·培根、霍布士、贝克莱、洛克、休谟。经验论的主要观点相信实验科学的方法，相信人的感觉经验才是最可信的，人类的一切知识都是来自于感觉经验，都需要经过观察和归纳获得。《新工具》是经验论重要代表培根最重要的著作，在这部著作中，培根阐述了经验论的基本观点和方法，他认为知识并不是我们推论中的已知条件，而是要从条件中归纳出结论性的东西，更确切地说是我们要达到目的的结论。人们要了解世界，就必须首先采用"实验调查法"观察世界，然后归纳出我们所需要的结论——知识。培根所表达的基本思想对真正意义上的现代科学有重大意义，构成了自那时起科学家一直所采用的核心方法。

为了消除中世纪经院哲学的影响，经验论采取了一种比较极端化的方式，将一切需要理性思维才能获得的真理都摒弃在真理之外。因为这种极端，最后必然走向反面：在崇尚感觉经验的同时，也不得不遵循了这样一个逻辑：我们的一切知识都是来自于感觉经验，而感觉经验是不可靠的，因而，我们的知识也是不可靠的，因此，人们无法认识这个世界的本来面目。贝克莱说"存在就是被感知"，休谟说"习惯是人生的伟大指南"。于是，世界没有了普遍可以被认识和遵循的规律，世界是不可知的。这个结论与蒸蒸日上的资本主义世界发展和资产者们自信可以控制世界的雄心相悖，因此，对于这一理论缺陷的克服就成了后来哲学——德国古典哲学必须要完成的任务。

(2) 我思故我在——理念论

唯理论的主要代表有笛卡儿、莱布尼兹、斯宾诺莎。唯理论把理性直觉和理性演绎看作真理性认识的来源，认为人类的知识来源于普遍的原则，强调理性思维的极端重要性，忽视感觉经验在认识过程中的作用，而把知识体系建立在纯粹的理性思维的基础上，必然使知识体系成了无源之水、无本之末。马克思用“倒立的三角形”来评价唯理论理性构建世界大厦的缺陷。

勒内·笛卡儿——西方现代唯理论哲学思想的奠基人，著名的法国哲学家、科学家和数学家。他对现代数学的发展做出了重要的贡献，被认为是解析几何之父。笛卡儿从普遍怀疑入手，确立起不可怀疑的“我思故我在”这个哲学第一原理，从而把自我意识提高到整个哲学的绝对起点。“清楚明白”的真理标准，并以“天赋观念”作为演绎的前提，他的哲学思想深深影响了之后的几代欧洲人，开拓了所谓“欧陆理性主义”哲学。

那么，天赋观念是怎样不经过人们的感性认识被人们所掌握呢？于是，笛卡儿力图在物质与精神之间找到必然的一致，在唯物主义与唯心主义之间保持一种平衡，他既反对用精神来说明物质，也反对用物质来说明精神，而是坚持两者的相互独立和平行。但是这种观点在理论上面临着一个巨大的困难，这就是如何说明人的身心之间的协调一致性？笛卡儿一直处于这样的矛盾之中。彼此独立的精神与物质——心灵与身体——如何会保持协调一致的问题就成为唯理论哲学家们共同关注的一个难题，也是唯理论哲学家一直没有解决的问题。

唯理论和经验论各执一端，表现在以下几个方面：首先，关于知识的来源问题，经验论主张只是来自于感觉经验，唯理论认为知识来自于天赋观念；其次，关于认识的方法或逻辑问题，经验论主张观察法和归纳法，唯理论用理性演绎方法；最后关于认识的可靠性问题，即感觉经验与理性知识何者更为可靠的问题，因为感性和理性相互脱离，因此都缺乏可靠性论证。而其中关于知识的来源问题是最根本的分歧，经验论者都主张知识起源于感觉经验而否认“天赋观念”，认为“我们的全部知识是建立在经验上面的；知识归根到底是导源于经验的”。与此相反，唯理论者则否认正确的认识起源于感觉经验而以不同的方式肯定“天赋观念”。两者的分歧一方面使得各自哲学最后走进死胡同，另一方面催生了德国古典哲学的繁荣。

(3) 平等、自由、博爱——18 世纪法国启蒙运动

法国启蒙运动是继文艺复兴后，在欧洲历史上出现的第二次伟大的思想解放运动，是人类历史上一个光辉灿烂的时代。启蒙，就是启迪和开导人们的反封建意识，给尚处在黑暗中的人们带来光明与希望，反对蒙昧主义、专制主义和宗教迷信，打破旧的传统观念，传播新思想、新观念。它的斗争对象是封建专制制度和它的精神支柱——天主教派反动邪恶势力。法国启蒙运动既是一场思想解放运动，也是一场轰轰烈烈的政治运动，这场运动以法国为中心，蔓延到欧洲各个国家。法国启蒙运动期间出现了很多优秀的代表人物，如英国的阿迪生、斯蒂尔、斯威夫特、彼普，德国的门德尔松、莱辛、赫尔德，意大利的别卡里阿、维科，美国的潘恩、杰弗逊、富兰克林，俄国的别林斯基、赫尔岑、车尔尼雪夫斯基等。运动的中心法国，以伏尔泰、孟德斯鸠、卢梭以及狄德罗为代表的百科全书派起了显著作用。

让·雅克·卢梭（1712～1778 年）是对法国资产阶级革命影响最大的启蒙思想家。他的主要著作有《论科学与艺术》、《论人类不平等的起源和基础》、《社会契约论》、《爱弥儿》、《新爱洛绮丝》等。他认为，人类在自然状态即原始时代本来是平等的，不平等的根源在于出现了私有财产制度。所以社会应当建立契约，以保障均衡贫富，保护小生产者的利益，实现社会的平等。卢梭的学说反映了小资产阶级的情绪，他的观点比较容易被当时各阶层所认同，以至于以后对工农大众革命、对大资产阶级开明进步等有着深远的影响。

在当时众多的思想家中，伏尔泰（1694～1778 年）是公认的领袖和导师。他博学多识、才华横溢、著述恢弘，在戏剧、诗歌、小说、政论、历史和哲学诸多领域均有卓越贡献。他一生反对专制主义和封建特权，追求自由平等和资产阶级君主立宪制。虽然他代表法国大资产阶级利益，反对封建专制王权，希望避免革命，主张温和改革，是启蒙思想家的右翼，但最终还是以其思想启迪民众的心智，影响了整整一代人，被后人尊称为“法兰西思想之王”、启蒙运动的旗手。伏尔泰死后，先是葬于香槟省一个小礼拜堂内，1791 年法国大革命期间，人们把他的遗骸运到巴黎著名的先贤祠重新安葬，当时他的柩车（灵柩车）上写着这样的句子“他教导我们走向自由”。

孟德斯鸠的思想着重于政治制度的改革，他用 30 年时间写了《法的精神》一书；提出了意在确保自由的三权分立制，即立法权；行政执法权、司法权；主张权利的制衡。在讽刺专制制度的书《波斯人的书信》中，他告诫国王：“如果君主不能给自己的臣民创造幸福的生活，反而想压迫和毁灭他们，那么，服从的理由就没有了。”他的学说，影响了资本主义国家政治体制的建立。

狄德罗是“百科全书派”的重要人物，《百科全书》的主编，他大量吸收和传播当时哲学家们的新思想，许多观点尖锐地抨击专制制度和教会的黑暗，宣扬理性主义、人道主义和唯物主义。

启蒙运动是法国大革命的前夜，虽然在哲学思维上，他们并没有超出前人，但在政治上、思想上和理论上为西方后来的经济社会高速发展奠定了坚实的基础，对整个西方近代文明产生了深远的、关键的影响，最终使法国走进现代文明发达国家行列。

(4) 理性哲学的终结——德国古典哲学

德国古典哲学是西方哲学思想发展的重要历史阶段，他们的主要任务一是解决 16、17 世纪近代哲学的二元对立思维，另一方面为德国的资本主义制度建立做论证。主要代表人物有康德、费希特、谢林、黑格尔和费尔巴哈。它经历了从唯心主义到唯物主义两个发展阶段。康德是德国古典哲学的创始人，他建立了实质上是先验唯心主义的调和矛盾的哲学体系和不可知论。黑格尔是德国古典唯心主义的集大成者。他在批判 继承前辈哲学家的基础上，创建了庞大的客观唯心主义 体系。费尔巴哈从人本主义出发，批判了宗教神学和黑格尔的唯心主义，唯物主义地解决了哲学的基本问题，建立了人本学唯物主义。德国古典哲学从康德到黑格尔和费尔巴哈的发展是一个合乎逻辑的过程，也是德国当 时社会关系的必然产物；它为德国 1848 年资产阶级政治革命作了先导。

德国古典唯心主义哲学的最大成就是黑格尔唯心主义辩证法。黑格尔出生于符腾堡的斯图加特城的一个官僚家庭，1793 年毕业于国宾根神学院，后来一度在耶拿大学工作，并做过报纸编辑。1816 年以后，任海德堡大学和柏林大学教授。1830 年任柏林大学校长，次年因患霍乱病逝。其主要代表作有《精神现象学》、《逻辑学》、《哲学全书》、《历史哲学》等。黑格尔是 19 世纪著名的德国古典哲学家、辩证法大师、知识渊博的学者、德国古典唯心主义的集大成者。

黑格尔哲学包括逻辑学、自然哲学、精神哲学三部分。他认为每一个概念、事物和整个体系的发展中自始至终都贯彻辩证法的原则。围绕这个基本命题，黑格尔建立起令人叹为观止的客观唯心主义体系，这是人类思想史上最惊人的大胆思考之一。恩格斯后来给其以高度的评价：“近代德国哲学在黑格尔的体系中达到了顶峰，在这个体系中，黑格尔第一次——这是他的巨大功绩——把整个自然的、历史的和精神的世界描写为处于不断运动、变化、转化和发展中，并企图揭示这种运动和发展的内在联系。”

黑格尔把绝对精神看做世界的本原。绝对精神并不是超越于世界之上的东西，自然、人类社会和人的精神现象都是它在不同发展阶段上的表现形式。因此，事物的更替、发展、永恒的生命过程，就是绝对精神本身。黑格尔哲学的任务和目的，就是要展示通过自然、社会和思维体现出来的绝对精神，揭示它的发展过程及其规律性，实际上是在探讨思维与存在的辩证关系，在唯心主义基础上揭示两者的辩证统一。马克思和恩格斯批判地继承黑格尔辩证法的“合理内核”和费尔巴哈唯物主义的“基本内核”，创立了马克思主义哲学。德国古典哲学是马克思主义哲学直接的理论来源。

2. 人类多元思维的形成——现代西方哲学思潮

第二次世界大战后，西方社会出现了短暂的经济繁荣，继之而来的则是经济停滞和社会动荡以及与之相应的各种社会矛盾和精神危机的深化。一般说来，这个时期的各种矛盾和危机，都直接或间接地反映在现代西方各流派的哲学之中。

德国古典哲学终结以后，哲学基本上是沿着两条路发展，一条是主要以德国古典哲学也包括整个近代西方哲学为其理论来源的马克思主义哲学；一条是脱离理性哲学思维传统的现代西方哲学。现代西方哲学，不是一个统一的流派，是指19世纪40年代以后，流行于西方社会各种哲学派系的总称。具有以下特点：

其一，流派众多。自黑格尔之后，出现了唯意志主义、实证主义、新康德主义、直觉主义、分析哲学、现象学、存在主义、解释学、西方马克思主义、实用主义、结构主义、解构主义等新流派，在这些大的流派之中又有相当多的分支，比如现象学中，几乎每一位大思想家都可独自立派。

其二，思想变革深刻。它们带来了西方哲学两千年来最为深刻的思想方式的变革：反形而上学、反权威主义、反主体主义、向语言的转向、对境域的关注等，令人耳目一新，极大地丰富了人的哲学思维。而且，由于思想方式的转变，相比于传统西方哲学，现代西方哲学与中国哲学的距离拉近，有了更多的、更深入的对话可能。

其三，学科渗透能力增强。这种变化使得现代西方哲学具有了很强的向其他学科渗透、与之交叉的能力，以及建立新的次级学科的能力，比如科学哲学、环境伦理学、医学伦理学等。所以，现代西方哲学与科学技术与不少人文学科、社会科学学科和文学艺术实践之间形成了更为密切的互动关系。

其四，思维活跃，对世界影响较大，更新能力较强。现代西方哲学是活着的、还在不断出新的，在当今这种全球化的形势中，仍然起着巨大和持久的作用。

现代西方哲学基本上可分为两个主要哲学思潮：人本主义思潮和科学主义思潮。

(1) 人本主义思潮

人本主义哲学思潮也称非理性主义思潮，发端于19世纪20年代，流行于19世纪50年代。人本主义哲学思潮强调哲学的任务在于对人的生存、人的发展、人性的解放等问题予以合理的说明，他们认为哲学即人学。由于他把人当作世界本质，所以称人本主义，由于他把人归结为非理性的意志、情感、欲望，并与传统哲学理性相对，所以称非理性主义。叔本华、尼采的意志主义，狄尔泰、柏格森等人的生命哲学，海德格尔、萨特的存在主义和弗洛伊德的精神分析等都是人本主义的主要流派。在当今西方流行的人本主义的哲学流派中，比较特殊的是具有宗教特点的新托马斯主义和人格主义。

弗里德里希·威廉·尼采（1844～1900年），著名德国哲学家。是他最早开始批判西方现代社会，然而他的学说在他的时代却没有反应，直到下一个世纪——20世纪，才激起深远的调门各异的回声。后来的生命哲学、存在主义、弗洛伊德主义、后现代主义，都以各自的形式回应尼采的哲学思想。尼采用意志来解释世界，认为意志是世界的本原，主张超人哲学、权力意志。尼采继承了启蒙运动的精髓，反映了现代意识的觉醒。对人生价值的积极肯定，引发了人们对人生意义、人生价值的思考，重新定位人生；对工具理性和工业文明的否定性批判、开启了现代非理性主义思潮。另一方面，对理性的批判、对传统的否定也存在着片面性，这正是后现代主义欣赏的一面。他的伦理思想反映了正在形成的垄断资产阶级的利益，因而成为了法西斯主义思想的理论基础。

存在主义把人的心理意识（往往是焦虑、绝望、恐惧等低觉的、病态的心理意识）同社会存在与个人的现实存在对立起来，把它当作唯一的真实的存在。存在主义哲学提出了三个基本原则：其一是“存在先于本质”，认为人的“存在”在先，“本质”在后。“首先是人的存在、露面、出场，后来才说明自身。”所谓存在，首先是“自我”存在，是“自我感觉到的存在”，我不存在，则一切都不存在。其二是“世界是荒谬的，人生是痛苦的”。认为在这个“主观性林立”的社会里，人与人之间必然是冲突、抗争与残酷，充满了丑恶和罪行，一切都是荒谬的。其三是“自由选择”。存在主义的核心是自由，即人在选择自己的行动时是绝对自由的。人即自由。萨特认为，人在事物面前，如果不能按照个人意志作出“自由选择”，这种人就等于丢掉了个性，失去“自我”，不能算是真正的存在。萨特的存在主义哲学不仅是存在主义文学的思想核心，而且成为后现代主义文学各个流派的思想基础。

(2) 科学主义思潮

现代西方科学主义思潮，是指由实证主义、马赫主义、逻辑实证主义、批判理性主义到历史主义所组成和延续下的思潮。从它的源头来讲，这些哲学流派以研究科学方法论为共同特征，标榜自己是“科学哲学”，肯定理性原则，但理性应当限制在具体、实证的范围内。

孔德的实证主义是现代西方哲学科学主义思潮的开端。实证主义的理论核心有两点：一是“实证主义原则”，只有能够被科学所证实和证伪的命题才能作为哲学的命题；二是“拒斥形而上学”，即对于超出经验范围的事物是否存在这一类问题“不予理睬”，将其交给神学去研究，哲学的任务只是给科学提供方法和原则，而不去讨论物质和精神的关系。孔德的“实证主义原则”和“拒斥形而上学”，深刻地影响了后来哲学的发展。它流传到民间，又演变为一种更广泛的对一切终极性的原则、信仰、理想的鄙薄、蔑视和鄙弃。20 世纪初在美国兴起的实用主义和 20 世纪 30～50 年代流行于西方的逻辑实证主义，都是属于科学哲学流派。

詹姆士（1842～1910 年）——美国哲学家和心理学家，心理学机能主义和哲学实用主义的先驱。詹姆士是一位知识渊博的心理学家。他于 1890 年出版的名著《心理学原理》是美国心理学史上的一部划时代著作。这部著作对两大问题的研究有独到的贡献：①意识研究——他认为，意识是一条连续不断的“思想流”或“意识流”，由此说明意识经验是个统一的整体，既不能分割为各个元素，也不能划分为不同的阶段；②情绪假说——他认为，任何情绪都不过是对生理变化的知觉，并不是因为“我们难过而哭泣”或“我们逃跑而觉得害怕”。自身的反应在前，情绪正是自身的变化发生时的感受。詹姆士晚年研究哲学和宗教问题，《宗教经验种种》（1902 年）和《实用主义》（1907 年）是他的另外两部名著。

杜威是美国唯心主义哲学家，实用主义“芝加哥学派”的创始人。他综合皮尔士的科学倾向和詹姆士的伦理倾向，建立了实用主义的新变种，称之为“经验的自然主义”或工具主义。他认为，哲学的任务不在于给自然界提供某种解释，而应当探究解决人的问题的方法，因而他把作为人与环境相互作用的总和的“经验”看作头等的事实、最基本的实在。所谓物质和思想都是通过反省从原始经验整体中分开来的产物，经验与自然、主体与客体、行动和感受都是不可分割地联结在一起的。既然世界即是经验，经验即是生活，生活即是应付环境，这样，思想、理论、学说归根结底就不过是人们用以应付环境、寻求出路的工具，它们的价值在于功效，有效就是真理。在社会历史方面，杜威宣扬多元论的唯心史观和“新人性论”，鼓吹资产阶级的自由、民主，为垄断资本主义辩护。主要著作有《哲学的改造》、《经验和自然》、《逻辑：探究的理论》、《学校与社会》等。

(3) 后现代主义思潮

后现代主义思潮是20世纪六七十年代在西方国家开始广泛出现的具有重大影响的社会文化思潮，它涉及文学、艺术（包括建筑的风格等）、语言、历史、哲学等社会文化和意识形态的诸多领域。20世纪70年代，法国的一些哲学家从哲学发展的角度对后现代主义思潮进行了界定：后现代主义是对后现代时期的政治、经济、历史文化、艺术风格等方面的认识和分析，也可以说是对后现代社会的各种哲学思潮、艺术观点、建筑风格、社会心态的汇集。后现代主义思潮的目的性是非常明确的，就是要对现代文明发展的根基、传统等各个方面，进行全方位的批判性反思，是西方后工业社会中全面反叛性的思潮。后现代主义思潮是人们对后现代社会生产方式和生活方式的反应，它是在批判现代主义和理性主义的基础上逐渐形成的。

后现代主义有几个基本主张：第一，建立新型的个人与社会关系。后现代主义思潮认为，个人主义的绝对化会使它走向自己的反面。所以应建立个人与社会的关系，使人更好地适应正在迅速变化的信息化和商品化的高科技社会。第二，重构社会关系，是后现代主义思想的核心，他们认为发挥自己的创造性，突破传统的思维方式，寻求新的有价值的世界观，在社会生活领域内创建生活的价值意义，在社会关系领域内创造多样性的人与自然、人与人、人与社会的新型关系。第三，后现代主义反对二元对立的思维方式，以一种彻底的相对主义的怀疑精神，反对传统文化的一元性、整体性、中心性、纵深性、必然性、明晰性、稳定性、超越性，关注历史和事物发展中各种差异和偶然性，拒绝对理性、本质和普遍绝对真理的信仰，提倡多元主义的文化价值观。

后现代主义是对现代哲学的发展和超越，他的主张大多是基于文化和社会学方面的研究，在强调相对主义多元性的同时，后现代主义思潮的怀疑主义、虚无主义、无政府主义，解构了人类社会赖以存在发展的思想和价值体系，容易导致放弃社会责任、道德原则、真诚原则，抛弃正确的人生观、价值观取向的极端个人主义、利己主义人生哲学，从而使个体行为习惯更加随意化，客观上形成一种社会无序状态。

3. 社会生活的高度自觉—— 马克思主义哲学

马克思主义哲学即辩证唯物主义和历史唯物主义，是关于自然界、人类社会和思维发展的最一般规律的科学，是辩证唯物主义和历史唯物主义的最完整严密的科学体系，是无产阶级的世界观和方法论，是马克思主义的三个组成部分之一和马克思主义的全部学说的哲学基础。马克思主义哲学的产生，是哲学上的伟大革命，标志着人类哲学思想发展到了一个全新的阶段。

马克思主义哲学产生于19世纪40年代，随着当时工业大革命的兴起和发展，成熟的资本主义生产方式孕育成熟的无产阶级正从一个自在的阶级逐渐成长为一个自为的阶级，工人运动兴起需要科学理论指导，马克思说：我的学说是为无产阶级服务的，这是马克思主义哲学产生的阶级基础；自然科学的许多学科，如数学、物理、化学、生物学等都有了很大的发展，又出现了胚胎学、生理学、地质学等新的学科。自然科学由原来的主要是“搜集材料的科学”发展到“整理、分析和加工材料的科学”，以研究自然物质发展的新学科纷纷建立和发展起来。科学家们已经发现了自然界各种运动的一些重要规律，取得了一些新成果，特别是当时世界三大发现：细胞学说、能量守恒与转化原理、达尔文的进化论，为马克思主义哲学的产生提供了重要的自然科学前提和强有力的论证；马克思批判地继承了19世纪德国古典哲学的优秀成果，主要是黑格尔的辩证法和费尔巴哈的唯物主义，揭示了自然、人类社会和人类思维发展的普遍规律，创立了辩证唯物主义和历史唯物主义学说。德国古典哲学是马克思主义哲学产生的理论基础。

马克思主义哲学的世界观——唯物主义世界观认为世界是物质的，物质是不以我们的意志为转移的，我们的认识是对物质世界的反映。物质是在时空中存在的，运动是有规律的，联系和发展是物质世界的根本特征。所以，我们要把握这个物质世界，必须遵循辩证法的三大规律：对立统一规律、量变质变规律、否定之否定规律。由于物质世界发展是一个过程，人类认识能力受到时代的限制，因此，我们对于世界的科学认知，需要实践—认识—再实践—再认识，无限循环往复，从而逐渐地达到对事物本质的认识。而对于某一特定时代的人而言，认识的结果——真理，也就有了绝对性和相对性双重属性，需要在实践中不断地检验和完善。

世界观在社会问题认识上的运用就是揭示了社会发展规律。马克思主义哲学认为社会发展遵循两大规律：生产关系一定要适应生产力发展的规律和上层建筑一定要适应经济基础的规律。人民群众是历史的创造者，社会实践是人们创造历史的一切活动，人类社会发展的美好前景是共产主义社会。

马克思主义哲学标志着人类思想从自发走向自觉，从对宇宙的朴素认知到对人类社会的自觉实践。哲学的进步，说明了人类实践能力和认识能力的提高，也标志着人类社会开始从必然王国走向自由王国。当然，思想的自觉是一个过程，人类美好世界的建设更是一个漫长而充满艰辛的历程。

马克思主义哲学以其自觉性、革命性、实践性、科学性，成为中国特色社会主义理论创立的哲学基础，实事求是的思想路线成为中国共产党的指导思想。

附：《哲学家的故事》：一次，德国哲学家莱布尼茨在宫廷中讲学，说："万物莫不相异"，"天地间没有两个彼此完全相同的东西"。宫女们听了这番话以后，纷纷走入御花园，去寻找两片完全没有区别的树叶，想以此推翻这位哲学家的论断。结果，她们大失所望，谁也没能找到这样的树叶。因为粗粗看来，树上的叶子好像完全一样，可是仔细一比较，却是大小不等、厚薄不同、色调不一、形态各异，都有其特殊性。

哲学家维特根斯坦还是罗素的学生时，经常像一头野兽在罗素的房里踱来踱去。

有一次，维特根斯坦突然停下来对罗素说："你是否认为我是个十足的白痴?"

罗素颇为不解地反问："为什么你想要知道?"

"如果我是的话，我就去当飞艇驾驶员；如果我不是，我将成为一名哲学家。"

罗素倒也很坦率："我亲爱的朋友，我不知道你是不是一个十足的白痴，但如果假期里你给我写一篇哲学文章，我读了后就告诉你。"

一个月后文章送到了罗素手里，罗素刚读完第一句，就相信他是一个天才，并向他担保："你无论如何不应成为一名飞艇驾驶员。"

一次，伊丽莎白女王巡察到培根的府邸。由于女王生活在宅深墙高的宫廷大院里，平时也多来往于达官显贵们奢侈华贵的住宅，当她看到简朴普通的大法官的宅第时，不禁惊叹道：

"你的住宅太小了啊！"

"陛下，我的住宅其实并不错，只是因为陛下光临寒舍，才使它显得小了。"

有一天，罗素的一位年轻朋友来看他。走进门后，只见罗素正凝视房屋外边的花园，陷入了沉思。

这位朋友问他："您在苦思冥想什么？"

"每当我和一位大科学家谈话，我就肯定自己此生的幸福已经没有希望。但每当我和我的花园谈天，我就深信人生充满了阳光。"

思考题

1. 哲学所要解决的基本问题是什么？不同历史时期，为什么会有不同的哲学流派？
2. 哲学的发展历史说明了什么？给我们哪些启示？
3. 马克思主义哲学对我们人生有哪些指导意义？
4. 如何看待后现代主义的主张，你认为他们有哪些进步意义和局限性？

政治篇

人们在纷繁复杂、千姿百态的社会关系中生活，总会碰到这样或那样的问题，经历这样或那样的事情。人们的社会关系主要由经济关系、政治关系和文化关系组成。本篇主要阐释的是作为社会关系的核心社会政治。面对社会政治问题或政治事件，人们常常感到政治现象扑朔迷离，政治过于艰深，很难理解。其实，政治作为一种客观存在的社会历史现象，它是可以理解和把握的。理解和把握政治的主要方法或具体途径，就在于学习政治学知识。

一、政治与政治学

作为千百年来萦绕于一代代学者心头的重大课题，政治学是人类最古老的学问之一。由于它与统治阶级的政治利益有着最密切的关联，所以自从人类社会出现政治现象之后，它就逐渐产生了，并且一直受到统治阶级的高度重视。从最一般的意义上说，政治学就是研究政治的科学，是关于人类政治现象和政治发展规律的系统知识。在西方，政治学在学术领域里的研究也被称为政治研究、或只有政治两字。因此，学习和研究政治学，首先应当了解政治的概念。

1. 政治的一般涵义

“政治”的概念，始于人类文明史上的奴隶社会时期。各时代的政治学家和政治家都从不同角度和不同侧重点对它作过各种论述，但至今还没有公认的确切定义，是一个仍需不断探索的问题。

在中国，古代先秦典籍中曾使用过“政治”一词，如《尚书·毕命》中“道恰政治，泽润生民”；《周礼·地官》中“凡事致野役，而师田作野民，帅而至，掌其政治禁令”等。不过，这里的“政治”两字连用，仅表示政治得到了治理，并没有合成专用名词的意思。在更多的情况下，中国古人是将“政”与“治”分开使用的。“政”主要指政治、政事、权力和法令。如《诗·大雅·皇矣》中“其政不获”、《周礼·夏官》中“乃立夏官司马，使帅其属而掌邦政，以佐王平邦国”、《韩非子·内储说下》中“州吁果杀其君而夺之政”以及王安石(1021～1086年)《答司马谏议书》中“先王之政”等。“治”则主要指管理人民和教化人民，也指实现安定的状态。如《吕氏春秋·察今》中“治国无法则乱”、《孟子·滕文公上》中“或劳心，或劳力。劳心者治人，劳力者治于人。治于人者食人，治人者食于人”、“天下大治”等。另外，“治”亦有政治的意思，见《尚书·周官》：“冢宰掌邦治，统百官，均四海。”据本人考证，在《论语》、《孟子》、《老子》、《庄子》、《史记》等古籍中，均无“政治”

条目。把“政治”结合使用，始于近代的孙中山（1866～1925年）先生。他说：“政治两字的意思，浅而言之，政就是众人的事，治就是管理，管理众人的事，便是政治。”

在西方，英语politics（政治）源于希腊文πoλιs（城邦），在古希腊政治哲学家柏拉图的《理想国》及其弟子亚里士多德的《政治学》等著作中得到了广泛使用。柏拉图认为，政治的本质在于正义。正义是一种美德，扩大到城邦（理想国）就是它具有智慧、勇敢、节制和正义这四种美德。城邦是放大了的个人，个人是缩小了的城邦，因此，个人正义同样也可以发现上述四种美德。柏拉图的任务便是为城邦政治找回失去的个人正义和城邦正义，正本清源，还正义以本来面目。

附：作为政治学的开山鼻祖，亚里士多德没有完全因袭老师的观点，而是提出了一个非常重要的政治学命题——“人是天生的政治动物”：

人天生是一种政治动物，在本性上而非偶然地脱离城邦的人，他要么是一位超人，要么是一个恶人；就像荷马所指责的那种人：无族、无法、无家之人……具有这种本性的人乃是好战之人，就仿佛棋盘中的孤子……不能在社会中生存的东西或因为自足而无此需要的东西，就不是城邦的一个部分，它要么是只禽兽，要么是个神。

这里的意思是说，人不是神，人类具有合群的本性，他必然要求建立城邦，从事政治活动。如果没有这样的政治共同体（城邦），人就会堕落成最恶劣的动物。所以，人是政治的动物，这是人类和其他动物的根本区别。由是观之，“政治”一词一开始就是指城邦中的统治、管理、参与、斗争等各种公共生活的总和。亚翁对政治的强调可见一斑。

从总体来看，尽管中西方对政治的释义聚讼纷纭、莫衷一是，但归纳起来，无非为两大类，即马克思主义的政治观和非马克思主义的政治观。从非马克思主义的政治观来看，它们对政治涵义的理解，大致有“道德论”、“神权论”、“权力论”、“管理论”和“政策论”等几种代表性的观点。

马克思主义政治观，主要是指马克思主义经典作家在不同时期，针对不同情况，从不同角度论述过政治的涵义，其基本内容是：经济决定政治，“政治是经济的集中表现”；政治是一种特定的社会关系，在阶级社会中，“政治就是各阶级之间的斗争”，在社会主义社会中，“政治就是参与国家事务，给国家定方向，确定国家活动的形式、任务和内容”；政治是与国家紧密联系的特殊公共权力现象，国家政权问题“是全部政治的基本问题、根本问题”；政治有特定的发展规律，“政治是一种科学，是一种艺术”。这些论述概括反映了政治的本质、属性、基本内容和特征，是研究政治现象和为政治下定义的指导思想。

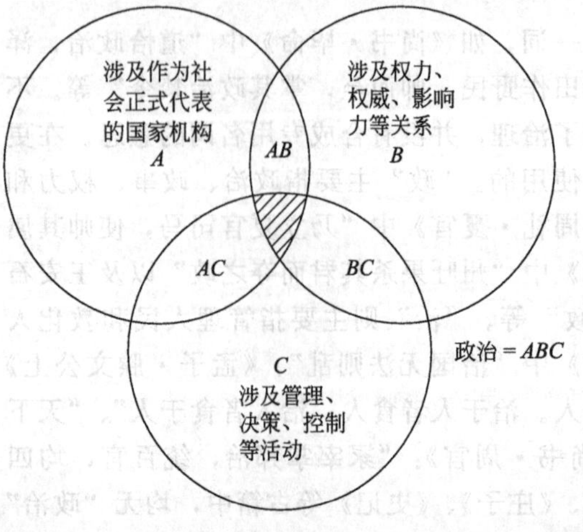

下面介绍一种宏观政治学中的政治概念。这个概念可用圆形图表示如下：

图中，*ABC* 所表示的内容不是三者的交集，而是它们的并集，即 $A \cup B \cup C$。*A*、*B*、*C* 之间所发生的一切活动、关系、过程，就是政治。在宏观政治领域，集中的政治权力是中心，国家是行使政权的合法代表，制定与实施公共政策以配置政治权力是政治运行的主要内容，分配和配置社会价值以控制和协调集团利益则是政治目标。所有这些有机结合起来就构成了政治生活的核心部分。

2. 政治学的学科体系

作为一门独立的学科，政治学意味着在学术上的研究领域，它要求人们以客观政治关系为研究对象，以科学态度和科学方法从事研究，其研究的科学成果和结论对于人们认识政治现象、掌握政治规律起着巨大的指导作用。政治学通常又称为政治理论、政治科学、国家的理论与国家法、政治与国际关系学、宪政学、社会行政管理学、政治策略学等政治学学科体系。一般地说，这样称未尝不可，但从严格的意义上说它们是有区别的。例如，广义的政治科学就是开头所界定的政治学，即政治学是关于人类政治现象和政治发展规律的系统知识，但狭义的政治科学则是指现代才发展起来的作为一门独立学科的政治学，它着重于借助科学的实证方法，以经验事实材料为基础去探究政治逻辑。本书所说的是广义的政治学。

随着世界各国政治实践的历史发展，政治学的研究也不断向广度和深度方向发展，并在基本体系的基础上，逐步产生了许多新的专门性学科，形成了由一级、二级、三级学科和一些边缘学科构成的、庞大的政治学学科体系。

按照世界各国通行的学科分类方法，结合我国的现状，作为一级学科政治学的学科体系，所包括的内容有以下几个方面：

政治学基本理论：政治学的二级学科，包括政治学原理、马恩列斯（马克思、恩格斯、列宁、斯大林）政治学经典著作研究、毛泽东政治学经典著作研究、政治社会学、比较政治学、政治学方法论、政治学说史等三级学科。

政治思想：政治学的二级学科，包括中国政治思想史、外国政治思想史、中国现代政治思想、西方当代政治思潮、社会主义思想发展史、十一届三中全会以来马克思主义在中国的发展等三级学科。

政治制度：政治学的二级学科，包括政治制度理论、议会制度、行政制度、司法制度、军事制度、政党制度、选举制度、比较政治制度、政治制度史等三级学科。中国政治制度学主要有中国政治制度史、当代中国政治制度、中国政府与政治、中国地方政府、中国共产党领导的多党合作、中国共产党的建设论及监察与监督理论、中国监察和监督制度史、中国选举制度、一国两制理论等。

行政管理：政治学的二级学科，包括行政管理学原理、组织理论、人事行政学、行政领导学、公共政策分析、市政学、比例行政学、行政法学、行政学研究方法、组织行为学、公务员制度、秘书学与秘书工作、行政公文写作、办公自动化管理等三级学科。

国际政治：政治学的二级学科，主要包括国际政治理论、国际组织、国际法、国际战略研究、外交学、区域政治和各国政治研究、世界政党研究、国际关系史、中国对外政策等三级学科。

此外，政治领导学、政治心理学、政治社会学、地缘政治学、政治地理学、生态政治学等一些边缘学科，也是政治学的重要研究内容。目前，政治学已发展到由几十个分支学科组成的、庞大的科学理论体系，成为社会科学中不可或缺的基础性、骨干性和支柱性学科。

3. 政治学的性质

政治学与其他社会科学学科一样，是对人类社会中某一类现象进行评价、概括、解释和预见的理论体系。适应着评价、概括、解释和预见社会政治现象的需要，政治理论相应地分成不同特色的两种范式：规范性理论与经验性理论。因而，政治学具有规范和经验的双重性质。

(1) 规范性政治学

由于规范性理论具有浓厚的道德色彩与价值色彩，是人们对普遍性知识的探求，故规范性政治学是具有全局性、整体性的政治理论，它在最高层次上为评价、判别和概括政治现象提供了价值准则和认识方法。因此，它也被称为“政治哲学”。政治哲学是从哲学思辨的角度，在形而上学层次探讨关于政治价值、政治现实的实质和政治分析的知识假定的思想体系。大多数政治学家一般先通过先验设定抽象出一个普遍化的人性，然后通过逻辑推演设定出一套符合人类至善生活的最高准则，再根据这个准则设计出相应的政治制度。因而，在整个政治学体系当中，规范性理论具有世界观和方法论的意义。其主要内容一是对政治的一般理论的研究，探讨政治的起源、本质、规律、规范、目的和手段；二是对政治理论、学说、思想、观念本身的研究，具有“元理论”或“超理论”的特征，主要分析词汇和概念的含义、论证的逻辑、命题的根据等。其中，民主、正义、自由、平等等价值取向和相应的政体设计是其研究的重点。

(2) 经验性政治学

经验性政治学是狭义的“政治科学”，或称实证性政治学。它有广义、狭义两种不同的内涵。广义政治科学即政治学；狭义政治科学是指对具体政治现象进行实证研究、计量分析的政治学，与政治哲学分属不同的研究层次。狭义政治科学在政治学研究中广泛采用现代科学的研究成果和理论方法，如系统论、信息论、控制论、行为科学、数理分析等；力求客观地描述政治现象的本来面目及细节，对个体政治行为和政治活动的具体过程进行定量分析；绝不使用无法用科学方法、技术手段加以验证的概念，使政治学研究精确化。其研究分析的方法有：权力结构分析、个体心理分析、群体行为分析、系统功能分析、角色分析、博弈分析、传播分析等。

(3) 政治理论的综合性质

规范性理论和经验性理论在研究重点、方法、意义诸方面不尽相同，最根本的分歧在于如何对待经验研究和规范研究。但是，它们不应该是截然对立、互相排斥的，而应该是相辅相成、互为补充的。在政治学的思想体系中，经验性理论和规范性理论具有同样的重要性，不能倾向于某一范式而排斥另一范式，而只能综合这两种范式。目前，大部分政治学者都承认，只有规范性理论与经验性理论的综合，才能使政治学获得更多的知识性、科学性和实用性。如何寻找到两种理论的最佳结合点，如何在“是如何”与“应当如何”之间架起一座桥梁，是每一个政治学研究者应该考虑的问题。一般来说，中观层面的政治研究，特别是同类政治体制的中观层面的比较，可以将相关变量的指标加以量化，因此，这一范围的政治研究完全可以采取实证主义的纯经验理论范式，而宏观政治研究则可以采取历史主义的规范理论范式。

二、政治学发展的历史沿革

对政治的研究最早开始于古希腊。政治学的前身甚至能追溯至柏拉图和亚里士多德之前的年代，尤其是在希罗多德、荷马、赫西奥德、修昔底德和欧里庇得斯等人的著作里。这门学科的前身明显是伦理学、政治哲学和历史，以及其他围绕着研究国家特色和功能的学术领域。后来柏拉图开始分析希腊城邦的政治制度，将他们原本以文学和历史为方向的分析抽取出来，应用至我们目前所称的哲学上。同样地，亚里士多德在柏拉图的研究基础上又建立了历史经验和比较方式的研究，由后者萌生了日后的比较政治理论，被誉为“政治学之父”。政治学诞生之后，在几乎每一个历史时代和每一个地方，我们都能看到一些专门研究和学习政治的人们。

1. 西方政治学的历史发展

(1) 古希腊、罗马政治学

古希腊、罗马的政治学是西方政治学的第一个发展阶段，是政治学的始创阶段，它为整个西方政治学的发展奠定了基础。这个阶段最著名的政治学家是古希腊的柏拉图、亚里士多德和古罗马的西塞罗、奥古斯丁。而柏拉图的《理想国》和亚里士多德的《政治学》更被认为是政治学的创始之作，尤其是亚里士多德的《政治学》在相当程度上指出了后来西方政治学研究的正确方向。他们把奴隶主贵族制国家当作理想的政治制度，把基于分工之上的等级秩序当作最高的政治价值，把不平等的政治秩序看作是“正义”、“自然理性”的体现。

在古希腊、罗马的政治学中，世俗性和神学性奇特地混合在一起，几乎在每一个政治学家身上都可以看到这种双重性。在世俗方面，对政治的研究主要是以对历史的学习、政府治理的手段和描述政府运作的情况为方向。西塞罗的《论共和国》更是对国家概念进行了界定，设计出了权力制衡的运作模式，并发展了自然法思想。后来，随着斯多葛学派的兴起，著名的历史学家如波里比阿、蒂托·李维、普鲁塔克详细记载了罗马共和国崛起过程和其他国家的组织及历史，以及恺撒和西塞罗等政治家，使我们得以更加了解当时罗马的政治和战争。不过，随着时间的推移，世俗性日益让位于神学性，到了古罗马的奥古斯丁那里，政治学中的世俗因素几乎荡然无存，代之而起的是神学的政治学，他的《上帝之城》向人们展示了一条通向天国的“至善至德”之路。

(2) 中世纪政治学

随着罗马帝国的衰落，政治研究的舞台更加扩散。神教的崛起，尤其是西方文化里基督教的崛起，在政治和政治行为上产生了更多的研究空间。到了中世纪时期，基于当时欧洲奉行政教合一，政治学尚未成为一独立学科，对于政治问题都倾向由宗教教义来解释，政治思想完全臣服于神学思想，神学思想统领一切，政治学和其他一切学科都被纳入神学体系，成为神学的婢女。故此，当时政治学的显著特征是神学性，因而又称之为“神学政治理论”。但是，教会和朝廷间对政治的研究仍然相当广泛。当时的政治研究以北非希波的奥古斯丁的教父神学和意大利托马斯·阿奎那的经院哲学为代表。

奥古斯丁在其《上帝之城》一书中，综合了当时基督教的哲学和政治传统，重新定义了宗教与政治间的领域界线。大多数这个时代的政治议题都围绕于教会与国家间的立场澄清和互相竞争。而托马斯·阿奎那对亚里士多德和奥古斯丁的思想进行了调和与发展，将希腊哲学和基督教神学进行了有机结合，并且论证了信仰、理性、道德和政治界分的可能性，从而成为“神学政治理论”的集大成者。在《神学大全》中，阿奎那把封建的等级秩序和君主政治加以神化，把它当作神圣的政治制度和政治价值。与他的基督教神学思想一致，他把国家的统一与和平看作是最高的“善”，把维护和保障国家统一与社会福利的政治行为当作“正义”，把心甘情愿服从既定的等级秩序和法律制度的行为看作“德行”。

此外，在中东和后来其他的伊斯兰地区，波斯的哲学家欧玛尔·海亚姆所著《鲁拜诗集》以及菲尔多西所著《王书》的国王史诗里都提供了对政治的分析，而其他亚里士多德派的伊斯兰学者如阿拉伯哲学家阿维森纳也继续研究亚里士多德的分析和经验主义，写下许多针对亚里士多德作品的评论。

(3) 近代政治学

近代西方政治学滥觞于宗教改革和文艺复兴时期。宗教改革和文艺复兴时期的政治学是西方政治学的重要转折点，它标志着政治学研究从封建主义向资本主义过渡。政治学开始摆脱神学的束缚，人们以理性和经验的眼光来观察和解释政治现象。在意大利政治思想家尼可罗·马基亚维利的《君主论》和法国政治思想家让·布丹的《国家六论》中，我们可以清楚地看到：人，第一次成了政治学的出发点和核心。君主握有至高无上的主权的专制制度成了大多数政治学家心目中完美的国家制度，国家主权的完整性和绝对性开始成为政治学家进行政治评价的重要标准。他们的政治理论虽仍未摆脱中世纪的影响，但促进了现代民族国家的形成，也是理性主义政治学的先驱。尤其是《君主论》的完成，被视为政治学由基督教中完全分离的一个里程碑，其作者亦被视作近代西方政治学的奠基人。另一方面，少数敏锐的思想家已经预感到资本主义制度的内在矛盾，开始探索超越资本主义的理想社会，英国空想社会主义家托马斯·莫尔的《乌托邦》便是这一思想的集大成者。

近代资本主义的政治学是西方政治学的极盛时期。多数西方不朽的政治学名著涌现于这一时期，除上述论及外，还有格劳秀斯的《战争与和平法》、斯宾诺沙的《神学政治论》、霍布斯的《利维坦》、洛克的《政府论》、哈林顿的《大洋国》、孟德斯鸠的《论法的精神》、卢梭的《社会契约论》、伯克的《法国革命论》、杰佛逊等人的《独立宣言》、潘恩的《人权论》、汉密尔顿等人的《联邦党人文集》、托克维尔的《论美国民主》、黑格尔的《法哲学原理》、边沁的《道德与立法原理》、密尔的《论自由》、葛德文的《政治正义论》、巴枯宁的《国家制度与无政府状态》、尼采的《查拉图斯如是说》等。

近代西方绝大多数政治学家高举“主权在民”或“民主”的旗帜，把“自由”、“平等”、“人权”当作人人天赋的“自然权利”，把尊重和保护这些自然权利看作是统治者和政府的“理性”或“自然法”，是否具有这种“理性”或“自然法”成了判断政治家和政府善恶的基本标准。在他们看来，惟有推行三权分立和代议民主的共和政治，才能真正实现主权在民的根本宗旨。因此，民主共和国几乎是当时政治学家的共同理想，而自由、平等、福利、正义则是他们追求的最高政治价值。他们把资产阶级的阶级权利当作全人类普遍的自然权利，把代议民主当作全人类最好的政治制度，他们自觉地或不自觉地用超阶级的、抽象的形式表达了资产阶级的政治要求。但是，由于他们各自所处的时代背景、个人经历和具体的阶级利益不同，他们当中的一些人强调自由的价值，而被称为自由主义者；一些人强调秩序的价值，而被称为保守主义者；一些人强调国家的权威，而被称为国家主义者；一些人强调国家的罪恶，而被称为无政府主义者；一些人强调未来“乌托邦”理想社会的价值，而被称为空想社会主义者。所有这些政治学流派不仅对当时的现实政治产生了巨大的影响，而且它们的影响至今仍在。

(4) 现当代政治学

随着 1903 年美国政治学会成立以及不久《美国政治学评论》的创刊，现代意义的政治学大体上形成。不过，现当代西方政治学的命运在西方社会却经历了戏剧性的变化。政治学于 19 世纪末成为一门独立学科，但是，直到第二次世界大战前，传统的研究方法和研究对象在政治学中仍一直占据着主导地位，研究内容主要是一般的政治原理和政治规律，如国家、政体、主权、公民、制度和统治等，当时政治学术中心在欧洲，政治研究中的法学和社会学观念影响深远。韦伯的《新教伦理与资本主义精神》、布莱斯的《现代民主政治》、帕雷托的《精神与社会》、莫斯卡的《统治阶级》、米歇尔斯的《政治党派》、拉斯基的《国家的理论与实践》等著作在当时都曾风靡一时，而且至今仍深有影响。随着政治学在美国的发展，现实主义研究方法在第一次世界大战前后向以历史——比较方法为代表的历史主义研究方法发起挑战，随后出现了“新政治学运动”，提倡科学主义的政治研究方法，主张采用社会学、心理学和统计学的方法来改革政治研究。同期的欧洲政治研究仍基本上承袭传统的研究方法，在政治理论和政治社会学方面发展较快，但对科学主义的研究方法持不赞成态度，在学科专业设置、研究内容、研究方法上颇为保守。因此，政治学术中心由欧洲转向美国，政治学逐渐美国化。

第二次世界大战后，特别是在20世纪六七十年代，西方政治学界发起了一场“行为主义革命”，行为主义政治学迅速崛起。政治行为主义的实质，是试图用现代科学方法和实证方法研究现实政治问题，使政治研究科学化、定量化。行为主义政治学家注重经验性的证实，反对规范性的推演；主张研究事实，反对谈论价值；倡导研究者的“中立性”，反对价值偏向。由于传统政治学主要是进行价值研究的规范理论，因而受到了行为主义政治学家的猛烈抨击。在他们看来，以政治哲学为核心内容的传统政治学作为一种空洞理论几乎一钱不值。一时间，到处都可以听到“政治理论寿终了”、“政治哲学衰亡了”的哀叹。亨廷顿的《变化中社会的政治秩序》、奥克肖特的《政治中的理性主义》、伊斯顿的《政治生活的系统分析》等著作就是试图用自然科学方法和实证方法分析政治发展和政治过程的代表性著作。

但是，政治哲学是政治意识形态的核心内容，否定或取消政治哲学其实是不可能的。即使在行为主义风行的时期，西方政治学中影响最大的名著也多半是政治哲学方面的著作，如熊彼特的《资本主义、社会主义和民主主义》、波普的《开放社会及其敌人》、达尔的《民主理论前言》、阿伦特的《人类状态》、哈耶克的《自由宪章》、柏林的《自由四论》等。20世纪70年代后，行为主义政治学进入了一个相对萧条的时期，它过分强调技术手段、忽视价值因素的倾向受到批判。人们反省行为主义专注纯粹学术却丧失了价值方向的缺点，许多西方政治学家认识到，政治学研究要真正做到“价值中立”事实上是不可能的，对事实的观察、对经验的分析、对数据材料的整理加工都难免受到研究者价值观的影响。退一步说，纵使有一种“价值中立”的政治学研究，这种研究肯定对社会的意义也不会太大。基于这种认识，20世纪70年代后，西方政治学界提出“政治学的新革命”，即政治学的再理论化、再意识形态化的主张。在这种情况下，当代政治学进入了后行为主义时期。政治哲学又开始在西方政治学中得以复兴，从而形成了传统政治学与现代政治学并存的局面。

另外，在当今西方世界，影响较大的政治学流派有新自由主义、新保守主义、新马克思主义、精英主义、多元主义、社群主义等，罗尔斯的《正义论》、麦金太尔的《美德之后》、哈贝马斯的《合法性危机》、萨托利的《民主新论》、布坎南的《自由、市场与国家》等著作分别从不同的角度反映了上述各流派的主要观点。

2. 马克思主义政治学和现代中国政治学的发展

(1) 马克思主义政治学的发展及特点

马克思主义政治学产生于19世纪中叶。在《黑格尔法哲学批判》、《德意志意识形态》，尤其是《共产党宣言》等著作中，卡尔·马克思和弗里得里希·恩格斯用历史唯物主义方法分析社会政治生活，实现了政治学说史上的革命性变革，开创了人类认识和掌握政治现象的科学时代。后来，弗拉基米尔·列宁在《国家与革命》等著作中，不但丰富了马克思、恩格斯的革命的政治理论，而且创立了社会主义国家建设的政治理论。马克思主义政治学对政治学的发展作出了两个伟大的贡献：一是马克思主义政治学为政治学的研究提供了科学的方法论，即辩证唯物主义和历史唯物主义，从而使政治学研究具备了科学的基础；二是马克思主义政治学把实现人类的最终解放作为政治学研究的最高目标，第一次使政治学的研究与实现人类的彻底解放密切地结合起来。

马克思主义政治学是无产阶级认识世界和改造世界的革命理论的一个重要组成部分。对人类社会各种政治现象所作的科学分析，使马克思主义政治学成为历史上最系统、最全面、最深刻的政治学。马克思主义政治学具有以下五个方面的特点：

① 科学性。马克思主义政治学把政治现象理解为一种客观的、按一定规律发展的社会现象，同时又把它看成是一种受各种物质条件制约的、反映一定经济基础状况的相对独立的现象。因此，马克思主义政治学不是从现象到现象，而是从决定政治现象的社会生活内在规律和社会经济基础，来研究和把握政治现象的本质，从而科学地揭示人类社会政治活动的基本规律。

② 阶级性。马克思主义政治学把对政治现象的研究与人类的彻底解放密切结合起来，完全是为无产阶级和全人类的解放利益服务的。在马克思主义看来，从来就不存在抽象的民主、自由、平等。国家是统治阶级的工具，代议民主不过是资产阶级最好的政治外壳，而自由平等则是资产阶级的阶级特权。资本主义的民主、自由、平等是极少数人的民主、自由、平等，是以绝大多数人民群众的被压迫、被奴役为代价的。要实现真正的自由、民主、平等，就必须推翻资产阶级的统治，实现无阶级、无剥削、无压迫的社会主义制度和共产主义制度。马克思主义认为，人类的彻底解放只有通过在资本主义社会下失去“自主活动”的无产阶级和无产阶级的革命才能实现。社会主义战胜资本主义是历史发展的必然规律，劳动人民的民主、自由、平等、人权是最高的政治价值，实现人性完全复归、人权彻底实现的“自由人联合体”——共产主义社会则是劳动人民的政治理想。

③ 革命性。马克思主义是一种改造世界的学说。马克思指出：“哲学家们只是用不同的方式解释世界，而问题在于改造世界”（《马克思恩格斯选集》第1卷，第19页）。这种改造世界的思想赋予马克思主义政治学革命性的特点。马克思主义政治学公开宣布废除私有制，消灭人剥削人的现象。马克思主义政治学的革命性还突出表现为把政治与经济紧密地联系起来，认为政治是经济的产物，最终是为经济服务的。任何政治权利和政治制度都是建立在一定经济基础之上的上层建筑，它们归根结底取决于统治阶级的利益。在经济最终决定政治的前提下，政治也对经济产生反作用，极大地影响经济的发展。

④ 实践性。主要体现在理论和实践统一的原则上。马克思主义政治学不是抽象的教条，而是科学考察历史和社会的结果，是无产阶级革命斗争实践的理论总结。马克思主义政治学对无产阶级的政治实践具有巨大的指导意义。它的实践性还体现在通过具体的实践来检验和完善自己的理论与学说。

⑤ 发展性。“与时俱进”是马克思主义理论的品质特征。这决定了马克思主义政治学的历史使命不是从静态层面上研究各种政治现象，而是从人类社会发展的必然规律来透视和把握政治现象，用发展的观点分析和判断一切政治现象。马克思主义政治学的实践性决定了它的内容必将在不同的时代、社会和文化背景下，不断得到丰富和发展，从而使它更好地指导实践活动，并在指导实践活动中不断地丰富和发展自身。

(2) 现代中国政治学的发展

在古代中国，儒家的“伦理政治观”和法家的“权术政治观”交织在一起，有时“无为而治”的道家政治观也对尖锐的政治矛盾起到一点缓冲作用。中国古代思想家对政治的研究主要是制定礼乐、兵刑、职官等典章制度，其最大特点是：思想家没有宏观的规范理论，讨论的重点放在君主的统治术上；不注意权力的结构、权力的组织和权力活动过程，不涉及理想的政治体制和政治状态；政治与政权机关，仅仅是君主如何治理国家、政治事务的技术性问题。因此，中国古代政治研究与现代政治研究存在相当大的差异。

现代中国政治学可以追溯到辛亥革命前后。以孙中山的民权主义、五权宪法为核心的资产阶级政治学说，成为设计资产阶级共和国方案的理论依据。孙中山的政治学说对辛亥革命后国家的政治建设起了指导作用，对中国政治学说与国家政治建设实践相结合具有重要意义，也是西方政治学说中国化的一次尝试。在政治学研究方面，中国最早开设政治学课程的是北京大学的前身京师大学堂（1903 年）。辛亥革命后，国内各大学如北京大学、清华大学、复旦大学、南开大学等都相继成立了政治学系或政治学专业，讲授政治学课程。国内学者编著的政治学教材也相继问世。众多的著述和译作，使中国政治学学科体系日臻齐备。在此基础上，1932 年 9 月 1 日，中国政治学会在南京成立，会员 80 余人。截至 1949 年，全国约有 40 所高校设有政治学系。但多数学者对政治学的研究，无论在理论、方法或是研究对象方面，还未能脱离传统政治学的窠臼。

俄国十月革命以后，马克思主义政治学的观点在中国传播开来，陈独秀、李大钊、瞿秋白、毛泽东、刘少奇、恽代英、张太雷等一批革命家，对政治学中诸如阶级和阶级斗争、国家、政权、革命、政党、爱国主义、共产党国家建设，以及国际主义革命的战略策略等一系列基本问题都作了深刻论述和发挥。这些具有中国特色的政治学理论，丰富了马克思主义的理论宝库。

1949 年中华人民共和国建立，中国共产党在长期革命斗争中根据马克思主义原理概括出来的政治理论，成为中国政治建设的指导方针，其中一些最突出的思想，如人民民主专政的国家性质，人民代表大会制度，共产党领导的多党合作、民主协商制度，民族区域自治制度等，被吸收进中华人民共和国第一部宪法，成为国家的根本政治制度。建国以后，毛泽东撰写了《关于正确处理人民内部矛盾的问题》、《论十大关系》等重要著作，论证了中国社会主义时期国家任务和阶级关系的变化，推进了马克思主义政治学的中国化。

1978 年中国共产党的十一届三中全会以后，中国政治学研究得到迅速的恢复和发展。1980 年 12 月成立了全国性的中国政治学会。1984 年，中国政治学会加入了国际政治学会，成为它的集体会员。自 1982 年起，每年有多种政治学专著出版，中国政治学研究开始出现繁荣局面。在理论方面，重新探讨了政治学的基本概念，使对这些概念的理解更符合中国国情。在实践方面，政治学界密切配合中国的改革过程，研究了政治体制改革所涉及的广泛问题，如政治体制改革的含义和目标、政府职能的转换、政府工作机构的改革、党政分开、发展和完善人民代表大会制度、社会主义政党体制、干部人事制度的改革、行政决策的科学化和民主化、利益分化和利益协调问题、政治稳定和政治发展问题、社会主义民主政治的发展目标和模式、廉政建设和反腐败问题等。此外，政治学界还开展了“一国两制”政治构想的研究，为港、澳回归祖国以及我国台湾与大陆的统一问题提供了理论依据。

三、西方政治学经典名著提要

所谓名著，是指满足以下条件的作品：一是有永恒的主题；二是有经典的人物形象；三是有较高的艺术价值；四是有一定的知名度；五是不仅具有流行性，而且经久不衰。我们在下面将要介绍的政治学著作就是满足上述条件的名著。限于篇幅，这里涉及的仅仅是极少一部分西方政治学的名著概要。

1. 亚里士多德：《政治学》（公元前325年）

(1) 作者简介

亚里士多德（公元前384～公元前322年），古希腊百科全书式的学者和思想家，城邦制度的全面观察者和系统阐述者，西方古典政治学的创始人。他是柏拉图的学生，亚历山大的老师。

亚里士多德生于斯塔吉拉城，18岁进入柏拉图创办的阿卡德米学院学习，后来担任教师。公元前342年，应马其顿国王菲力普二世之召，去当王子亚历山大的教师。公元前339年离开马其顿的宫廷。公元前335年，亚里士多德回到雅典。在城外吕克昂的阿波罗神庙附近的运动场里另立讲坛。由此，他的学院被称为吕克昂。他的教学活动多在运动场里的散步区进行，边走边讨论问题，因此又被称为逍遥学派。吕克昂树立了一个和柏拉图的学院大不相同的学风。它更注重实际，研究问题更注重提出疑难，注重多方面收集材料、尝试和探索。公元前323年雅典发生了反马其顿的运动，亚里士多德便成为政治打击的对象，他和其师爷苏格拉底一样，被控以“亵渎神灵”的罪名。后避难于卡尔基，次年因病逝世。

亚里士多德集中古代知识于一身，在他死后的几百年中，没有一个人像他那样对知识有过系统考察和全面掌握。他的著作开创了逻辑学、伦理学、政治学和生物学等学科的独立研究，是古代的百科全书，据说有400～1000部。他的思想曾经统治过全欧洲，对人类产生了深远的影响。马克思曾称亚里士多德是古希腊哲学家中最博学的人物，恩格斯称他是古代的黑格尔。

(2) 著作提要

《政治学》成书于公元前325年。作者所处的时期，国家发生严重的动荡不安，不断发生自由贫民和奴隶起义。目击希腊，特别是当时作为希腊文化重心的雅典这种分崩离析的状态，作者从中等阶层的利益出发，主张由中等奴隶主阶层掌握政权，建立“中间性”政体，这种政体应遵循一种“中庸之道”，即用加强中等阶层的力量的办法来平衡富有者和贫民之间的矛盾和斗争，使奴隶主国家不致崩溃。

《政治学》被公认为西方传统政治学的开创之作。它所建立的体系和一系列政治观点，对西方政治思想的发展产生过深远影响。全书在对158个城邦政体分析比较的基础上，从“人是天生的政治动物”这一前提出发，系统论述了什么是对公民最好的国家。全书共8卷103章，按内容可分为四部分：①探讨城邦、政体等基本理论。认为城邦是至高而广涵的一种社会团体，追求最高最广的善业。人类是天生的政治动物，经家庭、村坊而组成城邦。政体按其宗旨及最高统治权执行者的人数，分为正宗与变态两大类。前者为君主、贵族、共和三种，后者为僭主、寡头、平民三种。②批驳柏拉图取消私有财产和家庭的主张，评析当时的各种政体。③论述现实中的平民、寡头、共和等政体的具体形态、变革原因及其防范措施，提出以中产阶级为主体的共和政体是最稳定的政体。④论述理想城邦中的道德、教育、人口和疆域等问题。认为理性的德性是最高的德性，国家首先要关心教育，不能把教育庸俗化，教育要合乎人的天性，教育的基础科目是文化、体育、音乐、绘画；认为一个理想城邦不宜过大，人口不宜过多，疆域必须适当，以所有公民可以相互了解为宜。

英国哲学家、政治理论家威廉·罗素指出，亚里士多德的政治学是既有趣而又重要的。之所以有趣，是因为它表现了当时有教养的希腊人的共同偏见；之所以重要，是因为它成为直迄中世纪末期一直有着重要影响的许多原则的根源。

2. 阿奎那：《神学大全》（1266～1274 年）

（1）作者简介

托马斯·阿奎那（约 1225～1274 年），西欧中世纪最重要的经院哲学家、神学家，神学政治论的集大成者。他出身于意大利罗卡塞卡一个贵族家庭，青年时代成为“多明我修会”会士，曾先后在那不勒斯大学和巴黎大学就学，从其老师大阿尔伯特（约 1220～1280 年）处习得亚里士多德的学说，深深为之折服。1256 年获硕士学位。1259～1268 年间曾先后担任亚历山大四世、乌尔班四世、克雷其四世 3 位罗马教皇教廷的神学教师和法王路易九世的神学顾问。著有《神学大全》、《反异教大全》等。《神学大全》被认为是基督教的百科全书。

13 世纪欧洲封建社会进入繁荣时期，社会出现一些难以解答的问题。托马斯著作一改前人做法，在神学领域广泛运用亚氏的哲学范畴和逻辑方法，重新论证了基督教的信仰，使之成为一个全新的体系。他创造了巨大的经院哲学和神学体系，在伦理学、逻辑学、政治学、形而上学和认识论等方面都作出了重要的贡献，其哲学和神学体系于 1879 年被教皇利奥十三世定为天主教官方学说，后世称之为托马斯主义。在 20 世纪，新托马斯主义在西方思想界中十分活跃。

（2）著作提要

《神学大全》是基督教自中世纪以来最重要的教学基础。作者以亚里士多德式的逻辑，从哲学的认识论、本体论的角度，深刻地阐释了上帝、灵魂、道德、法和国家。此书是部未完成的著作，但也是必读的古典书籍。全书共分为三个部分：第一部分 119 题，主题是上帝。作者首先论证上帝为万物的原因，进而论证上帝的性质和活动，以及上帝的知识、意志、理智和能力等。关于上帝存在的 5 种著名的论证方法，就是在这一部分提出来的。第二部分在全书中篇幅最长，可以独立为基督教的伦理学，主题是论述人和上帝的关系。该部分又分前后两部分，前一部分共 114 题，主要论述人的意志和行为；后一部分 189 题，主要分析道德责任问题。第三部分共 90 题，纯粹是神学问题，主要论述基督降生救赎的奥秘，认为上帝是人的生命、道理和真理。最后讨论“圣事”，即天主教会规定的信徒必须遵守的七项重要礼仪：圣洗（洗礼）、坚振（信仰宣誓）、告解（忏悔）、圣体（圣餐）、圣品（授神职）、终傅（临死前的傅油仪式）和婚配。不过，《神学大全》只写到“告解”便残缺不全了。

在《神学大全》的法律篇中，集中体现了阿奎那的政治思想。阿奎那认为法是人类的行动准则，法的目的是公共的幸福。法律可分为永恒法、自然法、神法和市民法。其中，来源于上帝智慧并体现上帝理性的永恒法高于一切法；自然法是政治社会所依赖的基本道德准则；市民法由国家的统治者发布；神法则主要用于教会内部。他认为市民法应受自然法规范，政府的功能就是在不同的环境下将道德规则体现在具体政治行为中。如果市民法不与自然法相符，它就没有效力。他还认为，公民法来自道德法而与教会无关，更有甚者，他把权力归于人民代表的让渡。

诚如美国政治思想史学者乔治·萨拜因指出的，托马斯学说的本质在于，他想建立一个全面的综合体系，一个无所不包的体系，而这一体系的关键在于和谐与一致。也就是说，启示虽然高于理性，但不悖于理性；神权虽然高于政权，但不降低其权威性。

3. 马基雅维利：《君主论》（1513 年）

（1）作者简介

尼可罗·马基亚维利（1469～1527 年），意大利文艺复兴时期的政治思想家，权力政治论的主要代表，西方近代政治学的奠基人。恩格斯在《自然辩证法》导言中称之为：政治家、历史学家、诗人，同时又是第一个值得一提的近代军事著作家。其父仍坚持让他接受古典教育。当时，古典教育是一种时尚，是重要的人文主义训练，也是担任社会公职的一种必备的素质。他后来能够担任重要的政治职务就得益于这种文化和教育背景。

马基亚维利青年时期，佛罗伦萨处在美第奇家族统治之下。1494 年，法国人侵佛罗伦萨，美第奇家族的统治者不战而降，全城人民发动起义，驱逐了美第奇家族，建立了共和政府。他满怀热情，积极投身于政治活动，参加了反美第奇家族的起义。1498 年，年仅 29 岁名不经传的他被任命为共和国掌管军事外交的权力机构"十人委员会"的秘书，任第二秘书处的首脑，负责起草政府文件和佛罗伦萨防务以及外交方面的工作。在他任职的 14 年间，曾多次出使法国、德国和教皇宫廷。多年的政治实践，使他痛感意大利的软弱、分裂。同时，他也得以目睹了各国统治者之间尔虞我诈、玩弄阴谋诡计的种种伎俩。1512 年，美第奇家族在教皇与西班牙的支持下重返佛罗伦萨复辟政权，他遭逮捕和监禁。恢复自由后，长期隐居庄园，著书立说。不久，他的两部著作《君主论》和《论蒂托·李维的最初 10 年》问世。此后开始创作喜剧《曼德拉草根》。1520 年完成《论战争艺术》。1525 年，他把 8 卷《佛罗伦萨史》献给教皇。同年，创作出另一部喜剧《克丽齐娅》。

（2）著作提要

《君主论》又译《霸术》或《君王论》，是马基雅维利的第一部著作，也是其代表作，较完整地阐述了他的君主专制理论和君主统治术。该书写于 1513 年，完成于同年的圣诞节，1532 年才得以出版。20 世纪 30 年代便有中译本问世，1985 年，商务印书馆又出版了新的中译本。

《君主论》由一篇献词和 26 章组成，除了献词以外，全书可分为 4 个部分。第一部分 1～11 章，讨论了各种类型的君主国；第二部分 12～14 章，讨论了君主与军队；第三部分 15～23 章，讨论了君主与其臣民及君主的德行；第四部分 24～26 章，讨论审慎与命运。作者从大量历史事实和实际经验出发，论证了新君主的建立、保有及君主的统治方法。该书把君主国分为世袭君主国和新君主国两类，认为前者易于统治，后者难于保有，提出要建立并能长期保有新君主国，君主必须懂得的统治术主要有：①军队是一切国家的主要基础，君主要拥有自己的军队，抛弃传统的依靠外国援军和雇佣军队的办法，建立由臣民、市民和属民组成的国民军，维护自身的统治。②君主应阅读历史，仿效伟人，通晓世故，明晰人性，精通军事，整军经武。③为了国家的强大和安全，君主要抛弃虚名，注重实际，可以外示善良、内怀狡诈，只问目的，不择手段，要效法狐狸与狮子，有狐狸的狡猾、狮子的勇猛。④君主要明智深思，高瞻远瞩，洞察危机，采纳忠言，防范谄媚。此外，马基雅维利还提出了人们应当依靠自身的智慧力量，征服命运，有所作为。在书的最后一章，作者表达了以武力统一和拯救意大利的主张和愿望。

《君主论》问世后，对西方政治思想产生了巨大影响，是很多君主的床头或身上必带之书。在《君主论》中，代表新兴市民阶级的马基雅维利开始用人的眼光，而不再用神的眼光看待社会政治问题。诚如马克思指出的：马基雅维利已经开始"独立地研究政治的主张"，从而使"政治的理论观念摆脱了道德"，也摆脱了神学。这是其进步意义。另一方面，他以目的说明手段正当的政治无道德论即“马基雅维利主义”，后来为一些反动人物所推崇，遭到了许多进步的思想家的批判，《君主论》被称为邪恶的《圣经》，这就自然为马基雅维利带来了恶名，不过，直至今日它仍被西方一些国家舆论界誉为世界名著。

4. 马克思、恩格斯：《共产党宣言》（1848 年）

(1) 作者简介

卡尔·马克思（1818～1883 年），犹太裔德国人，政治家、哲学家、经济学家、革命理论家，马克思主义的创始人，第一国际的组织者和领导者，全世界无产阶级和劳动人民的伟大导师，被评为 20 世纪影响世界最深的人。主要著作有《德意志意识形态》（1844 年）、《共产党宣言》、《资本论》（第 1 卷 1867 年）、《哥达纲领批判》（1875 年）等。马克思最广为人知的理论是马克思主义，它回答了人类先进思想已经提出的种种问题，直接继承了 19 世纪德国的哲学、英国的政治经济学和法国空想社会主义的优秀成果。在哲学上，马克思捍卫了哲学唯物主义，用德国古典哲学的成果、特别是辩证法丰富了哲学，把唯物主义对自然界的认识推广到对人类社会的认识，创立了历史唯物主义，指明了被压迫阶级摆脱精神奴役的出路，把伟大的认识工具给了工人阶级。在政治经济学上，马克思论证并发展了英国古典政治经济学的劳动价值论，创立了剩余价值理论，阐明了无产阶级在资本主义制度中的真正地位，科学地论证了资本主义灭亡和社会主义胜利的必然性。在科学社会主义上，马克思认为空想社会主义批评资本主义社会，幻想有比较好的制度出现，但它不能指出摆脱剥削制度的真正出路。因此，马克思在批判地继承空想社会主义的基础上，对资本主义作了科学的分析，说明无产阶级才是创立新制度的社会力量，得出了阶级斗争是划分为对抗阶级的社会发展的基础和动力这一结论。依据历史唯物论，马克思大胆地假设，资本主义终将被共产主义取代。

弗里得里希·恩格斯（1820～1895 年），是一位与马克思的“生活和创造紧密交织”在一起的无产阶级革命家和科学巨匠。1820 年 11 月 28 日生于德国莱茵省巴门市（今乌培塔尔市）一纺织厂主家庭。在思想方面，其实可以等同于马克思的主要思想，因此被誉为“第二提琴手”。他的著作以及他和马克思的合著很多，主要有《共产党宣言》（合著）、《反杜林论》（1878 年）、《自然辩证法》（1883 年）、《家庭、私有制和国家的起源》（1884 年）等。恩格斯是卡尔·马克思的亲密战友，与马克思一道创立了马克思主义理论科学体系。在马克思逝世后，帮助马克思完成了未完成的《资本论》（第 2 卷 1885 年、第 3 卷 1894 年）等著作，并且领导国际工人运动。1889 年 7 月，在他的直接领导和关怀下，各国社会主义政党建立第二国际，进一步团结和发展了国际无产阶级的革命力量，使社会主义运动获得广阔的发展。他还帮助和指导德、法、英等国社会主义政党开展反对左、右倾机会主义的斗争。

(2) 著作提要

《共产党宣言》是马克思和恩格斯为共产主义者同盟起草的纲领，国际共产主义运动第一个纲领性文献，马克思主义诞生的重要标志，马克思主义政治思想的经典之作。“它是全部社会主义文献中传播最广和最具国际性的著作，是世界各国千百万工人共同的纲领”（恩格斯语）。

1847 年 11 月共产主义者同盟第二次代表大会委托马克思和恩格斯起草一个周详的理论和实践的党纲。马克思、恩格斯取得一致认识，并研究了宣言的整个内容和结构，由马克思执笔写成。1848 年 2 月，《宣言》在伦敦第一次以单行本问世，包括引言和正文四章：引文，说明了《宣言》产生的历史背景和目的任务；第一章《资产者和无产者》，论述了马克思主义的阶级斗争学说；第二章《无产者和共产党人》，说明了无产阶级政党的性质、特点、目的和任务，以及共产党的理论和纲领；第三章《社会主义和共产主义的文献》，批判了当时流行的各种假社会主义，分析了各种假社会主义流派产生的社会历史条件，并揭露了它们的阶级实质；第四章《共产党人对各种反对党派的态度》，论述了共产党人革命斗争的思想策略。1872～1893年，马克思和恩格斯先后为《宣言》的德文、俄文、英文、波兰文、意大利文版撰写了七篇序言。七篇序言简要说明了《宣言》的基本思想及其在国际共产主义运动中的历史地位，指明《宣言》的理论原理是历史唯物主义，并根据无产阶级革命的经验和教训，对《宣言》作了补充和修改。

《宣言》第一次全面系统地阐述了科学社会主义理论，指出共产主义运动已成为不可抗拒的历史潮流。诚如列宁指出："马克思和恩格斯的具有世界历史意义的伟大功绩，在于他们用科学的分析证明了资本主义必然崩溃，必然过渡到不再有人剥削人现象的共产主义"；"在于他们向各国无产者指出了无产者的作用、任务和使命就是首先起来同资本家进行革命斗争"（《列宁选集》第3卷，第603页)。《宣言》最后庄严宣告："无产者在这个革命中失去的只是锁链。他们获得的将是整个世界。"并发出国际主义的战斗号召："全世界无产者，联合起来！"

5. 密尔：《论自由》(1859年)

(1) 作者简介

约翰·斯图亚特·密尔（1806～1873年)，又译约翰·斯图亚特·穆勒，近代英国著名的思想家，英国自由主义政治思想的奠基人。他的思想涉及政治、经济、哲学、逻辑、宗教、伦理等诸多领域，在西方被公认是一个"多才多艺"的政治哲学家、经济学家、逻辑学家、伦理学家和文艺评论家，是19世纪英国不列颠民族精神的象征，"理性主义的圣人"。

密尔于1806年5月20日在伦敦出生，1873年5月8日在法国阿维尼翁去世。英国功利主义代表詹姆斯·密尔的长子。自幼在父亲严格管教下学习，未受过学校教育，深受其父及杰里米·边沁功利学说的熏陶。1822年组织功利主义学会，从此功利主义成为一个通用名词。1823年在东印度公司任职。1835年后历任《伦敦评论报》、《国会评论》两刊的主笔。1865年在威斯特敏斯特当选为国会下院议员，是国会中资产阶级激进派代表，长期致力于推进议会改革，特别是对宪章运动抱有一定同情。密尔著述甚丰，政治思想方面的著作有《论自由》、《关于国会改革的意见》（1859年)、《代议制政府》（1861年)、《功利主义》(1863年)、由政论文章汇集成4卷本的《论说与探讨》。其中，《论自由》不仅给他以边沁为代表的早期自由主义确定了新的基调，也为其本人此后写作《代议制政府》奠定了理论的基础。《论自由》被西方学者称为对自由主义思想发展有最大贡献的著作之一。

(2) 著作提要

《论自由》发表于1859年，其时，资本主义制度早已在英国确立，资产阶级在经济上基本实现了自由，很多理论家已经为经济自由作了充分的论证。在这种背景下，该著作的要旨在于论证个人的思想、言论和行动的自由，它对西方民主法治社会的形成产生了非常重要的影响。该著作在1903年就被中国近代资产阶级启蒙思想家严复（1854～1921年）翻译过来，定其名为《群己权界论》，这个译名很精辟地概括了本书的主要论题，即个人自由与他人的自由以及社会利益的界线划分，就是说个人的自由及其限制，相应的，在社会、国家方面就是对个人自由的干涉的限度。

《论自由》采取“总-分-总”的论述方式，全书共有五章：第1章，引论；第2章，论思想自由和讨论自由；第3章，论个性为人类福祉的因素之一；第4章，论社会驾驭个人的权威的限度；第5章，本文教义的应用。概而言之，《论自由》主要是探讨自由的概念，但这个自由指的不是经济自由，而是政治自由（即密尔自已说的公民自由或称社会自由）。密尔认为，人总是要在社会中生活，生活在社会中的人要服从某种权力以维持社会的存在和福利，但是每个人的个人自由又是社会发展的条件和动力，因此，如何解决人与社会的关系以及社会对个人享有什么样的权限是至关重要的。在书中，密尔主张维护个人自由和个性发展，提出不仅要反对国家压迫，保证政治自由；而且要反对社会习俗和舆论的奴役，维护个人在社会中的自由。他强调反对“多数的暴虐”，认为它压制个性、窒息自由，是比其他政治压迫更可怕的压迫。他把争取个人自由看作是建立自由社会或良好政府的根本。国家的价值，归根结底在于组成国家的全体个人的价值，政府的一切活动只是帮助个人的发展。

虽然时过境迁，但书中的这些问题犹在，将来还会存在，密尔有关自由的论证和结论对今天被社会各种组织束缚的人们仍有实际意义。这也是《论自由》没有被人们忘却的原因所在，也正是其对脆弱的个人的价值所在。诚如，G. 希梅法伯在《论自由》序言中所讲的：密尔表达了一切时代的思想，是一代又一代人思想的总的提供者。

6. 亨廷顿：《变化社会中的政治秩序》（1968年）

（1）作者简介

塞缪尔·亨廷顿（1927～2008年），著名的政治思想家、国际政治理论家，政治发展理论的权威，当代最具影响力也是颇具争议的政治学家之一。1927年4月18日生于美国纽约市一个中产阶级家庭，2008年12月24日卒于美国马萨诸塞州。他早年便显示出了在社会科学方面的才华。16岁考入耶鲁大学，18岁便以优异成绩提前毕业加入美国军队。之后在芝加哥大学获得了硕士学位，23岁在哈佛大学完成其博士论文并取得学位。此后他便长期执教哈佛达58年之久，直至逝世。自1950年伊始，他便是哈佛大学政府学院的高级成员，并先后在美国政府许多部门担任过公职或充当顾问。历任哈佛大学政府学讲座教授、国际事务中心主任、政府学系主任，曾参与创办《外交政策》杂志，担任过美国国防部等部门的顾问，1977～1978年任美国国家安全委员会安全计划小组的负责人。1987年因在比较政治学领域中的贡献当选为美国政治学会主席。

亨廷顿是强大政府论或政治秩序论的代表人物，一般被认为是持保守观点的现实主义政治理论家，长期活跃在美国的政治理论界。他在政治理论方面著述颇丰，主要著作有《士兵与国家》（1957年）、《政治权力：美国与苏联》（1964年）、《变化社会中的政治秩序》、《难以抉择：发展中国家的政治参与》（1976年）、《美国政治：不协调的允诺》（1981年）、《第三波：20世纪后期民主化浪潮》（1991年）、《文明的冲突》（1993年）及《我们是谁？——美国国家特性面临的挑战》（2004年）。其中，《变化社会中的政治秩序》是亨氏的主要代表作。

（2）著作提要

《变化社会中的政治秩序》英文初版于1968年，20年后1988年中文初版，中文再版又于20年后的2008年。全书共有七章：第1章，讨论政治秩序和政治衰朽；第2章，讨论政治现代化：美国与欧洲之比较；第3章，讨论传统政体的政治变迁；第4章，讨论普力夺社会和政治衰朽；第5章，讨论革命和政治秩序；第6章，讨论改革与政治变迁；第7章，讨论政党与政治稳定。此书标题中所用的“政治秩序”一词，用亨氏自己在序言中的话：“指的乃是一种目标，而非某种现实。故而，全书充满了对暴力、动荡和骚乱的描述。有些大部头著作，声称要讲‘经济发展’，实际上谈的却是经济落后和停滞，从这个意义上来说，拙著和它们也是一样的。”

该书立足于第二次世界大战后发生于第三世界国家政治舞台上的实际现状，从第三世界各国存在的实际情况出发，提出了第三世界国家走向现代化的“强大政府理论”。其要义是，相对于与之并存的西方发达国家，除了若干共产党国家外，第三世界国家在进行现代化变革的过程中，要根除国内政治的动荡和衰朽，就必须建立起强大的政府，舍此无他路可走。所谓强大政府，也就是有能力制衡政府参与和政府制度化的政府。亨廷顿在这本书中卓越的理论贡献使得该书成为研究现代化理论的经典之作。

该书出版后，旋即在世界范围内引起广泛的关注和争议。在某种程度上可以说，这代表了亨廷顿著作和文章的宿命：甫一问世便饱受争议，与各种奖项无缘，随着时间的推移，它们才会被广泛但又是勉强地接受。这里可以借重美国日裔学者、亨廷顿的学生弗兰西斯·福山的观点对该部著作作一总结：此书是20世纪后期社会科学的经典之一，是一部对学界和决策层思考有关发展问题产生了巨大影响的著作，它所凝聚的关于发展中国家的知识广度和分析洞见是惊人的，并确立了亨氏作为他同时代人中最杰出政治学家之一的声誉。

思考题

谈谈你对现代民主理论模式各观点的看法

(1) 直接参与民主理论

(2) 代议制民主理论

(3) 精英民主理论

(4) 多元民主理论

社会篇

所谓社会，就是每个人生活于其中的共同体，这个共同体是以特定自然环境和物质资料的生产活动为基础，以一定数量和质量的人口为主体而建立起来的，是人与人之间相互作用的产物。马克思指出社会性是人的本质属性，每个人都生活在特定的社会中。社会学即是关于社会的学说，是一门对构成社会的基本单位如个人、群体以及各种社会现象、运行规律等进行系统研究的科学。

一、社会角色

社会角色，是构成社会的最基本单位之一。马克思指出，人的本质是一切社会关系的总和。每个人都是生活在各种社会关系网之中。在不同的社会关系中，每个人担任的角色是不同的。每个人也是不同社会角色的集合体。

1. 社会角色的内涵

“角色”一词经常在戏剧、电影、漫画、小说中提到，是指作品中虚构的人物、动物或者其他生物，乃至于机器人。社会角色指个人在社会关系位置上的行为模式。它规定一个人活动的特定范围和与人的地位相适应的权利义务与行为规范，是社会对一个处于特定地位的人的行为期待。以一个公司为例，这个公司存在着老板、董事长、经理、销售经理、项目经理、雇员这些角色。也就是说，人们为某一种身份的人都设置了一整套的有关权利和义务的规范及行为的模式。“当官不为民做主，不如回家卖红薯”，也便是社会大众对官员身份的期望，官员的角色也就被进行了如此的设置。

当然在社会上，每个人的角色并不是单一的，而是存在着“角色丛”，所谓“角色丛”即指，一个人在社会上不是只扮演一种角色。比如一个女大学生，在其家里她是爸爸妈妈的女儿，在学校时她是老师的学生，是她同学的朋友，乘出租她是乘客，在超市里是顾客，她还是选民，等她长大结婚后她又成为别人的妻子，孩子的妈妈等。其实每个人都在角色编制的网中生活着。

2. 社会角色的扮演

在这个社会上，每个人都扮演着自己的多种不同的角色。你思考过你在社会生活中扮演着什么角色吗？怎样才能做好自己不同的多重社会角色呢？让我们来认识一下社会角色扮演。总的来讲，社会角色的扮演包括三个阶段：第一，对角色的期望，即角色扮演者了解社会或他人对角色的要求和期望。比如父母希望你尊重老人、孝敬父母，这就是对你为人儿女的角色期待。第二，对角色的领悟，即角色扮演者自己对角色的理解；如你认为学习是学生的天职，这就是你对学生这个角色的领悟。第三，对角色的实践，即角色扮演者扮演角色。如学生上课认真听讲，刻苦学习，积极参加社会实践锻炼，这就是对学生角色的扮演。

所以，作为当代大学生要先清楚自己现在的角色，要积累深厚的文化功底、扎实的专业实践技能，在你现在学生的地位上，扮演好你应该扮演的社会角色，是学生？是班级干部？是子女？是行人？是顾客？是朋友？……每个人都应明确自己在社会关系网中所处的位置，清楚自己处在特定地位上人们对你行为的期待，每获得一个地位，就是按人们对该地位的期望要求行事，扮演好在该地位上应该扮演的角色。久而久之，你就会在不同的角色扮演阅历中，增长见识，积蕴知识才干，历练才干，最终提升自身的综合素质，你才能在未来有较高的社会地位、较高的工作报酬，得到别人的尊重，能够实现自身的价值。

3. 社会角色的失调

在社会舞台上，人们并不能随心所欲地扮演任何角色。而是根据自己的身份、地位及所处的环境来决定的。

人们在确定了所要担当的角色后，直接面临的一个问题就是怎样把这个角色表现出来。一个角色直接的表现就是他自己的仪表、风度。一般说来，一个人的衣着、打扮、仪容、外表往往会给人们留下深刻的印象，并能引起人们对其内在品质的联想。此外，角色的表现还伴随在生活行动中，例如：跳舞就要在舞会中完成，如果你在大街上或者在生产车间里跳舞，那别人可能认为你有点不正常。所以说人的生活行动与相对环境的协调对一个角色扮演成功与否起到很关键的作用。

然而，人们对社会角色的扮演从来都不是一帆风顺的。正像社会的运行常会产生不协调因素一样，在社会角色的扮演中也常会产生矛盾，遇到障碍，甚至遭到失败，这就是角色的失调。常见的角色失调有以下几种情况：

角色冲突，指在社会角色的扮演中，在角色之间或角色内部发生了矛盾、对立和抵触，妨碍了角色扮演的顺利进行。角色冲突主要有两种：一种是角色间的冲突，即不同角色承担者之间的冲突。如领导与群众、服务员与顾客、婆媳之间、父母与子女之间等；另一种是角色内部的冲突，即由于多种社会地位和多种社会角色集于一人身上，而在他自身内部产生的冲突。比如一些担任学生干部的同学，他们既要学好功课，又要干好工作；既要在同学中有威信，又要得到老师的信任；既要工作、学习好，又要娱乐玩耍兼顾。这种多重角色和学生的心理压力常使他们顾此失彼。因思想包袱日积月累，出现角色冲突。

角色不清，指社会大众或角色的扮演者对于某一角色的行为标准不清楚，不知道这一角色应该做什么、不应该做什么和怎样去做。比如许多新同学在由中学生转为大学生的过程中，不能很好地从稳定的中学生角色意识转变为大学生的角色意识而出现的冲突。常常一时不能适应，感到压抑、孤寂、苦闷，认为自己不行、差劲，并为此而苦恼。

角色中断，指在一个人前后相继所承担的两种角色之间发生了矛盾的现象。人们在一生中随着年龄和多方面条件的变化，总会依次承担多种角色。在一般情况下，人们在承担着一种角色时常为承担后来的角色做某些物质上与精神上的准备，因而不会发生角色中断。角色中断的发生是由于人们在承担前一种角色时并没有为后一阶段所要承担的角色做好准备，或前一种角色所具有的一套行为规范与后来的新角色所要求的行为直接冲突。例如，一位一心渴望能上大学的青年学生，因高考分数不够，突然成为待业青年，这是他过去万万没有料到的。

角色失败是角色扮演过程中发生的一种极为严重的失调现象。它是指由于多种原因使角色扮演者无法进行成功的表演，最后，不得不半途终止表演，或者虽然还没有退出角色，但已经困难重重，每前进一步都将遇到更多的矛盾。如有些大学生在校期间，过度沉迷网络、言情小说、时尚潮流，大把的时间被浪费掉，错过了大好的学习机会。

当然，角色冲突会增强个人内部的紧张感和挫折感。面对角色冲突，个体可以作出多种行为反应。比如，个体可以采取一种正规的、常规式反应：这样，角色冲突就可以依靠能够调节组织活动的规章制度来解决。例如，一个学生班干部在面对多种角色期待之间的冲突时，他决定以学习为重。此外，个体还可以采取其他行为反应，比如退却、拖延、谈判等方式使这些期待趋于一致。

二、社会化

社会化是一个人之所以能成为人的必经阶段，没有社会化，我们连生活中最简单的问题都无法应付。

1. 社会化及基本内容

一个新生命诞生之初，其实只是作为一个生物体而存在，而随着他逐渐长大，慢慢通过家庭、学校的教育，自我学习等形式了解接受现行社会中的社会价值体系、社会规范，以及行为模式，并内化至个人心里以及指导自身行为的过程，就是社会化。简单地讲，社会化即一个人从一个生命自然体逐步融入社会而成为一个社会成员的过程。而我们所说的“狼孩”，即一些在婴儿出生之后被父母遗弃而与狼等动物一起长大的孩子，他们不会讲话，用四肢爬行，生吃肉等。这些孩子就是没有实现社会化的典型案例。

人的一生其实就是一个社会化的过程。社会化的内涵非常丰富，主要包括以下几个方面。

(1) 政治社会化

政治社会化指个体形成某一特定社会所要求的政治信仰、态度和行为的过程。它体现在如何对待政治制度、政治生活方式、政策以及个体政治观念的发展等问题上。在社会主义条件下坚持四项基本原则，树立马克思主义的世界观、人生观、价值观等就是政治社会化的表现。

(2) 技能社会化

技能社会化即人学会参与社会生活的各种基本技能的过程，比如在小的时候我们学会骑自行车。作为大学生，在学校接受教育的过程其实也是一个技能社会化的过程。在现代社会中生活，一个人首先要具备与社会发展相一致的科学文化技术；其次，要注重日常生活技能的培养。最后在现代社会中，个人的职业能力是个人社会化中至关重要的一个环节。

(3) 行为社会化

没有规矩，不成方圆，任何一个社会都有其维护社会正常发展的规范。这些规范表现为法律、道德、风俗禁忌、宗教、礼仪等。一个人出生之后，就会不断接受来自社会各方面的各种规则的训练和影响，使人懂得可以做什么、不可以做什么、应该做什么、不应该做什么等，从而规范自己的行为，实现行为社会化。比如父母老师等会告诉儿童在别人不知道的时候随便拿别人的东西，叫做“偷”，这是不对的，儿童以此为行为准则，不偷别人的东西，这就是一个行为社会化的过程。

(4) 性别角色社会化

人存在着男女两种性别的差异。从孩子出生之日起，父母就会通过取名、衣着、玩具、护理等途径，给予儿童与其性别相合适的对待，并提出相应的要求。久而久之，儿童便会按照父母的要求和社会所约定的性别行为方式来规范自己，逐渐形成与自己的性别相适应的行为习惯。儿童的性别角色发展是他的整个性格发展的一个组成部分。在这个过程中，主要涉及两个阶段：一是性别自认阶段，即自我性别的认同（自己是男是女），该阶段始于两岁左右儿童掌握语言的时候；二是不仅认识到了自己的性别，而且开始意识到，自己的性别不会因名字、服装或行为的变化而变化，该阶段始于四五岁，完成于七岁左右。这两个阶段，是儿童性别行为的定型和性别角色习得的基础。

2. 生命历程中的社会化

生命历程中的社会化一般经过三个时期：儿童社会化、青年社会化和继续社会化，对某些人来说还要经历再社会化的过程。

(1) 儿童社会化

儿童社会化是人的社会化过程中的第一步。在家庭、游戏伙伴群体、学校等因素的教育影响下，儿童掌握吃饭、穿衣、语言表达等人类最初的行为方式，逐渐懂得约束自己的行为，调整好个人与个人，个人与家庭、学校、社会等方面的关系以及学会不断扮演适当的性别角色、游戏角色、学校角色、社会角色等，从而实现儿童社会化。儿童在社会化的过程中，动作的沟通逐渐被语言代替，在掌握语言的基础上，学习生活技能和社会规范。

(2) 青年社会化

青年社会化是儿童社会化的继续和发展，但它有许多不同于儿童社会化的特点：①来自成人对社会化控制的范围和强度显著缩小和降低；②外在强化的方式（父母或成人的奖赏与惩罚）转化为逐渐由个人对环境的认识等内在因素调节；③对成人行为的模仿和对榜样的选择，有更大的主动性；④社会化的媒介更广（儿童社会化的媒介主要是父母，青年社会化的媒介范围越来越广）。

(3) 继续社会化

继续社会化指个体经历儿童社会化和青年社会化后，社会化还不完全，特别是在飞速发展的现代化社会中，还需不间断地学习的过程。这个过程，贯穿于从青年期至生命的终结。

(4) 再社会化

再社会化是指个人原来的思想和生活方式以及行为模式与社会环境的要求不协调，甚至发生了冲突，必须断然改变，形成对他本人来说是完全新的思想和生活方式以及行为模式。如犯过或犯罪的青少年，原先形成了错误的社会化，必须经过再社会化加以改正。再社会化与继续社会化的区别在于：①再社会化是抛弃原先形成的错误的社会化，形成新的正确的社会化；继续社会化则是在原先社会化的基础上进一步发展、提高，使之更加完善。②再社会化的方向和内容与原先的不一致，而继续社会化的基本方向和内容则与原先的相一致。③再社会化过程是一种思想和生活方式以及行为模式向另一种思想和生活方式以及行为模式的基本的、急剧的、迅速的改变，不适应感很强烈；而继续社会化过程是逐渐的、部分的变化，往往是在不知不觉中进行的。再社会化有两种方式：①主动的再社会化，通常称为自觉改造，即个人主动地自觉地适应新的社会生活、生活方式和工作方式。②强制的再社会化，通常称为强迫改造，对违法犯罪者判刑或实施劳动教养，就属于这种方式。

三、社会互动

社会互动是从人际层次上来考查社会的。人生活在社会中，不可能作为一个不与任何人发生关系的独立体而存在，在与他人交往的过程就是社会互动。

1. 社会互动的概念

社会互动就是在与人交往的过程中对他人主动或被动的反应的过程。它包括所有的社会行动，例如向朋友点头微笑、向老师提问、在公交车上给人让座、在商店购物、到一个公司面试、在电话里和人聊天等都是不同类型的社会互动。社会互动是人和人相互作用的表现形式。生活在日常社会中的人，每天都要和他人发生接触和交往，我们每天都在进行社会互动。社会互动的形成一般要具备以下三个因素：

① 必须要有两个或两个以上的互动主体。互动即意味着相互作用。离开了相互作用的对象是不可能有“互动”的。作为社会互动的主体，可以是个人，也可以是群体。所以互动可以发生在个人和个人之间、个人和群体之间，也可以发生在群体和群体之间。

② 互动主体之间必须发生某种形式的接触。这些形式可以是语言的互动，也可以是非语言的互动。发生这些互动的接触方式，可能是以身体各感觉器官相联系的直接接触，也可以是以其他媒介为工具的间接接触。举例而言：和某人面谈、怒视某人、打电话、在网上下棋聊天都是互动的不同表现形式。

③ 参与互动的各方有意识地考虑到行动“符号”所代表的“意义”。人类社会的互动是有其文化意义的，而且很多文化的意义都是象征性的，通过一系列的符号来表达。比如一个会心的微笑可能代表我们很高兴、一块有国旗图案的布代表了某个国家。一般来说，互动的主体对于语言和非语言的互动符号的“意义”往往有比较一致的理解。人们对于声调、面部表情等一般做到心领神会、心照不宣，从而可以完成社会互动的过程。一对夫妻在一起讨论如何在将要到来的节日为亲人买礼物，双方都能清楚地意识到对方对话的动机或意图，并因此回应对方，这对夫妻之间的互动就是基于他们在一起生活的经验来理解对方的行为，更不用提他们生活在一个家庭当中，还分享了他们共同的语言和文化特征。

所以基于上述的讨论，我们可以进一步对社会互动作如下界定：所谓社会互动，就是个人和个人之间、个人和群体之间、群体和群体之间，基于对行动“意义”的理解，发生的相互作用的方式和过程。

2. 社会良性互动

互动是一种最基本、最普遍的日常生活现象。人与人之间的互动有可能产生积极作用，也有可能产生消极的作用，我们把产生积极作用的社会互动称为社会良性互动。比如你给同学一个微笑，他也会心一笑，这就是良性互动。而你对其怒目相向，他回以愤怒的眼神，这就是消极互动。

社会良性互动是一个社会健康发展的必要条件，如果人与人之间的互动以对他人和社会产生消极的影响为主，社会的发展将无从谈起。就个人而言，良性互动有利于身心健康，研究发现，人类很多疾病特别是身心的疾病，如神经衰弱、高血压、偏头痛等，都与人与人之间的关系失调有密切的关系。

社会互动主要通过人际关系表现出来。社会良性互动，是以良好的人际关系为基础的。要形成良好的人际关系，首先，要对他人和社会有积极的生活态度。人与人之间的关系，在许多时候就像物理学中的作用力与反作用力一样，是相互影响的。因此要想形成良好的人际关系，要努力做到对人诚恳坦率，胸怀开朗、宽容，做事戒骄戒躁，有主见但不固执己见等。其次，学会积极的归因。归因即自己或他人一行为发生以后，你对产生这一行为的原因分析。比如，一个舍友把水溅到了你的身上，你会怎样理解他的行为？是认为他是不小心把水弄洒而溅到你身上，还是认为他是故意的？不同的归因影响着人的反应和行为。如果把原因归为前者，你可能就会一笑置之，不去追究。如果是后者你可能会愤怒，甚至引起矛盾。因此，学会积极的归因，在许多情况下学会换位思考，问自己“假如我是他我会怎么样”，试着站在对方的立场上思考问题，这有利于良好人际关系的确立。最后，学会有效的沟通。造成人际关系紧张的重要原因，是相互间心理过程没有实现沟通。经常对话有利于促进心理沟通，对改善人际关系具有十分积极的作用。在人与人之间沟通过程中要把握一些技巧，比如认真倾听别人诉说，强调共同点，缩小分歧，肯定对方价值，衷心赞美对方等。

3. 合作与竞争

合作和竞争是两种基本的社会互动形式。合作，就是两个或两个以上的人，为达到共同目的而相互配合的行为方式。合作是一个人得以生存的基本，这在原始社会就表现出来，在原始社会一个人离开了部落，离开了与他人的合作，将会因为很难捕猎食物而饿死或者因难以抵御野兽的攻击而被吃掉。在当今社会，在社会分工不断细化的形势下，更加凸显出合作的重要性。要想有效地合作，除需要有一定的物质基础和大致相应的知识及技能外，最重要的是要有一定的思想基础，即必须在思想认识方面大致相同，包括：共同的兴趣；相互信任；对所从事的工作的性质、目标和意义的公共的认识等。

竞争是另一种社会互动形式。广义的竞争包括一切生物之间为占有资源而出现的争夺现象。狭义的竞争专指人与人之间的竞争。竞争是社会的普遍现象，而且越来越激烈。大学生中也存在着竞争，如学业上的竞争，为了在学习成绩上拔尖；事业的竞争，为一个工作单位，大学生要竞相表现自己的知识和能力等。

竞争有正当和不正当之分。正当的竞争即竞争者通过提高自己的知识水平、能力，提高产品的质量，提升服务态度等来取得相应优势的互动方式。正当的竞争有利于社会的进步。而不正当的竞争，即指不惜损人利己，采用违法违德的手段而取得优势的互动方式。如为取得好成绩而在考试中作弊，为了在班干部竞选中获胜，而大肆在别人面前污蔑贬低对手，让对手名誉受损，这些都是不正当竞争的手段。社会需要正当的社会竞争。

4. 虚拟空间中的互动

这里的虚拟空间中的互动主要指网络生活中人们之间的互动。由于在网络中的人们主要是以虚拟的身份在行动，因此我们把网络空间称为虚拟空间或者虚拟社会。虚拟性是网络空间互动的主要特征。在网络发展之初，这种虚拟性体现得尤为显著，当时“在网络生活中没人知道你是一条狗”，称为对网络生活虚拟性的经典描述。但是随着科技的发展和人们参与网络生活普及性的提高，网络生活也开始走向真实化的生活。人们在网络中的互动逐渐与现实生活融合。在网络生活中违反道德和法律界限的行为也要承担相应的现实责任。网络生活中的互动主要有以下几种形式：

第一，网聊。网聊是网络聊天的简称，即在网络空间中人们通过各种聊天工具进行互动的一种形式。就聊天工具而言，不仅仅局限于在QQ上聊，有的是通过聊天室、BBS、论坛，或者其他。就网聊的形式而言，存在着文字信息聊天、语音聊天和视频聊天三种形式。陌生性、虚拟性、广泛性是网聊这种互动方式的主要特征。在网络上，你可以与身处大江南北的陌生人进行聊天，聊天不再受"熟人"和地界的限制，也正是由于这种交往"陌生人"因素的增加，网聊的虚拟性更加显著。

随着社会的发展，网聊这种互动方式迅速普及，成为人们用来交流沟通的必要工具。2008年6月20日，中共中央总书记、国家主席、中央军委主席胡锦涛来到人民日报社，通过人民网与网友进行简短的在线交流，被网民誉为"这一刻钟"，是中国历史上开创先河的一刻钟。网聊已被用于社会生活的各个方面。但是由于网聊的陌生性、虚拟性特征，网聊这种互动方式也存在着诸多危险性，有些人因为轻信网友，而迷失网聊。据江南晚报报道，近年因网聊引发的性犯罪案件数量呈上升趋势。办案法官指出，犯罪人的年龄主要集中在20岁左右，受害人也大多是年轻的单身女性。受害女性中大部分人文化程度并不低，一半人是大学生甚至具有更高学历。同时，40%的受害人面临着生活或工作方面的压力，和朋友、家人缺少沟通，她们想通过网络获得心情释放，没想到给身心带来更大的伤害。

第二，"人肉搜索"。人肉搜索是当今网络中的一种典型互动形式，也是一种备受争议的互动形式。人肉搜索就是利用现代信息科技，变传统的网络信息搜索为人找人、人问人、人碰人、人挤人、人挨人的关系型网络社区活动，变枯燥乏味的查询过程为一人提问、八方回应、人性化搜索方式。

四、社会群体

社会群体泛指通过一定的社会关系结合起来进行共同活动的集体。例如，以血缘关系结合起来的集体是氏族、家庭一类的群体；以地缘关系结合起来的集体是邻里一类的群体；以业缘关系结合起来的则是各种职业群体。家庭、朋友群体和社会组织等是常见的社会群体形式。

1. 家庭

家庭是由婚姻关系、血缘关系或收养关系结合成的亲属生活组织。人们常把家庭称为社会的细胞。家庭是构成社会的基本单位，是由夫妻关系和子女关系结成的最小的社会生产和生活的共同体。若干个血缘关系较近的家庭，谓之家族。

家庭的职能是多样化的：首先，家庭的经济职能。家庭必须能维持家庭成员的生计，在可能的情况下，家庭还要力求扩大收入，积累财富。其次，家庭的延续职能，家庭必须延续家庭的血缘或世系。再者，教育职能，表现在教育家庭成员，当然以教育后代为主。同时，协调职能，家庭要协调家庭成员之间的关系，包括伦理关系和经济关系等。还有，保护职能，家庭要尽可能地保护自己的整体利益，保护每个成员的利益。最后，公益职能，家庭要尽可能地为社会公益事业做贡献。

2. 同辈群体和趣缘群体

同辈群体又称同龄群体，是由一些年龄、爱好、态度、价值观、社会地位等方面较为接近的人所组成的一种非正式初级群体。同辈群体在青少年中普遍存在，他们交往频繁，时常聚集，彼此间有着很大的影响。同辈群体是一个人成长发展的一个重要的环境因素，尤其是在青少年时期，同辈群体的影响日趋重要，甚至有可能超过父母和教师的影响。青少年从家庭逐步走向社会，首先面对的就是如何进入同辈群体，并在群体生活中实现某种社会需要。很多父母发现，由于同龄人交往的日益增多，孩子与父母的关系也发生了一些变化。这是许多父母在孩子逐渐长大后的共同发现，是长大的孩子开始渐渐脱离家庭进入同辈群体的开始。

趣缘群体，即因兴趣相同而结成的群体。随着社会生产力的发展和社会物质财富的增加，人们在满足基本物质生活需要的基础上开始越来越多地重视精神生活的需要。为了精神产品的生产与消费，人们因为某种兴趣而集合在一起。如大学生因为对文学、艺术、体育等兴趣而相聚在一起，组成"文学社"、"戏剧社"、"诗社"、"观光旅游团"以及各种游戏团体、兴趣小组等，这就是趣缘群体。

无论是同辈群体还是趣缘群体，对青少年的成长发展具有特殊的意义。从积极方面讲，有利于满足青少年的情感交流的需求和促进情感的发展成熟。意识到自己是哪一个团体的成员，体验到团队精神和同伴间的相互帮助，不仅有助于青少年脱离成年人而自立，而且会使他产生极为重要的情绪安定感。青少年能否得到同伴、同学的尊重和爱戴，对他的自尊心发育具有决定性的意义；有利于促进青少年的学习和兴趣爱好的发展。在兴趣爱好上，共同的兴趣爱好不仅使他们有了更多的共同语言，同时在一起的切磋和探讨也进一步促进了他们兴趣爱好的发展。再者，影响青少年生活目标和价值观。到了青少年期，在确立生活目标上及价值观念上，同辈群体和趣缘群体的意见逐渐取代了父母的态度。除此之外，同辈群体的成员在其他很多方面都向同伴认同和模仿，如行为举止、兴趣爱好、消遣方式，甚至发型、服饰、语言等。

当然，同辈群体和趣缘群体对青少年发展的影响并非总是积极的，也可能对青少年产生消极影响，并造成破坏作用，促使青少年逆向成长和发展。如果同辈群体和趣缘群体提倡的价值观与社会主流价值观相悖，也会对其成员造成消极影响，如少数群体内的成员会结伴抽烟、喝酒、打架、整天泡网吧玩游戏，甚至出现偷窃、抢劫、损坏公物等，成为青少年违法犯罪滋生地。另外群体内部的行为规则，也使师长不容易了解掌握青少年的思想和行为的发展动向。

3. 中国社会组织

社会组织是人们为实现特定目标而建立的共同活动的群体，亦称次级社会群体。在人类社会早期阶段，整个社会发展水平极为低下，人们共同活动的群体形式最初是以血缘关系为纽带的原始群、血缘家庭和家族，以及稍后出现的以地缘关系为纽带的村社等。它们都是人类发展的初级社会群体形式。随着社会分工的发展、阶级的出现，人们之间的社会关系以及人们的社会活动日趋复杂，社会组织适应社会及社会成员的需要逐渐形成并发挥作用。但这时人们的社会关系和共同活动的形式还是以初级社会群体为主。人类社会进入工业社会以后，社会生产力飞速发展，社会分工越来越细，社会生活和社会关系越来越复杂，初级社会群体在很多方面已无法适应社会发展和社会活动的需要。因此，完成特定目标和承担特定功能的社会组织的大发展就成为近代社会发展的必然趋势。例如联合国就是一个巨型的社会组织。

截至2007年底，全国共有社会组织38.7万个，如：中华五千年动画文化工程促进会、中华文化交流与合作促进会、中华医学会等。这些社会组织业务范围涉及科技、教育、文化、卫生、劳动、民政、体育、环境保护、法律服务、社会中介服务、工商服务、农村专业经济等社会生活的各个领域，成为党和政府联系人民群众的桥梁和纽带。在我国政治、经济、文化、社会建设中发挥着不可或缺的积极作用，成为构建社会主义和谐社会的重要力量。

五、社会问题

1. 社会问题概述

社会问题是指社会关系失调，影响社会大部分成员的共同生活，破坏社会正常活动，妨碍社会协调发展的社会现象。社会问题是社会学研究的重要领域之一。社会学因解决社会问题的需要而产生，解决社会问题的社会需要是社会学产生的直接历史根源。同时社会学也因解决社会问题的价值而获得发展，为解决社会问题服务是社会学的重要社会功能。在解决社会问题的过程中，社会学在一定程度上承担着“社会医生”角色，社会学通过社会调查的研究方法，分析社会问题产生的原因、过程，解析这些社会问题带来的社会影响以及预测将产生的社会影响，提出解决对策或者再次发生的预防对策。

2. 社会问题的分析

(1) 分析社会问题的原则

社会问题的存在是客观的。也就是说，社会问题客观存在于包括社会主义社会在内的一切社会，只有是什么社会问题的区别，没有存不存在社会问题的区别。这是因为有社会问题的不断产生与解决，才有了人类的进步。从某种程度上来讲，人类社会的发展历程，其实就是一个不断发现问题和解决问题的历程。因此我们要正视社会问题，学会客观分析社会问题，以便尽快解决社会问题。

分析问题，首先要坚持客观性原则。客观性原则，又称真实性原则，即在分析社会问题的过程中要从实际出发，从问题本来的面目着手，实事求是地分析社会问题产生的原因、过程、带来的后果以及将来的发展趋势。要摆脱个人狭隘的情绪、经验与偏爱，客观地表达各种看法，保持价值中立观点，同时也不要人云亦云，别人说怎么样就怎么样。比如在看待我国现在的收入差距这个问题上，我国当前的收入差距是不是真的像媒体和有些人炒作的那样严重，似乎社会即将崩溃、世界末日就要到来一般？这种收入差距的产生是不是社会的倒退等。在这些问题上，要客观分析中国的历史现状，正确的基本估计应该是：我国在经济体制转轨中出现收入差距，在总体上是经济市场化进程中的必然现象，它与过去旧体制下普遍贫穷低效的平均主义相比是一种社会进步；在某些方面存在的问题是严重问题，但还不是全局的、甚至是“对抗性”的矛盾（来源：人民网理论频道：客观分析“收入差距”，冷静看待“贫富和谐”——访社会科学文献出版社总编辑、中央财经大学中国发展和改革研究院院长邹东涛、李晓明、赵晶，2007年11月28日）。

其次，坚持从整体出发的原则。从整体出发是指在分析研究社会问题时，要把社会问题放在社会整体中去看，而不是从单视角出发，要将影响社会问题的各种因素联系起来分析。社会是一个整体，一种社会问题不会局限在某个狭隘的领域，仅仅是社会的某个方面出了问题，它往往是由于整个社会结构、社会机制方面的不协调而引起的。就像医学中对人的诊断一样，不能“头痛医头，脚痛医脚”，要从人这个整体出发，考虑产生病痛的原因，才是科学的诊断和医治方法。

整体性方法论要求我们避免研究上的误区，其一，在横向考察中，如果将社会发展进程中的现象从社会整体中抽取出来，割断它与其他部分之间的联系，则不能揭示这一现象的规律。其二，在纵向考察中，考察的视野局限于现阶段社会问题增长的具体表象，而未将导致社会问题增长的因素与制约社会问题产生、存在的深层次社会原因相联系，或者忽略了决定性层次的原因所具有的根本性的、稳定性的制约作用。

再者，要透过现象发现事物的本质。马克思主义哲学告诉我们，事物的现象是外在的表现形式，可能是正确的，也可能是歪曲的，我们对现象的认识是感性认识；而本质是事物的内在属性，我们对本质的认识是理性的，透过现象看本质，就是要求我们认识事物要从感性认识上升到理性认识，这样才能得出正确的结论。比如我国现在存在的生态环境问题，对于这个问题的理解不能仅仅停留在这些生态环境问题给人们的生活带来怎样的危害，而要看到问题的本质，首先环境问题是人类发展中不可避免的，环境问题只有在发展中才能得以解决。造成环境问题的直接原因是人类对环境规律的认识不足，缺乏环境意识和生态观念，缺乏妥善的经济发展规划，扭曲了人和自然生态系统的关系，降低了环境系统的可持续性。而最根本的原因则植根于经济发展中，高消耗、高污染、低产出、低效益的粗放型经济发展方式，是造成环境问题的根本原因，也是解决生态环境问题的重中之重。

(2) 分析社会问题的方法

在坚持分析原则的基础上，要运用科学的方法才能真正认识社会问题。分析社会问题的方法多种多样，在此主要介绍三种常用的基本方法。

第一，社会调查法。社会调查法是指研究人员通过直接接触或间接了解研究对象的各种方式，收集并获得有关研究对象的事实材料，进而对之进行科学分析，认识其本质规律的一种研究方法。其中问卷调查是社会调查法最常用的形式。问卷调查法又称书面提问调查法，简称问卷法或函调法。它是研究者根据研究目的，将调查的问题、项目编制成统一的书面问卷（调查表）形式，对被调查者进行控制式的测量，从而获得对研究问题的量度，了解情况，收集事实材料的一种调查方式。问卷发放的方式一般以邮发为主要途径，通常是将预先印制的调查问卷（调查表）邮发给抽样调查对象，请他们按照要求填写答案，然后如期寄出。它是一种间接的、标准化的调查形式（或具体方法）。问卷调查法在社会学科研究中广泛运用。

第二，观察法。观察法是观察者深入现场或进入一定环境，观察调查对象，获取第一手资料的方法。调查人员直接到调查现场，耳闻目睹顾客对市场的反应和公开言行，或者利用照相机、监测器等现代化器械间接地进行观察来收集资料等，都属于观察法。观察法的特点就是从侧面观察被观察者的言行和反应，一般不直接向被调查人提出问题，所以，被调查者往往是在不知情的状况下被调查的。

第三，文献资料法，亦称“历史研究法”或“文献资料研究法”。它是利用各种渠道对文献和资料进行合理的搜集与应用以获得间接理论知识的一种方法。它是各种类型的研究课题都需要采用的方法，并且都是每个课题本身在选题阶段、研究设计阶段、研究实施阶段与研究总结阶段必须应用的方法。根据文献资料的构成形式，通常可分为文字资料、文物资料、声像资料三大类。

文献检索的目的是使文献检索者及时而准确地获得所需要的文献，要达到此目的，就必须采用科学的步骤和方法。首先，分析研究课题，明确查找要求，即明确研究课题所需的文献内容、性质、水平等情况；然后形成主题概念，再确定检索的学科范围。主题概念越准确、学科范围越具体，就越有利于检索。其次，选择检索工具。检索工具有印刷版的《全国报刊索引》、《报刊分类索引》等；电子版的数据库有《中文科技期刊数据库》、《中国期刊全文数据库》、《中国期刊题录数据库》和《中国专利数据库》等。再者，确定检索策略、途径和方法。即根据检索分析的结果，制定出一个合理的检索方法，使实行的检索行动有目的、有计划和有步骤地进行。如：在哪个图书馆查、用印刷版索引还是用数据库以及核心刊和时间段的选择等。

(3) 主要的社会问题

社会问题在各时代反映的内容各不相同，在当代，最突出的社会问题是：生态环境问题、人口问题、劳动就业问题、青少年犯罪问题和老龄问题。

生态环境问题

生态环境是指人类生存其中的，由空气、水、植物等组成的提供人类得以生存的物质资源的整个生态系统。生态环境问题是由于人类发展与生态环境的矛盾激化而带来的问题，如过度开采自然资源等。当前，我国生态环境问题主要表现在：一是草地退化、土地沙化面积巨大；二是土壤侵蚀强度大，水土流失严重；三是自然灾害频发、地区贫困不断加剧；四是气候干旱、水资源短缺、资源环境矛盾突出；五是湿地退化、调蓄功能下降、生物多样性丧失。

【数据资料】

2007 年中国环境状况公报指出，2007 年，全国环境质量总体呈好转趋势，但形势不容乐观。地表水污染形势依然严峻，七大水系总体为中度污染，近岸海域总体为轻度污染，湖泊富营养化问题突出。城市空气质量总体良好，但部分城市污染仍较重。全国酸雨分布区域保持稳定，但酸雨污染仍较重。2007 年，全国废水排放总量为 556.7 亿吨，比上年增加 3.7%；化学需氧量排放量为 1381.8 万吨，比上年下降 3.2%；氨氮排放量为 132.3 万吨，比上年下降 6.4%。2007 年，二氧化硫排放量为 2468.1 万吨，烟尘排放量为 986.3 万吨，工业粉尘排放量为 699.0 万吨。

我国的生态脆弱区：分布面积大、类型多、脆弱性表现明显。从分布看，主要集中在北方干旱半干旱区、南方丘陵区、西南山地区、青藏高原区及东部沿海水陆交接地区。行政区域涉及黑龙江、内蒙古、吉林、辽宁、河北、山西、陕西、宁夏、甘肃、青海、新疆、西藏、四川、云南、贵州、广西、重庆、湖北、湖南、江西、安徽等 21 个省（区、市）（来源：2007 年中国环境状况公报）。

失业问题

所谓失业是指在劳动范围内，有就业能力并且有就业要求的人口没有就业机会的经济现象。失业问题源于劳动力与生产资料比例关系失调。这种失调在不同社会、不同地区表现形式不同。但它作为社会问题主要指人口过剩及经济发展缓慢或停滞，造成劳动人口失业或待业现象。失业问题的社会后果严重，一方面妨碍了人民生活水平的提高，从而诱发社会动荡及社会犯罪；另一方面，不利于社会经济的协调发展，进而威胁整个社会结构的稳定性。

【数据资料】

材料一：

人力资源和社会保障部网站公布的信息显示，2007年第四季度，全国部分人才市场共有35万家单位参加招聘，提供招聘岗位322.9万个，登记求职812万人，职位供求比为1∶2.51（职位数为1，求职人数为2.51，下同）。第四季度供求比达到全年的最高点。东部地区招聘职位数和求职人数仍占全国总数的2/3，职位供求比达到1∶2.61。2007年劳动和社会保障事业发展统计公报指出，2007年末城镇登记失业人数为830万人，城镇登记失业率为4.0%。

材料二：2009年中国的就业形势将比往年要严峻得多

中国社科院人口与劳动经济研究所所长蔡昉预计，本次经济危机的出口下降导致的非农就业减少为1763万，其中服务业664万，制造业969万。2008年全国城镇调查失业率可能为6.04%，“本来如果不发生金融危机，可能2008年失业率还会下降的。”他说。国家统计局此前一直进行城镇调查失业率的统计。根据这项调查，城镇调查失业率在2003年以来一直呈现下降态势，其中2003年为6.02%，2005～2007年稳定在5%左右。蔡昉判断，2008年农民工失业导致调查失业率会上升一个百分点，这是2003年以来的首次调查失业率上升。劳动和社会保障部门对88个城市劳动力市场的调查显示，2008年第四季度求人倍率（岗位数除以求职人数）为0.85，是2002年以来的最低值。2008年末全国城镇登记失业率为4.2%，比上年的4%有所上升。另有多个部门估计实际的失业率还要高。中国社科院社会学所根据样本调查，2008年全国城镇的调查失业率为9%。

贫困问题

缓解和消除贫困是当今国际社会广泛关注的问题。贫困首先是一种物质生活的状态，但贫困又绝非仅仅是一种简单的物质生活状态。贫困同时是一种社会结构现象。按照经济学的一般理论，贫困是经济、社会、文化贫困落后现象的总称。1998年诺贝尔经济学奖获得者阿玛蒂亚·森认为，贫困的真正含义是贫困人口创造收入能力和机会的贫困，贫困意味着贫困人口缺少获取和享有正常生活的能力！

长期以来，我国把扶贫开发作为消除贫困、缩小贫富差距、统筹城乡区域协调发展的重要措施。

【数据资料】

中国农村贫困监测报告显示：根据标准测算，2005年末，我国农村绝对贫困人口的数量为2365万人，贫困发生率为2.5%。从地区分布看，贫困人口主要分布在西部地区。2005年末东部、中部、西部、东北地区贫困人口分别为142万、668万、1421万、134万，贫困发生率分别为0.4%、2.4%、5.0%、2.4%。西部地区贫困人口占农村贫困人口的60.1%。从地势来看，贫困人口主要集中在山区，2005年末山区贫困人口1228万，贫困发生率为5.5%，占农村贫困人口总数的51.9%。分省来看，西部省份贫困发生率相对较高，其中，青海省贫困发生率在10%以上，内蒙古、贵州、云南、西藏、陕西、甘肃、新疆7个省（区）贫困发生率在5%～10%之间。

贫困和低收入农户家庭规模大、负担重，劳动力素质相对较低。2005年贫困和低收入人口户均人口分别为5.3和5.1人，均大大高于全国平均4.1人的水平。贫困和低收入人口的家庭负担也相对较重，平均每个劳动力负担人口为1.6人，高于全国1.4人的平均水平。同时贫困和低收入农户中家庭结构为“夫妇及三个以上孩子”和“三代同堂”的比重明显高于全国平均水平，因此贫困和低收入家庭中老人和孩子的比重也相对较高，家庭负担相对较重，其中，贫困农户中60岁以上和15岁以下的人口比重为36.2%，低收入农户这一比重为35.1%，而全国平均为26.5%。

在劳动力素质上，贫困和低收入人口中劳动力人均受教育年限低、文盲率高，其中受教育年限分别为6.5年和6.8年，比全国平均水平低1.5年和1.2年；文盲率分别为16.8%和14.4%，比全国平均水平高9.9个和7.6个百分点。劳动力中接受过专业培训的比重也低于全国平均水平，贫困人口为12.7%、低收入人口为12.6%，全国平均为20.2%。但是贫困和低收入人口都有很强的接受培训意愿，在未接受过专业培训的贫困和低收入人口中分别有67.3%和67.5%的人愿意接受专业培训，高于全国58.8%的平均水平。而且贫困和低收入农户儿童及成人受教育程度总体偏低，2005年全国农村7～15岁儿童在校率为97.2%。农户的经济状况与儿童在校率密切相关，贫困农户儿童入学率最低，低收入户稍好。2005年，贫困农户7～15岁儿童入学率为90.1%，低收入农户为95.5%。

在新的历史时期，我国坚持科学发展观和构建和谐社会的战略思想，明确了一系列战略部署，给扶贫开发工作带来了新的机遇。如全面建设小康社会，建设社会主义新农村，有利于国家扶贫开发力度的增强；促进区域协调发展，继续实施西部大开发战略，有利于贫困地区的资源开发和产业发展；坚持以人为本，更加关注民生，有利于贫困地区群众生活水平的提高。目前未解决温饱的贫困人口主要分布在地域偏远、生态失衡、干旱缺水的地区，有些地区甚至不具备生存和发展的基本条件，依靠传统的扶贫方式，不但投入成本大，而且难以从根本上摆脱贫困。实践证明，易地扶贫搬迁是从根本上解决剩余贫困人口摆脱贫困和发展的良策。应进一步拓宽思路，由“温饱型”移民向“致富型”移民转变，压缩人均耕地面积，由传统农业向现代农业转变，由靠天吃饭向节水高效设施农业转变；探索移民向水源集中地区安置，向工矿企业开发区和重点集镇、城郊安置的思路，发展设施农业和劳务产业。

犯罪问题

在社会主义社会，凡是危害社会而应受刑事制裁的行为，被认为是犯罪。犯罪是各种社会矛盾和社会消极因素的综合反映，并且这种反映表现的领域和强度，与一个国家社会变革的深度和广度密切相关。

【资料】

公安部网站的信息显示，建国以来，我国刑事犯罪活动大致经历了三个阶段：第一个阶段是低发案阶段，从建国初期至20世纪70年代末，每年全国刑事立案保持在16万～50多万起；第二个阶段是刑事犯罪的快速增长阶段，从20世纪80年代初至20世纪90年代末，每年全国刑事立案从50多万起快速增长到300多万起；第三个阶段是高发案阶段，从2000年以来，每年全国刑事立案保持在400多万起以上。

2007年，全国公安机关共立危害公共安全犯罪案件16.3万起。全国公安机关共立入室盗窃、抢劫、抢夺案件367.5万起。2007年，全国公安机关共立破坏社会主义市场经济秩序犯罪案件8.4万起，从具体案件类型来看，除涉税案件和侵犯知识产权案件有所下降外，其他案件均呈上升走势。其中，妨害公司企业管理秩序3265起，破坏金融管理秩序3976起，金融诈骗9055起，扰乱市场秩序3.9万起。

但从整体上讲，全国社会治安大局稳定，人民群众对社会治安的满意度不断提高。2007年，全国公安机关深入开展打黑除恶、侦破命案、打击“两抢一盗”犯罪专项斗争，打击犯罪力度不断增强，科学打击犯罪的水平整体提高，有力保持了社会治安大局的稳定。全国刑事犯罪形势总体平稳，全年共立刑事案件474.6万起，同比上升1.7%，破获年内案件

240.9万起，同比上升8.8%。严重暴力犯罪持续下降，其中爆炸、放火、杀人案件同比分别下降25.2%、11.3%、10.3%。刑事犯罪活动造成的人员伤亡减少，同比下降3.8%。青少年犯罪和无业人员犯罪明显减少。2007年，青少年作案比2006年下降1.3%，无业人员作案下降2.9%。同时集团犯罪活动有所收敛。2007年，全国公安机关共查获5.9万个犯罪集团，比2006年下降5%。再者遭受刑事犯罪不法侵害人数明显下降。2007年，直接遭受刑事犯罪侵害人员下降2.9%。其中，死亡下降4%。群众对社会治安环境的安全感又有新的提升。2007年全国群众安全感调查中，对于目前的社会治安环境，被调查群众认为"很安全"、"安全"和"基本安全"的占93.3%，比2006年上升1.3个百分点；在影响群众安全感受的问题中，被调查人选择"刑事犯罪"的占24.8%，同比下降1.2个百分点。

思考题

1. 网络虚拟世界的人际交往应遵循什么样的原则？如何摆正自己在现实世界与虚拟世界中的位置？

2. 如何看待"人肉搜索"？"人肉搜索"是网络暴力还是网络正义？在法治社会"人肉搜索"将何去何从？

3. 解决中国失业问题的根本出路在哪里？面对严峻的就业形势，大学生应如何应对？

宗教篇

宗教作为人类重要的文化现象，对人类历史的经济、政治、文化发展影响深远，对于当代大学生来说，只有了解宗教才能真正了解历史、了解当今世界，举例来说，如果我们不知道犹太教的产生和犹太人的历史，不知道伊斯兰教的历史，就不能了解巴勒斯坦和以色列冲突的复杂背景。如果我们不了解伊斯兰教内部的派别特点，就不知道两伊战争的历史渊源。不了解基督教就不能理解西方科学与创新精神的产生。21世纪人类发展面临不同文化之间的对抗、融合、选择，所谓“不同文化”，从广义上讲是指东西方文化，如果细分，我们就会发现不同的文化就是指“儒学文化”、“基督教文化”、“伊斯兰教文化”、“印度教文化”、“佛教文化”、“犹太教文化”等，它们大都是在传统宗教文化的基础上建立起来的，所以，基于对人类命运和人类精神家园的关注，探求宗教这一重要人类文化现象，了解宗教文化的历史发展线索，明确宗教的产生、发展及作用的原因，掌握宗教作为文化现象的主要精神实质，获得明辨是非善恶的能力，并能够从人类实践、认识发展的过程中，感受人类对于未知世界不懈的追求与探索精神，是大学生所应具有的基本素养。

一、宗教的本质及作用

马克思说“宗教是被压迫生灵的叹息，是无情世界的感情，正像他是没有精神的制度的精神一样”（《马克思恩格斯选集》第1卷，第2页）。

1. 宗教是一种复杂的文化现象

在中西文化体系中，对于什么是宗教，有着各自不同的理解和认知，但所揭示的内涵是一致的。中国文化认为：有一个创始人、有崇拜对象为“宗”；有一群追随者，有一定的祭祀仪式为“教”。《辞源》：“宗也者，以神设教，以立戒约崇拜信仰是也。”《哲学辞源》解释宗教是“相信并崇拜超自然的神灵”。在西方文化中，英语宗教一词就是一群人为了一个目的聚集在一起的意思，发展到有同一信仰、同一信念，为了这一信仰而到了不畏生死的地步。在希腊语中，religin 意思是精灵鬼神面前感到恐惧和敬畏。哲学家保罗·梯利认为宗教是“极度的关注”。

宗教是一种信仰，宗教信仰相信并服从一个超自然的神灵，认为在现实世界之外，还有超自然的力量或实体（上帝、天神、鬼、灵魂等）存在，认为这种超自然的力量能够影响人们的命运，因而产生敬畏和崇拜的思想感情。并因此而建立起一整套对于未知世界的认知体系和理论框架，从而影响决定信教者的精神和物质生活内容。

宗教的一个重要前提就是相信超自然神灵的存在，事实上，这样一个超自然的存在只是人们对于未知世界的总体认知，神灵的存在是人们认识的结果，是宗教所产生的那个时代人们实践和认识水平的体现，是由当时文化孕育出来的，因而宗教实质上是一种社会意识。“一切宗教都不过是支配人们日常生活的外部力量在人们头脑中的虚幻的反应，在这种反应中，人间的力量采取了超人间的力量形式”（《马克思恩格斯选集》第3卷，第354页）。格陵兰人大部分食物来自于海洋，所以，他们的天堂在海底，阿拉伯人因生活于沙漠，所以天堂里有水流，水质不腐。恩格斯在《反杜林论》中的这段话深刻地揭示了宗教的实质。宗教社会意识，是对人们现实生活的虚幻的反映，是一种普遍被认同的唯心主义哲学世界观、人生观。

宗教的本质决定了宗教的基本特征是信仰，宗教信仰与其他信仰不同，具有以下特征：第一，宗教是“支配人们日常生活的外部力量在人们头脑中的虚幻的反映”。世界上一切宗教信仰崇拜的对象都是人们幻想出来的，但这种幻想，也不纯粹是主观自生的，仍然是人们对所生活世界的控制人、支配人的力量（自然力量、社会力量）的一种反映，但反映的特点是“虚幻”。第二，宗教反映的核心是“支配人们日常生活的外部力量”。宗教中所信仰的神灵，其实也并不是不可理解的超现实的存在，如果深入到宗教的本质之中，就会发现，控制人们的外部力量，就是当时在人们看来非常强大的、无法控制的自然力量和社会力量。第三，宗教观念是以一种超自然、超社会、超人间的形式表现出来的。当人们所面对的力量强大到人们无法认识和控制，并时时会以一种偶然性的方式，给人类带来意想不到的结果时，人们对它的敬畏就会赋予这些力量以超自然的存在。

宗教是人类社会发展过程中，比较普遍的一种文化现象。

首先，宗教是人类认识和把握世界的一种方法。人们对于世界人生的认识是多种多样的，不同的认识世界的角度会有不同的追问方式，宗教所要解决的问题是认识论和本体论最一般的问题：世界是从来就有的还是上帝创造的？它是不是永恒的存在？宗教所认识的宇宙本体与人类社会是什么关系？人与上帝鬼神（未知世界）是什么关系？人如何从无限中获得人生价值、人生意义？从广义的角度讲，宗教是哲学，它试图在科学不能解答的未知世界建立起一种特殊的认知体系，建立起一种由神灵决定的世界模式，通过这种方式把握世界。

其次，宗教是一种人生哲学。作为一种人生的哲学体系，宗教解决人类生存意义的问题，比如信仰、生死、情感、人神关系、人人关系等。无论是人类个体还是人类群体，人们生活于一个有限的时空范围内，如何将有限的存在融入到无限的世界存在之中，在广袤宇宙空间中找寻到人的生存价值，如何解释人们生活中存在的五花八门的人生经历，如何理解事物运行过程中的一系列必然和偶然对人的意义……这些一直是人类内心深处所要回答的问题，完全追求物理的科学无法回答这些问题，哲学理性地追问世界的本原问题，最终发现理性对于无限世界无能为力，因而到今天越来越难以回答人的意义问题。“将科学的问题归给科学，将哲学的问题归给哲学，将人生的痛苦归给佛教。”妙华在《人生的解脱》中所说的这句话，就更好地说明了宗教作为人生哲学的内涵。

第三，宗教是一种具有很强渗透性的意识形态。

宗教作为一种社会力量，当它形成体系以后，就会成为一个社会实体，对社会产生影响。原始社会，宗教是全民的信仰，是精神的主宰，与其他意识浑然一体。到了阶级社会，宗教不仅是精神主宰，而且具有了政治功能。宗教在发展的初期，并没有成为国家意识形态，但由于宗教的作用有助于阶级统治，因为宗教自身的不懈努力和斗争，很快宗教就成为国家统治思想的重要组成部分。这种意识形态由于建立在对超自然存在的信仰和服从的基础上，又得到国家力量的支持，具有很强的渗透性，可以深入到人们的政治、经济、文化、伦理、心理乃至日常生活的各个领域，马克思就曾说过，在中世纪，基督教是那个时期人们的政治原则、道德原则、生活原则。哲学是经院哲学，道德是宗教道德，文化是宗教文化。对于穆斯林来说，《古兰经》就是人一切行为原则的依据，即使是对宗教改革家来说，他们也只是依据经典来加以重新阐释。所以，宗教作为一种蕴藏在人类心灵最深处的精神力量，长期沉淀、陶冶人们的思想，形成各民族文化心理素质，从而影响到其他意识形态。

第四，宗教是人类文化传播的重要媒介。

宗教的形成就是文化的融合过程；宗教的发展就是文化的传播过程。由于宗教在历史过程中，长期充当精神主宰的角色，因此文化的传播及相互影响，一定意义上，也就是宗教的传播与影响。宗教成为人类传播文化的重要形式，因为宗教的存在，影响着不同宗教信仰团体的人生态度、情感方式、思想方式、风俗习惯、价值尺度乃至生活方式和社会制度。因此世界上形成了以宗教为核心的诸多文化圈：儒教文化圈：中、日、韩、越南、东南亚各国；佛教文化圈：印度、斯里兰卡、东亚及东南亚各国；伊斯兰教文化圈：中近东、南亚、北非一代。基督教文化圈：欧洲、美洲、大洋洲。这些文化圈的形成，客观上促成世界各国、各民族、宗族之间的交流和民族间的融合。

2. 宗教的产生与发展

要想进一步了解宗教的本质，揭开宗教现象的奥秘，就必须对宗教现象的产生根源有正确的认识。马克思、恩格斯所创立的辩证唯物主义和历史唯物主义是我们研究宗教起源和发展的指导思想。

宗教是人类社会发展到一定历史阶段的产物，现代意义上的人格神的一神教理论，则是阶级社会产生以后的事情，从宗教整个发展进程看，我们可以从现实和人类精神两个角度来分析宗教产生和发展的原因。

首先，宗教产生的心理学根源。

对支配人们日常生活的异己力量的依赖和恐惧是宗教产生的重要心理原因。一方面自然物是人们生存不可缺少的，人们离不开它们，因而产生依赖。另一方面，人们所依赖的对象又是强大的、无法控制的，比如自然界中的风、雷、雨、电、洪水、猛兽，于是又产生恐惧，从而形成崇拜；寻求精神支柱、获得精神解脱也是宗教产生的心理因素。宗教是无情世界的感情，它会给人心灵的慰藉。宗教意识是那些由于对前途、命运感到焦虑和茫然，找不到自己的生命价值，对前途丧失信心的人们，在极度空虚和失落的情况下，借助于宗教信仰获得人生的意义和力量。“无法忍受灵魂的漂泊之感”（李叔同）是宗教信仰的心理根源。

第二，追求永恒完美与人生终极价值的冲动。

这种冲动来源于生命本身的转瞬即逝与世界永恒发展之间的矛盾。任何现实的人都会发现自己是具有局限性的不完满的存在，生命转瞬即逝，力量和智慧极为有限，于是人们产生超越有限、达到无限的愿望，嫦娥奔月的神话，反映了人们要超越空间无限的愿望，寻求长生不老的灵丹妙药是为了超越时间无限，在宗教的生命无限轮回和延续中，人类的精神、道德、生命的质量都得到升华，并由此找到生命价值和意义。

第三，宗教产生的认识论根源。

“无知是迷信之母”。首先是对自然现象的无知。德国哲学家费尔巴哈在他的《宗教的本质》一书中对此进行了生动的分析：“自然界的变化，尤其是那些能激起人们依赖感的现象中的变化，乃是人觉得自然是一个有人性的、有意志的尸体而加以虔诚的主要原因。如果太阳老是呆在天上不动，它就不会在人们心中燃起宗教热情的火焰。只是当太阳从人们的眼中消失，把黑夜的恐怖加到人的头上，然后又再度在天上出现，人这才向它下跪，对于它的出乎意料的归来感到喜悦，为这喜悦所折服。所以佛罗里达的古代阿巴拉支人在太阳落下的时候，唱着颂歌向太阳致敬，同时祈祷请它准时回来，使他们能享受到它的光芒。如果大地上老是结着果实，那还有什么理由来举行播种节和收获节的典礼呢？大地上的果实之所以显得好像是天意的、理当感谢的恩赐，只是因为大地时而把它的宝库打开，时而又把它关闭。惟有自然的变异，才使人变得不安定，变得谦卑，变得虔敬"（《费尔巴哈哲学著作选集》下卷，第 459～460 页）。

除了对自然现象的无知外，对社会现象的无知更是人们形成宗教信仰的根源。自从私有制和阶级出现以来，社会力量所带给人们的灾难远远超过了自然力，所以中国古代思想中告诫人们做人道理是"战战兢兢，如临深渊，如履薄冰"。社会现象始终是神秘莫测的、无法认识的，因而能够被加以神话。

对精神想象的无知也是宗教产生的重要原因。原始人不能解释梦境、心理疾病等现象，于是认为有另外一种存在——灵魂，在梦境中，灵魂可以脱离肉体存在，并独立地做很多事情。既然灵魂可以在人睡觉的时候离开肉体，那么，人死后，灵魂也一定会有一个存在的空间，于是，灵魂不死、天堂、地狱也就在人们的观念中出现了。宗教的世界因此产生了。

第四，宗教产生的社会历史根源。

宗教产生除了人的心理和认识原因外，最重要的原因是社会原因。一方面人类低下的生产力，不能有效战胜自然灾害是原始宗教产生的社会原因。另一方面则主要是阶级统治的残暴，加重了人们的苦难，人们在现实生活中找不到摆脱苦难的方法，只好转向天国。所以马克思说宗教是被压迫者生灵的叹息，是被压迫人民无声的抗议，宗教是人类精神的鸦片，宗教的苦难就是现实的苦难。统治者有意识地神化自己统治的需要是宗教发展的又一社会原因。中国的皇帝是真龙天子，欧洲的统治者是上帝在人间的代表，都是至高无上不可反抗的。宗教在统治者那里获得了存在的合理性，统治者在宗教这里找到了精神统治的工具。

宗教形成是一个过程，大体说来，宗教形成过程实际上反映了人类实践能力和认识能力的提高过程，"认识了必然就是自由"。在人们生产力水平、对自然认识水平低下的情况下，对人类来讲，对于自然界种种现象，感到神奇莫测。以为必有一种威力无比的神在操纵控制，因此就会惊异感叹进而祈祷膜拜。因而产生了多神教的信仰，形成原始宗教崇拜。这种信仰的特点在观念上是泛神思想，在形式上是"万物有灵"。于是皇天、后土、雷公、电母、山神、土地、水神、河伯，一一成了供奉的对象。他们以为人的生死寿夭、祸福灾患，莫不由神祇所掌。这些神祇，敬之祷之则得福，逆之触之则得祸，降及后世，神祇愈来愈多，农村中一家所敬的神祇，有皇天，有土地，有门神，有灶君，谷场中有谷神，水井旁有龙王，主管钱财的有财神，主管禄秩的有文昌，甚至于什么大仙、真人、仙姑、娘娘，都要在堂上占一席之地。这样一来，使人世间几乎全成了神祇的天下。

原始宗教崇拜，实际上也经历了一个发展过程：

形象上，从动物崇拜发展到人神崇拜。人们敬畏的对象开始是兽形神（万物有灵）；然后发展为半人半兽神（女娲），《史记》《三皇本纪》记载："伏羲氏之母华胥，履大人迹于雷泽而生包牺氏，蛇身人首。神农氏之母女登，感神龙而生炎帝，人身牛首"；最后发展为人形神（玉皇大帝）。

内容上，从图腾崇拜发展到祖先崇拜。图腾："他的族类的标志"，把某一类物当成自己的祖先。人类开始对于自己和其他生命并未有明确的认知，缺乏自我意识，因此把与自己的生存密切相关的生命当成自己的祖先加以崇拜。比如有的原始部落将蛇或者甲壳虫当成自己的祖先，因为它们曾经帮助他们战胜瘟疫、饥荒，使他们部族的生命得以延续。随着人们渐渐将人和自然分开后，物的图腾崇拜转化为人的祖先崇拜，于是出现了伏羲氏、神农氏、黄帝、炎帝等祖先崇拜的对象。祖先崇拜是人神崇拜的结合物。祖先崇拜近于一种英雄崇拜，英雄崇拜的进一步发展和英雄社会地位的进一步提升便形成了人格神崇拜。

人格神的出现也并不具有现代宗教的意义，中国道教中的八仙都是人格神，但仍具有原始宗教的性质——多神信仰，只有当多神崇拜发展到一神崇拜，现代意义上的宗教才诞生。这个一神已经被人性化，并赋予了至高无上的权利。这就是现代宗教中的上帝、安拉、佛……一神教的人格神产生，正如马克思所说的，是人间至高无上的统治在人们心中的虚幻的反映，一神教在天国的秩序实际上就是统治者在人间的秩序。神灵世界的统一正是人间世界要求统一的反映，神灵世界的统一过程，正是人间世界的统一过程的反映。基督教和伊斯兰教产生、发展历史正是人类历史发展分分合合的最好写照。

宗教是人类最早的意识形态之一，宗教发展至今，经典浩瀚，组织庞大，信徒众多，影响深远。目前世界 50 多亿人口约 30 多亿人信仰宗教。没有信教而受宗教影响的具有宗教观念和宗教感情的人就更多，当今世界，拥有人数最多的社团就是宗教。

据不完全统计，目前世界上佛教徒约 5 亿、基督教徒（天主教、东正教、新教）共 19 亿左右，伊斯兰教徒有 8 亿左右。

美国是宗教盛行的国家，信仰新教、天主教、犹太教。一次盖洛普民意测验统计，1500 名成年人中，就有 66%的人把上帝看作是注视他们行为的法官，87%人每天祈祷。

日本人信奉神道教和佛教的人数，有 8 千万左右，比总人口都多；前波兰 3700 万人口中，有 3300 万天主教徒；前苏联有 2 万多教堂，信仰东正教。

伊朗 95%信伊斯兰教，其中 90%是什叶派，伊拉克 96%是伊斯兰教徒，60%是什叶派，萨达姆侯赛因是逊尼派，占 40%，少数长期统治多数。

中国是个多宗教的国家。中国宗教徒信奉的主要有佛教、道教、伊斯兰教、天主教和基督教。中国现有各种宗教信徒 1 亿多人，宗教活动场所 8.5 万余处，宗教教职人员约 30 万人，宗教团体 3000 多个，宗教院校 74 所。

佛教在中国已有二千年历史。现在中国有佛教寺院 1.3 万余座，出家僧尼约 20 万人，其中藏语系的喇嘛、尼姑约 12 万人，活佛 1700 余人，寺院 3000 余座。道教发源于中国，已有一千七百多年历史。中国现有道教宫观 1500 余座，乾道、坤道 2.5 万余人。伊斯兰教于公元 7 世纪传入中国。伊斯兰教为中国回、维吾尔等 10 个少数民族中的群众信仰。这些少数民族总人口约1800 万，现有清真寺 3 万余座，伊玛目、阿訇 4 万余人。天主教自公元 7 世纪起几度传入中国，到目前为止，中国现有天主教徒约 400 万人，教职人员约 4000 人，教堂、会所 4600 余座。基督教（新教）于公元 19 世纪初传入中国，中国现有基督徒约 1000 万人，教牧传道人员 1.8 万余人，教堂 1.2 万余座，简易活动场所（聚会点）2.5 万余处。

目前，在世界上广泛流传和影响深远的宗教主要有三大宗教：基督教、伊斯兰教和佛教。此外，犹太教、印度教、道教、神道教在一些特定国家影响也非常大。比如以色列的犹太教、印度的印度教、日本的神道教等。可以说，现在世界上，不论信何种宗教，也不论哪一个民族、国家乃至个人信不信教，宗教信仰都无时无刻不在影响着国际间的交流，影响着国家的决策以及人们的社会生活，尤其是在有宗教信仰的国家里。布什就将反恐斗争定义为反伊斯兰法西斯的斗争。

3. 宗教的基本要素

宗教是建立在对超自然、超社会力量的信仰基础上的，但并不是所有对超自然力量的崇拜都形成现代意义上的宗教，现代意义上的宗教形成必须具备下列基本要素：

第一，超人间力量的盲目信仰——神的力量和境界。在各类宗教中，人们相信以不同方式存在的一个或多个被崇信的神灵以及由神灵存在而衍生的神灵世界的存在。比如基督教中的上帝、天堂、地狱，佛教教义中的佛、菩萨、华藏世界、西方极乐世界等。

第二，神灵崇拜的一系列礼仪规范。在宗教信仰中，信徒对于各自的神灵的信仰、敬重、服从，内在地通过对于宗教思想体系的相信，外在地通过一定的礼仪规范来进一步的提醒、约束。宗教礼仪一方面是宗教信仰本身的一种要求，同时也表达了信徒对于所信仰神灵的敬意、崇拜和对神灵世界境界的追求。

第三，特殊的宗教情感。宗教不是立足于理性的思辨和科学的论证，而是信仰者一种真诚而虚幻的心理需求，是一种坚定不移的追求。宗教信仰因为将未知世界的力量神秘化，因而会不自觉地对信仰本身具有一种畏惧和依赖，真实的宗教信仰必然会使信徒有一种特殊的宗教情感，信仰越深刻，宗教情感就愈强烈，甚至产生为了信仰而牺牲一切的精神。比如基督教十字军东征，伊斯兰教的圣战，佛教的自我牺牲精神。唐朝时期来到我国的印度高僧般刺密帝为将《楞严经》传到中国，将经书缝到胳膊里带到中国；鉴真和尚历尽千辛万苦东渡日本……这样的例子不胜枚举，反映了信徒对于信仰的虔诚与狂热。

附：据历史记载：中国隋朝天台宗智者大师，研究法华经，有一位梵僧对他说，其理论与《楞严经》相似，大师闻说，就希望有机会阅读此经，特别在天台山建筑一座拜经台，天天向西方礼拜，求此经早日传译中国，可惜直至圆寂，仍然无法得偿所愿。后来，有一位印度高僧般刺密帝，欲来中国弘扬此经，不幸被边防官员查获，竟被拘禁，不许出境。般刺密帝被监禁期满，回复自由后，再用白绢写此经，藏于手臂肌肉中，待伤口痊愈，然后出国；当时是中国唐朝时期，航海到达广州。适逢房融宰相，被贬在广州做官，见梵僧带来法宝，即请于光孝寺住，剖臂取经，以便翻译；但从臂中取出的白绢，却血肉拟成一团，无法开卷。房融宰相苦思无策，竟夕失眠；其女儿建议，用人乳泡白绢，使之溶化，洗去血迹，然后开始翻译。可知此经传译中国，实不容易。

第四，宗教思想与戒律。宗教是对宇宙人生的一种认识方式，从哲学的角度讲，是一种较系统化的世界观，因而，都具备较完备的思想体系，以揭示神灵、世界存在的合理性。同时，因为这些思想是对于神秘世界的一种虚化的反映，神秘世界是脱离现实生活的，因而往往要用一些戒律来维系这种宗教信仰体系。一般情况下，宗教思想和戒律就是伦理道德规范。主要用于调节人与神、人与人的关系。

第五，宗教组织和固定的神职人员及礼拜活动场所。

原始宗教中，哪里有神灵，哪里就有宗教意识。在宗教发展的高级阶段，建立起教堂、寺院、清真寺、道观、庙宇等，成为祈祷祭祀的中心。同时固定的神职人员和组织也相继出现。

4. 宗教的作用

宗教一旦产生，就会作为社会重要的文化现象，在人类社会的发展历程中发挥重要的作用。宗教作为意识形态，以其正反两方面的作用，在社会生活中影响深远。

第一，宗教对社会发展的规范作用。

宗教区别于其他社会意识形态的重要标志之一是它通过对超自然、超社会、超人间力量的认同，来把不同的个人和群体凝聚起来，形成一个具有相同信仰的共同体。宗教信仰实际上就是以超自然的神秘方式，借助于其庞大的组织结构，通过戒律、末日审判来控制信徒们的言行，又通过宗教教育的方法来影响人的思想观念，宣扬善有善报、恶有恶报，因而劝世人积极向善。使人们不至于因自己的苦难和困境而攻击社会，危害社会的稳定，达到规范社会的目的。马林诺夫斯基的功能学派认为：宗教的主要功能在于，将人类情感里、精神上、人格中的积极因素予以传统化、神圣化，从而既使个体的心理得以满足，又使社会的生活得以巩固。

宗教如何实现社会规范作用？

① 宗教通过一系列宗教礼仪和祭祀活动强化了人们对彼岸世界的认同，将信徒团结在神的光环下，融洽了现实的人际关系。宗教仪式所具有的聚合功能，能把人们聚合在一起，不断加强他们共同的联系，从而增强了社会的稳定性。宗教仪式还有助于建立一种对社会美好生活的愉快感受，特别当人类面临着灾难、失望、失去亲人，以及其他对社会稳定不利的威胁时，这种功能就具有特别重要的作用。

② 宗教通过对道德的吸纳和升华来加强其社会规范作用。

德国哲学家康德曾经说过，“这个世界唯有两样东西能让我们的心灵感到深深的震撼，一是我们头顶上灿烂的星空，一是我们内心崇高的道德法则。”宗教伦理思想可以内化为人们内心深处崇高的道德法则，有助于社会建立良好的人际关系。同时宗教思想为社会生活提供必要的自律精神，其成员在学习遵守宗教仪式时有助于发展其抑制力和控制力。

在 1993 年召开的世界宗教大会上提出的《走向全球伦理宣言》中，将世界上大多数宗教道德归纳为四项准则：坚持一种非暴力与尊重生命的文化；坚持一种团结的文化和一种公正的经济秩序；坚持一种宽容的文化和一种诚信的生活；坚持一种男女之间的权利平等与伙伴关系的文化。可以看出，宗教的伦理道德标准与世俗的伦理道德标准大致是一致的，所以可以作为一种伦理道德规范人的行为，使之符合社会的要求。宗教的信仰只要深入人心，就会成为一种自觉的力量，在一定程度上，会使一个人的道德水准和道德境界有所提高。

③ 宗教规范作用具有积极和消极两重性。宗教一方面对社会稳定和社会成员的道德自律起到积极作用，比如基督教的“神爱世人”精神激励每一位信教者以爱的精神对待他人，宽容他人。但另一方面，道德思想和自律精神不是建立在对社会发展的科学认识基础上，也不是建立在对人的全面发展的认识基础上，而是建立在所信仰的超自然的存在力量的基础上，即建立在对所信仰的神灵和境界服从和追求的基础之上，因而往往是以牺牲人的个性发展为条件的，基督教中的魔鬼为了将年轻人带坏，曾说“要让年轻人的时间属于他自己”，因为时间属于自己就不会再属于上帝，这对于基督教信仰来说就是邪恶。从此可以看出，宗教道德规范的消极意义。

第二，宗教的文化功能。

宗教是一种文化现象，宗教文化是一个奇特、复杂的文化体系，其核心自然是宗教信仰，小到特定内容的经文诗偈、碑铭楹联、书画雕塑、寺塔建筑等文化单元，大到宗教的音乐文化、美术文化、养身文化、医药文化、建筑文化、礼仪文化等，无一不是宗教信仰的衍生并为宗教信仰服务的，但除宗教意义上的文化内涵外，也融合人类其他文化思想与其中，不仅具有社会文化所具有的结构和形态（如物质文化、规范文化、精神文化），而且包含如哲学、科学、文学、艺术、教育、道德、法律、制度、习俗等人类文化思想。其中蕴含着丰厚的精神文化资源，具有重要的思想、伦理、审美和知识价值，需要我们去发掘、整理和利用。一是思想价值。传统宗教哲学思想在本质上是和唯物主义、无神论根本对立的，但作为人类文明史上巨大的哲学思想库存，其中却蕴藏着不少的思想财富：教育思想、经济思想、哲学思想；二是伦理价值。各大宗教包含着丰富的关于追求真善美、反对假恶丑的道德思想和观念，这些都是人类向往的道德理想和道德目标。传统宗教都把自己奉为神明的崇拜对象作为人类道德的源泉、完美品格的化身，要求信徒以其为榜样，不断完善自己的品格。各宗教都确立了扬善抑恶的道德原则，要求人们去恶从善，保持圣洁的美德：慈善、友爱、助人；三是审美价值。宗教经籍、宗教艺术和名山胜迹共同构成了丰厚的审美资源，可激发人们无限的想象力，提升审美境界。宗教在人类音乐、绘画、诗歌、雕塑等方面的成就和影响，功不可没，尤其在建筑上三大宗教都留下大量不朽的杰作，如米兰大教堂、巴黎圣母院、莫高窟、龙门石窟、清真寺等，都是我们现在研究历史和文化艺术的好题材。四是知识价值。由于宗教发展的历史，尤其是中世纪欧洲历史影响了人们对宗教的认识，一直以来，宗教与科学在人们心中似乎是水火不容，宗教不会有什么知识在其中，但宗教尽管是对现实世界虚幻的神秘性的反映，在神秘的面纱下，也蕴含着人们对世界的认知和智慧在其中，比如佛教对世界无限和有限的知识、基督教对经济反面的管理的知识、伊斯兰教禁忌所蕴含的生活常识、道教的养生之道等，这些知识，大多变成习俗对人们的生活产生影响。而且，在各种形态的宗教文化中的人文、自然知识，因蒙上了宗教信仰神圣、神秘的面纱，更加显得光怪陆离，意蕴独特。

宗教的文化作用在历史上起到沟通思想文化的作用。例如《圣经》自问世以来，成为全世界发行量最大的书，它促进各国对基督教包括拉丁语、希腊语的研究，《圣经》中关于创世纪等许多故事成为后来各国文学、艺术作品的题材。我国唐代玄奘的取经和鉴真的东渡，都对中外文化交流做出重大贡献。另外宗教劝人向善的思想，对改良道德状况、社会风气都有益处。但是，宗教在历史上经常被统治阶级利用，麻痹人们的思想、斗志，使人们逆来顺受地接受统治阶级的压迫与剥削，同时由宗教宣传的有神论与宿命论等观点，也阻碍人们正确认识自然和社会。这是宗教在文化功能上的消极作用。

附：在1620年清教徒首次到达殖民地时，当时的领袖都肩负着跟随探险商人的义务，而这些人所设计的即是一种空想社会主义的策略。虽然他们的想法很仁慈，但这些想法却对社会造成毁灭性的伤害。他们当时保持凡物公用的做法，认为人们工作是为了大众的利益，应该会创造极大的快乐、满足与繁荣。结果第一年的成绩是农作物歉收很多，许多人挨饿。而在人们极度的需要及多人饿死及病死的状况下，接续的一年情况仍然继续发生，在那时，半数的殖民地人口都已死亡。因此，在1623年布雷德福宣告，自此以后，这种凡物公用的实验，即社会主义的实验，将正式放弃，每个人都会得到一块属于自己的土地，可在其上耕耘并照顾自己的家人。如此，他们实践了帖撒罗尼迦后书3章10节所说的："若有人不肯作工，就不可吃饭。"结果是人们快活地工作，那些装病的男人现在亦积极地回到田野中工作，甚至女人也迫不及待地去工作。在此之前，女人在田野中工作被认为是一项暴行，而现在她们可以带着自己的孩子快乐地为家庭付出劳力。结果是接下来的一年迎接了一次极大的丰收，一场盛大的感恩节在美国全地展开了庆祝。

第三，宗教对人类历史的影响。

拿破仑的政治权势是何等威风，但是他说：如果有哪一个罗马皇帝能在坟墓中继续统治，那是不可思议的，但耶稣基督就能如此。在每一个特定的宗教文化圈内，宗教对其历史的影响是非常巨大的，尤其是在宗教鼎盛时期的传播和扩张时期。即使是现在，世界范围内的宗教影响力仍然决定相关国家的政治、经济、文化、外交策略。

基督教产生于西亚的犹太地区，后来发展成为中世纪占统治地位的宗教。在欧洲列强的殖民主义扩张过程中，基督教打着传播上帝福音的旗号，伴随着殖民主义的掠夺、屠杀、宗族灭绝，十几亿信徒遍布了世界一百多个国家，使基督教成为世界性宗教。十字军东征摧毁了伊斯兰世界的统一。基督教的精神也渗透到世界各国的文化中，基督教的工作伦理成为世界各国的准则。

伊斯兰教在阿拉伯半岛上地位的巩固和传播，是通过先知穆罕默德领导的“圣战”实现的。穆罕默德在迁往麦地那的传教和建国过程中，先后以“圣战”名义发动了60多场战争，公元630年攻克麦加，清除了克尔白神庙360多尊偶像，结束了阿拉伯是世界多神信仰的混乱时代，统一了阿拉伯国家，又使得伊斯兰教在整个阿拉伯世界广泛传播。随着阿拉伯世界的强大，以伊斯兰教义为核心的文化兴盛，加强了与世界各国的文化往来，并将伊斯兰的教义传向世界各地。阿拉伯现代国家建立是在伊斯兰教的改革旗帜下完成的。现在，世界的动乱和恐怖分子的频繁活动，与伊斯兰教世界内部和外部矛盾仍然有很大的关系。

与上述两大宗教相比，佛教的传播比较温和一些，没有惨烈的战争厮杀，但佛教对东方世界的影响也非常大，印度孔雀王朝的阿育王统治时期，将佛教带到中亚、西亚、包括中国，对中国封建王朝统治产生重大影响。

附：“新教的工作伦理”（“基督徒的工作伦理”）

第一，我们不再忧虑、焦急，这些因素都会挫败及限制人们的能力。圣经告诉我们：“应当一无挂虑。”

第二，我们得到神的帮助及支持，祂给我们额外的能力来完成我们的任务。

第三，我们得到从神而来的新智能及新点子，“你们中间若有缺少智能的，应当求那厚赐于众人的神。”

第四，我们这群蒙救赎的人得到了保护及继续前进的力量。即使在遭遇失败的时候。

第五，我们对所做之事情有一个目的，无论是什么样的工作，都是为荣耀神而做。“在任何事上都要做得好，做任何事都要为神的荣耀而做。”这是很多信徒的座右铭。

5. 我国的宗教信仰政策

宗教是具有长期性的社会历史现象，它的产生原因是复杂的，即使在今天的社会主义国家里，也不可能在短时间内消亡，所以对待宗教应该有正确的态度。

(1) 宗教信仰政策

我国宪法规定：任何国家机关、社会团体和个人不得强制公民信仰宗教或不信仰宗教。公民有信仰宗教的自由，也有不信仰宗教的自由；有信仰这种宗教的自由，也有信仰那种宗教的自由；在同一宗教里，有信仰这个教派的自由，也有信仰那个教派的自由；有过去不信教现在信教的自由，也有过去信教现在不信教的自由。

依法有效地保护宗教信仰自由、正常的宗教活动以及宗教团体。引导宗教与社会主义社会相适应，与社会发展和文明的进步相适应。必须反对封建迷信。坚决打击邪教组织，维护公众利益和法律尊严。

(2) 迷信与宗教对社会的不同作用

迷信和宗教都是唯心主义世界观，在这一点上，宗教和迷信有相同之处，都相信未经证实的事物。但宗教不同于迷信，首先宗教是理论化、系统化的思想体系，并通过遵守经典、教义、教规、戒律来实现其宗教信仰，有较严密的组织机构和团体，有特定的神职人员和活动场所，宗教对社会和历史文化的作用有很大的积极作用。迷信没有系统的思想，常常表现为随意性的编造和欺骗，利用人们对事物的愚昧无知和宿命思想，通过算命、驱鬼、占卦以至于恐吓等低劣的手段骗取钱财，散布腐朽的东西蛊惑人心，对社会起破坏作用，迷信思想实际上是原始宗教相信万物有灵观念的现代版，所以，作为当代大学生，应当对迷信采取坚决的抵制态度，树立科学的世界观。

(3) 宗教与邪教的不同作用

邪教组织一般都打着正统宗教的旗号，但其所发挥的作用完全是反社会、反人类、反科学的。邪教组织一般有几个特征，即秘密结社、组织严密、搞教主崇拜、聚众敛财、对抗社会、藐视生命、宣扬世界末日……利用威胁、恐吓等手段，在思想上、行为上控制信徒，在必要的时候，不惜牺牲信徒生命，诱导他们与社会对立，害人害己。邪教问题目前是世界各国政府所面临的严重社会问题之一。像日本奥姆真理教东京地铁施放毒气事件、2000 年乌干达“恢复上帝十戒运动”邪教组织 530 余名教徒自焚事件等，对此，各国政府都采取了坚决取缔和依法惩治的态度，对那些受邪教蒙蔽才参与邪教组织的一般群众，采取耐心教育，使他们从思想上彻底转变，尽快脱离邪教组织，积极投身到社会建设中来。

二、基督教与基督教文化

基督教是在犹太教的基础上发展起来的，是目前世界上信奉人数最多（约有 19 亿信徒）和分布最广（几乎遍布世界各国）的宗教。基督教包括天主教、基督教新教、东正教和其他一些小教派。它与伊斯兰教、佛教一起并称世界三大宗教。基督教的核心内容可以概述为三个“一”：即一信（信仰救世主基督）、一经（信仰《圣经》）、一洗（信仰受洗）。基督教产生是人类历史上一个重大事件，在以后漫长的世界历史进程中，基督教的精神、活动、教义深深地影响着人类的文化发展和人类对于神秘世界的认知，并且构成欧洲文化的主体内涵，渗透到社会生活的各个方面。

1. 基督教的产生

(1) 基督教产生的过程

基督教于公元 1 世纪产生于耶路撒冷，公元 4 世纪成为罗马教皇的统治工具。基督：古希伯来文（古犹太语）“弥赛亚”，救世主、受膏者之义（犹太人相信最早的国王由上帝将膏油涂在头上）。凡信仰耶稣为基督的人就叫基督徒，人们对自己幻想中的救世主赋予“耶稣”的名字，加上救世主的称号。

创始人耶稣，亚伯拉罕的后裔，大卫的子孙，《圣经》记载是神的化身，是上帝的独生子，是救世主，是“三位一体”的神。公元 6 年生于拿撒勒犹太家庭。是圣母玛丽亚受上帝圣灵感孕，上帝在梦中告诉玛丽亚的丈夫约瑟说“只管娶过你的妻子，因他所怀的孕是从圣灵来的”。

耶稣 30 岁开始在巴勒斯坦传教，宣传天国的福音，并表现神迹（哑巴说话、瞎子复明、死人复活……）因此遭到巴勒斯坦犹太教祭司和罗马官员的嫉恨，被犹大出卖，4 月 17 日受难，被罗马总督比拉多钉死在耶路撒冷的小山上，三天以后复活、升天。由此，基督教产生。

耶稣十字架受难后，其门徒继续传教；保罗改革基督教教规，冲破犹太教族教一体限制，开始在非犹太人中传教，为把基督教推向世界，扫除了由于风俗习惯而造成的严重障碍。基督教在希腊罗马文化区域传播的过程中注意吸收希腊罗马文化，这为基督教后来成为罗马帝国的国教创造了条件。

起初，罗马帝国迫害基督教，公元70年，耶路撒冷被毁，基督教的传播中心转到邻国叙利亚，门徒自称基督徒。

313年，君士坦丁大帝颁布米兰诏书，基督教成为罗马帝国所允许的宗教。391年，罗马皇帝狄奥多西一世宣布它为国教。从此，基督教在罗马帝国全境广为传播，整个地中海沿岸地区很快基督教化了。

由于语言方面的原因，基督教在广泛传播过程中，逐渐走向分裂。

罗马帝国说希腊语的东部地区，神学家称为“希腊教父”；说拉丁语的西部地区，神学家称为“拉丁教父”。两种语系在对教义的理解中存在分歧。392年，罗马帝国在内部矛盾和外族入侵下分裂为以罗马城为中心的西罗马和以君士坦丁堡为首都的东罗马，从而加速了基督教内部分裂。476年，西罗马帝国灭亡，西欧封建制开始，教皇制建立，1054年，基督教大分裂，形成以罗马为中心的天主教和以君士坦丁堡为中心的东正教。后期在宗教改革过程中形成许多新的教派，统称基督教。所以目前基督教在世界各地的传播有天主教、东正教、基督教，这里所说的基督教为改革后的新教（路德教、加尔文教等）。

附：犹大：掌管钱袋的，为三十个银币出卖了耶稣，耶稣受难前，他带领祭司指认耶稣，“犹大之吻”、“恶意亲近”就成为叛徒的代名词。后犹大很后悔，将钱币放圣殿上，自缢而亡。祭司认为钱不能用，买了一块田埋葬外乡人，叫“血田”。

(2) 基督教产生的背景

思想上的渊源

基督教吸收犹太教关于先知复活思想（弥塞亚、伊什玛目）。犹太教认为当人们面临苦难的时候，就会有先知来到这个世界上，代表上帝帮助人们解脱苦难。但犹太教是族教一体的民族，他们认为只有他们才是上帝唯一的选民，基督教去掉犹太人是唯一选民的思想，最后发展为普世的一种宗教。同时，基督教也吸收了庸俗化的古希腊哲学，将所崇尚的理性演化为“逻格斯”、“太一”“上帝”等宿命论和神秘主义思想。认为基督教中的救世主就是“三位一体”的神，不再是上帝派到人间的先知，是圣父、圣子、圣灵三位一体存在。

现实根源：罗马帝国压迫和民族压迫的产物

基督教产生于犹太教基础上，在公元1世纪上半期巴勒斯坦和小亚细亚一带的犹太下层人们中产生，是为了解脱现实苦难而创立的。公元前最后几个世纪，罗马帝国对外扩张，一跃成为地跨欧、亚、非的大帝国。公元前63年侵占了巴勒斯坦，开始对犹太人进行残酷统治，阶级矛盾和民族矛盾激化，犹太人爆发了几次反抗起义，都以失败告终，数万人被钉死，7万人以上被卖或沦为奴隶。以至于“没有地方再放十字架，没有十字架再钉人”。对于悲惨处境的哀叹，对压迫者的仇恨，对前途的绝望，使苦难深重的犹太人将希望寄托在天国和救世主的身上。正在此时，耶稣已经开始在犹太人中传教，宣传救世的理论，基督教由此诞生。

产生的本质

宗教是被压迫者生灵的叹息，是人们对现实苦难的抗议。恩格斯说基督教是“被压迫、被奴役、沦为赤贫的人们的生路，只是这出路不在人间，而在天国。”早期基督教将救世主比喻成“羔羊”，将统治者比喻成“七头十角兽”。预言羔羊会战胜“七头十角兽”，罗马统治会受到审判，信仰宗教的人将来都会升到天堂。以一种虚幻的承诺，解脱了受压迫、奴役的犹太民族的现实苦难，这是“羔羊”战胜“七头十角兽”的唯一办法。基督教在以后发展的过程中，不断完善经典理论，其中也不乏对世界的理解和认知，比如：世界的产生、正义的由来、人性中恶的理解等。

2. 基督教的基本信仰和经典

(1) 经典《圣经》

《旧约》：包括《律法书》、《先知书》、《圣录》。

《律法书》：摩西五经（创世纪、出埃及记、利未记、民数记、申命记）。

《先知书》：记录以色列人征服迦南到公元前586年“巴比伦囚徒”的历史。

《圣录》：正统的文学作品。

《新约》：包括《福音书》、《使徒行传》、《书信》、《启示录》。

(2) 基本信仰

信仰三位一体的神（圣父、圣子、圣灵）、信仰耶稣，相信圣灵感孕、道成肉身，相信耶稣基督是为了替人赎罪而受难，相信复活和救世思想。

因信称义：因信得救。信到什么程度，就会对神和教义理解到什么程度，就会得到多少的眷顾。《圣经》中记载上帝使瞎子重见光明、聋子听到声音、麻风病人瞬间痊愈……的神迹，都是因为他们全心全意地信仰神灵。耶稣说：我的话如同种子，落到肥沃的土壤中，会长出参天大树，落到石子上就会被鸟吃掉，落到路边就什么也长不出来。

神爱世人与末日审判——爱邻如己。基督教宣扬一种博爱的精神，每一位信仰基督的人，都要向世人传达上帝之爱，甚至是对你的敌人。在基督教的主祷词中明确地表达了这一思想，“你们饶恕人的过犯，你们的天父也必饶恕你们的过犯；你们不饶恕人的过犯，你们的天父也必不饶恕你们的过犯。”所以如果有人打你的左脸，你也将右脸给他打，因为审判在神不在人。

原罪思想。基督教的原罪思想在《圣经》中有记载，人类的祖先亚当和夏娃因受到蛇的诱惑，吃了伊甸园中的智慧果，从此有了是非善恶美丑的分别心，因而获罪，这就是人类的原罪，所以被上帝派到人间。原罪思想实际上是人对自身智慧的一种判断，在基督教信仰中，人的智慧不像上帝那样全知全能、平等无私，而是有邪恶在其中，所以人会犯罪，人需要赎罪，也需要上帝帮助救赎。原罪思想催生了西方另一种智慧——如何避免人恶的本性的制度和法律。

附：人类第一次严肃地讨论到人的里面是有罪的，并深入洞悉人的罪性及其完全的堕落。16世纪的改革家认定人类所有的才干能力，包括思想都是堕落的，因此，人类的理性不足以被依赖来推论出所有的真理，像先前希腊人高傲地推测那样。因为人类的罪性及其为了自身利益而扭曲事情的倾向，使得理性需要以实验作为背后的支持。你可能还记得，科学是理性与实验、理性主义与经验主义等的混合，这种推论法与归纳法的结合导致了科学及其成就，因此，所有的理性主义应该是由实验主义作其背后的支持。但某些基督徒，特别是加尔文教派的基督徒，对人类完全的堕落是采取非常严肃的态度，他们认为即使是人类的实验也可以被扭曲成罪的延伸，因此，只有在圣经的光中的评价才有可能是正确的。基督徒相信神已经在两部书中启示了祂自己——大自然及圣经——它们分别代表了一般性的启示及特别的启示。培根这位因发展科学方法而有功于世界的人士，如此写道：“有两本摆在我们面前的书可以让我们研究，它们可避免让我们陷入错误之中。第一本是圣经，它向我们启示了神的旨意，然后是大自然，它表现出了神的能力。”

创世说，灵魂不灭和世界末日思想。除佛教以外，创始思想基本上是所有宗教的共同思想，他们相信世界是由他们的神灵创造出来的，人也是由神灵创造出来的，有始就有终，所以人有世界末日的审判，对于有限的人的生命存在而言，要接受上帝的审判，必须让生命无限延伸。

(3) 基本教仪与节日

洗礼：加入基督教的必做仪式。圣餐：也叫圣体、圣事、主的餐。礼拜：礼敬上帝。每到周日，教徒集中到教堂听经、礼拜，由教会组织。

节日最隆重的是圣诞节：12 月 25 日耶稣降生。圣诞节前一天晚上是平安夜；复活节：每年春分后第一个星期日（星期五为受难日）。据说耶稣受难后第三天复活。

附：主祷文：

我们在天的父，愿人都尊你的名字为圣，原您的国降临。愿您的旨意行在地上，就如同行在天上。我们日用的饮食，今日赐给我们。免我们的债，如同我们免了人的债。不叫我们遇见试探，救我们脱离凶恶。因为国度、权柄、荣耀全是你的，直到永远。你们饶恕人的过犯，你们的天父也必饶恕你们的过犯；你们不饶恕人的过犯，你们的天父也必不饶恕你们的过犯。阿门（心愿如此、诚心所愿）！

3. 基督教的发展与十字军东征

(1) 罗马教皇制的确立

教皇：来源于拉丁语 PAPA，其原意为父亲，早期教会对一般高级教士的尊称，可称呼任何主教，后随着教阶制度的发展，这一名词，逐渐只限于五大主教（罗马、亚历山大利亚、安提克、耶路撒冷、君士坦丁堡），后被罗马教皇垄断。

教皇奉彼得为第一任罗马教皇，因为《马太福音》记载基督将“天国的钥匙”交给了彼得，要把教会建立在这“磐石”上。公元 2 世纪，教会结成一体，组织严密，主教地位崇高，信仰稳定，经典编成，情况与使徒时代大不相同，自此，教会得以保全了有历史性的基督教信仰。

基督教诞生后的几个世纪里，基督教在罗马传播，逐渐由不合法走向合法，由统一走向分裂。

罗马帝国分为说希腊语的东部地区、说拉丁语的西部地区，基督教也随之逐渐分化为以希腊地区为中心的东派，神学家称为“希腊教父”；以拉丁语系为中心的西派，神学家称为“拉丁教父”。西部地区的拉丁教父奥古斯丁的神学思想几乎支配了西部教会一千年，并对后来的基督教新教产生重大影响。公元 170 年教会自称公教会（普世之意，后演变为正统之意），罗马帝国大分裂以后，公教就成为以西欧拉丁教会为主的“罗马公教”或“天主教”。西派不断扩张势力，逐渐控制帝国西部各地教会，罗马主教发展成罗马教皇。与此同时，东方君士坦丁堡主教也控制了东方四大教区（亚历山大利亚、安提克、耶路撒冷）。313 年，君士坦丁发布《米兰敕令》宣布基督教合法，从此罗马走向政教合一。330 年，君士坦丁大帝把罗马帝国的首都从罗马迁往“新罗马”，即君士坦丁堡（现今土耳其的伊斯坦布尔）。君士坦丁堡成为罗马帝国的新的政治和文化中心，当时基督教神学思想的中心在东部。391 年，罗马皇帝狄奥多西一世宣布它为国教。从此，基督教在罗马帝国全境广为传播，整个地中海沿岸地区很快基督教化了。公元 395 年，罗马帝国在内部矛盾和外族入侵下分裂为以罗马城为中心的西罗马和以君士坦丁堡为首都的东罗马。随着东西罗马的分裂，基督教也开始分裂为罗马天主教和东正教。西罗马帝国皇权统治衰落，教皇充当了行政代理人。罗马教皇是西罗马权力的中心，能左右王权和军事领袖。476年，西罗马灭亡，教会实力得到发展，教皇统治确立，教阶制形成[教皇—大主教—主教（修道院长）—神父—其他神职人员]。中世纪教皇制之父——教皇格里高利一世（590～604年）积极传教，推广修道院，成为罗马真正的统治者。公元8世纪，“丕平献土”，教皇国出现，教皇的实力进一步加强。11世纪，格里高利七世开始垄断教皇称号，罗马教皇权威才真正确立。罗马教皇成为天主教的最高统治者。东罗马帝国挡住日耳曼等部族的入侵，皇权稳定，教会长期处于皇权控制之下，并把它的政权一直保持到1453年土耳其人攻克君士坦丁堡。

1054年，东部教会和西部教会互相宣布把对方驱逐出教，标志着西部的罗马天主教（或公教）和东部的正教（或东正教）分道扬镳，这种分裂一直保留至今。斯拉夫地区置于东部教会的影响之下，俄罗斯人和塞尔维亚人成为东部教会的信徒，但西部教会也在波兰等地站住脚。

公元12～13世纪教皇统治达到顶峰。公元14、15世纪教皇权力急剧下降。公元14世纪，教皇普尼法斯八世与法王腓力四世斗争失败，抑郁而死；1309～1378年历时70年法国控制教皇，历史上称“阿维农之囚”；宗教改革运动剥下神秘外衣；法国大革命，拿破仑剥夺了皇权的世俗统治；意大利统一运动中（1848～1870年）退居梵蒂冈。

附：1.“丕平献土”：公元8世纪，罗马教皇受到外族人和阿拉伯人的威胁，教皇和法兰克王朝结盟，法王丕平在754、756年两次出兵意大利，打败外族的侵略，丕平把意大利大片土地献给教皇。丕平之子查理大帝由教皇加冕皇帝后，给予教皇更大的特权，尊重教会在西欧的统治地位。

2. 梵蒂冈（Vatican）是位于意大利首都罗马西北高地上的城国，全称梵蒂冈城国，面积0.44平方公里，为世界上最小的国家。以梵蒂冈城墙为界，包括圣彼得广场、圣彼得大教堂、教皇官等。主要人口为意大利人，信奉天主教。首都梵蒂冈城。1870年意大利王国消灭教皇国，教皇退居梵蒂冈官中，世俗权力结束。1929年2月11日墨索里尼为求得教皇的支持，承认梵蒂冈为属于教皇的主权国家，教皇在其领土上拥有世俗统治权。梵蒂冈是政教合一的国家。教皇是首脑，拥有立法、司法、行政权。教皇自称为“基督在世代表”。教皇由红衣主教团成员以2/3多数选出，任职终身。梵蒂冈现在100多个国家和地区派有“圣使”、“代表圣使”或“宗座代表”。

(2) 基督教中世纪的统治

基督教的发展是同欧洲的历史一同展开的。公元476年，西罗马帝国灭亡，敲响了西欧奴隶制的丧钟，揭开了欧洲封建社会的序幕，欧洲进入了中世纪的统治。基督教开始由罗马传遍欧洲。

精神统治：中世纪的历史是神权当道的历史。希腊哲学成了基督教哲学的婢女，人类的理智不能不屈从于对神话的信仰，理念的绝对性，不得不屈从于神-上帝-基督的抽象观念的绝对性。基督教在发展壮大的过程中，不断地完善《圣经》中的思想体系，对上帝三位一体的存在、上帝全知全能的创造力、天堂、地狱、原罪说、赎罪说、末日审判都有了更详尽的论证。僧侣成为中世纪封建主义思想的代表。公元8、9世纪“经院哲学”形成，开始论证上帝的存在和教义、信条。托马斯·阿奎那是典型代表，他认为：宇宙的一切都是上帝的秩序使然，社会等级是宇宙等级的一部分，罗马教皇是上帝在人间的代表。宇宙的等级是无生命世界—植物界—动物界—人—圣徒—天使—上帝。为了巩固基督教的地位，加强对教徒进行精神统治，在中世纪的欧洲，设置了许多宗教裁判所，对异教徒进行迫害。

反对科学、垄断教育、搞文化专制：排斥、摧残古希腊文化，因此古希腊文化流入伊斯兰教国家，影响、融入伊斯兰文化，文艺复兴时的古希腊文化精神就是由阿拉伯地区传回。反对一切科学，对科学家进行迫害。法国神学家阿伯拉尔在巴黎大学讲学，提出“先理解后信仰”，遭到教会的谴责，幽禁于修道院而死。英国哲学家奥卡姆主张二元真理，提出著名的“奥卡姆剃刀”被判刑。牛津大学教授罗吉尔·培根提出实验科学方法，被认为是“与魔鬼打交道的人”，关进监狱14年，78岁被释放，2年后死去。文艺复兴时迫害两位天文学家布鲁诺和伽利略……除此之外，他们用荒诞迷信的方式来愚弄信徒，崇拜圣徒，如果有病，用圣徒的遗物或基督教咒语来治病。有些地方有虫灾，也用咒语。甚至教科书中也有很多完全违背科学和常识的内容。

经济统治：福音书说“骆驼穿过针眼，比财主进入上帝的国还容易”，然而教会成为欧洲最富有的财主。教皇、红衣主教、主教、修道院长都是封建主，拥有的土地占西欧三分之一。对信徒征收十一税，向信徒出卖赎罪券、出卖圣像，用圣像治病索要黄金无数，黄金要用升来量。仅教皇收入就十分可观，有教皇国赋税收入、向天主教国征收的十一税、国君向教皇进贡、13世纪始侍臣国定期交“彼得便士”、十字军东征纳税、教皇委任下属的“任命费”、巡礼费、视察费、特别费……教会可以在经济上对西欧各国进行统治。

政治统治——教权至上：教皇制建立以后，教皇的地位越来越高，权力越来越大，一度超过王权，在教皇鼎盛的英诺森三世统治（1198～1219年）时期，干涉德意志皇帝选举、迫使英王纳税、干预法王腓力二世的离婚案、干预西班牙莱昂国王的婚事，西班牙、葡萄牙、匈牙利、丹麦都要臣服于他，军事上通过十字军东征政府、掠夺伊斯兰教和东正教国家。

附：“卡诺莎之行”：德意志国王亨利四世为限制教皇权利，宣布罗马教皇由王室选出，废除现任教皇格里高利七世，教皇马上宣布废除国王，国王势力衰退，为保住王权，国王赤脚在雪地里站三天，才得到赦免。“卡诺莎之行”成为耻辱的代名词。

(3) 十字军东征

1096年，罗马教皇多尔班二世号召西欧基督徒组织起来，远征东方异教徒，发动了历时两个世纪的侵略战争。因以十字架为标志，称十字军东征。十字军东征是罗马教廷、西欧封建主和商人对于中近东地区进行的侵略战争，目标是地中海东岸的伊斯兰教国家。罗马教廷号召基督徒“夺回主墓地”、“解放耶路撒冷”。这场战争的原因表面上是宗教之间的战争，而实际上则是西欧封建社会内部矛盾的产物。

1096～1099年第一次东征，教皇亲自组织“僧侣骑士团”派往东方，法、德、意三国骑士和没受过训练的农民组成十几万人的队伍，主要由法国的“圣殿骑士团”、意大利的“医院骑士团”、德国的“条顿骑士团”组成，1097年会聚君士坦丁堡。

血洗耶路撒冷，在地中海沿岸建立四个殖民国家。耶路撒冷七万居民被杀，其余不论阿拉伯人、犹太人、叙利亚人、亚美尼亚人，也不论犹太教徒、穆斯林或基督徒都沦为骑兵的奴隶。《耶路撒冷史》记载“如果你站在那里的话，你的脚直到腿上会染上死人的鲜血”，一个十字军统领“金条和金币在库房里堆积如山，好像农民茅房里的萝卜和青菜”。

1147～1149年第二次东征失败，12世纪后半期阿拉伯民族英雄萨拉丁（1138～1193年）自称素丹（苏丹），统一一些伊斯兰教小国，以埃及为中心建立阿尤布王朝，多次打败十字军入侵，1187年收复耶路撒冷。多尔班三世惊愕而死。

1189～1191年第三次东征，人员由德、法、英三国封建主组织，德国三万人先出发，一路掠抢，引起拜占庭帝国不满，暗中与萨拉丁勾结，设置障碍，1190年6月，红胡子腓特烈渡河时溺水而亡，德军瓦解，无功而返。英出兵较晚，1191 年到达地中海东岸，与当时的埃及统治者萨拉丁签约：耶路撒冷归属埃及，基督徒可以进入耶路撒冷。

1202～1204 年，教皇英诺森三世时期（基督教统治鼎盛时期）发动第四次东征，主要是为了攻打拜占庭帝国（基督教国家）。当时拜占庭由于王位之争，失利一派要求罗马教皇帮助，条件是将东正教奉献给教皇。1204 年 4 月在威尼斯商人的帮助下，英、法、德组成的东征军，攻陷君士坦丁堡，千年古城毁于一旦，君士坦丁堡图书馆化为灰烬，十字军战利品堆积如山，建立拉丁国家。1261 年，被拜占庭人民武装起义推翻，重建拜占庭帝国。

1212 年第五次儿童十字军东征，由于十字军运动转入低潮，天主教会散布迷信观念，说成年人罪孽深重无法解救耶路撒冷，只有纯洁无瑕的儿童能得到神恩，感动上帝。于是由一个 12 岁法国牧童司提芬斯领导的三万儿童走上了“圣墓”的道路。七艘船，两艘沉没海底，五艘停靠埃及，全被船主卖做奴隶。同年，德国组成两万童子军，三分之二途中死去，剩下的到意大利溃散，闹剧就此收场。

“实际上，十字军东征对欧洲的历史影响超过了对中东的影响，使欧洲人冲出黑暗时代、开放思想和扩大眼界的正是中东的艺术思想及重新发现了同东方的贸易。十字军远征既是出于虔诚，也是出于冒险和聚敛财富”。伊斯兰世界因十字军东征四分五裂，伊斯兰世界的历史结束了。

4. 基督教宗教改革运动

“将恺撒的还给恺撒，将上帝的还给上帝”——《圣经》。

揭露了基督徒的双重身份，同时也蕴含了天国与现实的矛盾、等级制度的矛盾。矛盾的展开过程，就是皇权与教权、神权与人权、科学与迷信的斗争过程。表现为一系列的政治的、宗教的、科学的、文化的社会运动。

由于中世纪以来基督教的广泛影响，任何社会运动和政治运动都不得不采取神学的形式。正如恩格斯所说“一般针对封建制度发出的一切攻击，必然首先是对教会的攻击，而一切革命的社会政治理论大体上必然同时就是神的异端。”（恩格斯《德国农民战争》）。宗教改革的实质是资产阶级反对封建主义统治的一次运动。

（1）早期宗教改革运动

14、15 世纪，英国宗教改革的启明星维克里夫于牛津大学毕业，反对教皇权，支持国家主权，主张简化教义，反对向法国控制下的教皇纳税。1382 年，被坎特伯雷主教定为异端。1384 年去世，1414 年，被教会宣布为“异端首领”，焚烧著作，焚尸扬灰。

捷克胡斯所领导的农民战争是宗教改革的先声。胡斯是布拉格大学校长，1402 年开始传教，反对德国向捷克移民，反对特权，成为爱国运动的一面旗帜。1415 年，教皇以异端处死胡斯，他的遇难，引发了一场农民战争——胡斯战争。这场战争虽然失败了，但却沉重打击了教会势力。

（2）宗教改革运动

德国马丁路德的宗教改革运动：德国宗教改革是“资产阶级反对封建主义制度的长期斗争中第一次大决战”——恩格斯。1515 年，路德在德国维登堡教堂门口贴出墙报《关于赎罪券效能的辩论》，宣称《圣经》是信仰的依据；反对赎罪说、教权至上论；主张皇权来自上帝，世俗权利可以约束教权；人人都有神性，都可升天堂。经过不懈的斗争，1555 年，教皇承认了路德新教，称“路德教”、“信义宗”，是新教中第一大宗派。

瑞士加尔文教改革：法国人加尔文，在瑞士进行改革，主张因信称义、命定说；反对罗马教皇的权威，主张教会内的民主，牧师负责教堂布道，教师管理教会学校，执事掌管慈善机关，长老是教会中心人物，由选举产生，成立国王、教会、国会三级机构，使教会“民主化”、“共和化”，1541年，他成为日内瓦共和国政教合一的领袖。

日内瓦称为“新教罗马”，加尔文被称为“日内瓦教皇”。在迫害科学方面，新教比旧教有过之而无不及。1553年10月27日将血液循环的发现者塞尔维特烧死。

加尔文教改革引发反对封建专制尼德兰革命，英国资产阶级革命也在加尔文教中找到理论依据。“加尔文教的教会组织是完全民主的、共和的，而在上帝的王国已经共和化的地方，人间的王国还能够从属于君王、主教和领主吗”（恩格斯）？

附：德国历史学家兰克说：“加尔文是美国真正的立基者。”法国历史学家论到加尔文派的教徒时说道：“这些人是英国真正的英雄……他们建立了苏格兰；他们建立了美国。”另一位法国学者和历史学家杜奇尼说：“加尔文是最伟大的共和国家的立基者。”他把美国列为是共和国家之一。

19世纪美国最伟大的历史学家之一班克罗夫特称加尔文就是“美国之父”，并补述道：“不尊敬这份回忆和尊重加尔文之影响的人，就是不知道美国自由之来源的人。”

英国宗教改革运动：16世纪20年代，罗马教皇不批准英王亨利八世的婚事，成为英国宗教改革的导火索。英国的重商主义也使他们不能容忍黄金白银外流（向教皇纳税），所以英国在威克里夫宗教异端学说基础上实行宗教改革，确立国教“安立甘教会”。

宗教改革内容：英国宗教法庭改为国王法庭；取消教皇的审判权，交给国王；国王为英国教会在人间的最高领袖；重新任命坎特伯雷大主教；没收教会的财产；有限放宽宗教政策。这次宗教改革使加尔文教等新教在英国传播。受加尔文教民主思想的影响，1572年，英国资产阶级清教徒（信仰加尔文教）要求国会改组教会，废除主教制，建立长老制，这一主张得到下议院的广泛支持，却遭到伊丽莎白女王和斯图亚特王朝的迫害，清教徒部分逃到荷兰、部分逃到北美洲。

附：1620年9月12日一批清教徒102人乘“五月花号”商船，从英国普利茅斯港启程，去英国在美国的殖民地弗吉尼亚，途中遇到风浪，九个星期后（11月21日），到达美国的马萨诸塞州德科恩角，建立清教徒第一个殖民地“普利茅斯村”，第二年，在印第安人的帮助下，学会种植，为庆祝丰收和感谢上帝的恩典，定下每年11月第四个星期四为感恩节。现是全美最隆重的节日。

1620年11月11日在船上制定生活政治纲领《五月花条约》，是体现“公正而平等的法律、法令、规章”，这一条约规范殖民地大半个世纪，成为美国历史上第一个资产阶级纲领。

英国资产阶级和新贵族把清教作为战胜国王的旗帜，1640年革命，1688年建立君主立宪制国家。1689年，国会通过《容忍法》，宣布安立甘为国教，可以信仰自由。

宗教改革的结果使天主教会的势力节节败退；资本主义思想、制度在欧洲确立；引发了法国启蒙运动，现代资产阶级人权思想产生。在以后的意大利统一运动中，将罗马定为首都，教皇退居梵蒂冈。1929年，教皇签订《拉特兰条约》，正式承认意大利国王和意大利首都罗马。作为交换条件，意大利政府承认教皇拥有梵蒂冈城，天主教为意大利国教，有派遣使者的权利。政府出18亿里拉补偿教廷的经济损失。

附：宗教改革的前奏——文艺复兴运动

欧洲文化启蒙运动

文艺复兴是14～16世纪欧洲文化和思想发展的一个历史时期，是欧洲历史上一次重大的新文化运动，是人类历史上一个百花齐放、硕果累累、群星争艳、人才济济的光辉时代。恩格斯称之为“人类从来没有经历过的最伟大、进步的变革”，“是一个需要巨人而且产生巨人”的时代。古希腊、古罗马时期是欧洲人都引以为豪的光辉时代，是欧洲文化史上的一个高峰。倡导“复活”、“再生”，古希腊、古罗马文化掀起了从文化到社会各领域的变革活动。“文艺复兴”由此得名。

文艺复兴产生的原因

文艺复兴实质是资产阶级的文化启蒙和解放运动。这一时期所宣传的思想是人文主义，主张以个人作为衡量一切事物的尺度。人文主义者重视人的价值，提倡个性与人权，主张个性自由，反对天主教的神权；主张享乐主义，反对禁欲主义；提倡科学文化，反对封建迷信。

文艺复兴运动是欧洲历史上一次思想大解放，表达了资产阶级破除封建思想体系的精神桎梏，解放生产力、建立新的生产关系的要求。文艺复兴运动对欧洲乃至世界的社会、文化的发展起了重要的推动作用。

文艺复兴诱发了宗教改革，开创了现代世俗国家的雏形；文化领域内以个人为本的内容及严谨典雅的形式都成为后世学习的典范；人文主义者的杰出贡献奠定了现代自然科学的基础——追求理性真理。

“旷世奇才”达·芬奇（1452～1519年)。作为文艺复兴时期最杰出的代表人物之一，在多方面显示了他的才能。他留下了7000多张画稿。他的画善于突出人物个性，通过动作、姿态来表现人物内心活动，将科学的准确性和高度想象力结合起来，取得了杰出的成就。他的代表作是《最后的晚餐》和《蒙娜丽莎》。达·芬奇、米开朗琪罗、拉斐尔并称文艺复兴的“艺术三杰”。

莎士比亚（1564～1616年）代表作品主要是《威尼斯商人》、《仲夏夜之梦》、《第十二夜》、《罗密欧与朱丽叶》、《哈姆莱特》、《奥塞罗》、《李尔王》、《麦克白》、《安东尼与克利奥佩特拉》。莎士比亚作为人类历史上最优秀的作家之一，深刻揭示了封建社会的各种矛盾，生动描写了这一时期英国乃至欧洲社会的形形色色的人物，间接反映了一般人的情绪和愿望。他手下的人物多种多样、栩栩如生、富有个性，展示了广阔的社会生活图景，从古代到当代，从宫廷到战场，从城市到乡村，从英国到意大利，五光十色，斑驳陆离。

5. 基督教对世界历史的影响

宗教本身就是一种以信仰为核心的文化，是整个社会文化的组成部分。千百年来，基督教文化作为世界文化的重要组成部分，不仅对教徒的精神生活产生了深刻的影响，而且对整个世界的文化发展也发挥着重要的作用。

世界历史，尤其是欧洲的历史从基督诞生以后，就一直受到基督教正面的或反面的影响，基督教精神渗透到欧洲的政治、经济、文化、道德等各个领域，欧洲历史上所发生的一切事件——先知的信仰、基督精神的复活、宗教裁判、学校教育的开始、宗教改革运动、文艺复兴运动、科学精神的产生、资本主义精神确立、奴隶解放、宗教战争都与宗教有直接或间接的关联，甚至也是因为反对基督的存在，出现了尼采和希特勒、出现了无神论思想。用一位西方基督徒的观点来说，“如果耶稣从未出生，这世界将远比今日更为悲惨。事实上，许多人类最高贵和最仁慈之行为的动机，都是来自于对耶稣的爱；而一些最伟大的成就，也源于对这位拿撒勒卑微木匠的事奉”。在客观上，基督教确实改变了人们对生命价值的认识；促进了西方教育和科学的发展，世界上最好的大学是基督徒为基督教的目的而创立的，如牛津、剑桥、哈佛、耶鲁、普林斯顿和其他大学等，后来这些大学由服务上帝走向服务社会；由于基督所宣扬的奉献精神发展了慈善事业、医学事业；《圣经》中关于经济的思想激发了“新教的工作伦理”——即鼓励发展、创造财富、管理财富；同时基督教的道德伦理思想和文学艺术思想也深深影响了人类世界的发展历史。基督教世界许多伟大的艺术杰作都有基督教的主题或背景。欧洲的许多大教堂名列世界著名的建筑物，可以说它们的灵感即来自耶稣。

附：1. 奉献精神：英国基督徒政治家威伯福斯，经过二十年锲而不舍的努力，终于终止了从非洲到西印度的奴隶买卖。议会全面通过了禁止贩卖奴隶的法案。接着他又不屈不挠地奔走努力，以求能释放英国领土中的奴隶；这场战事持续达二十五年之久！即使有不断的反对和嘲讽，他完全将此追求的方向当成是对耶稣基督的服事。在他临终的病榻上，他接获了议会决议释放奴隶，并拨付两千万英镑用以释放英国本土剩下的所有奴隶。就在1833年的那一天，七十万个英国奴隶真正得到了释放。

19世纪中叶，邓南特（1828～1910年），瑞士的银行家、慈善家，开始推动人类有史以来最伟大的人道主义活动——成立国际红十字会。

现代护士的鼻祖南丁格尔（1820～1910年）是从耶稣基督的榜样得到她事业的灵感。她非常的敬虔，虽然她的神学认知并不全然合乎正统；然而若没有基督的启发，她不可能完成她所做的一切。若没有基督，就没有南丁格尔。她对人类的健康有极大深远的影响。

巴斯德医生（1822～1895年）是位虔诚的基督徒，他在医学和健康领域的贡献至今仍大有影响；他对细菌方面的研究始于杀菌和消毒的工作，并研发出多种致命疾病的疫苗，包括狂犬病、白喉等。

2. 科学成就：以下是一些信仰《圣经》的杰出科学家，是这些人奠定了下列科学的基础

防腐外科（手术）——利斯特	电磁学——法拉第
细菌学——巴斯德	动力学——开尔文
微积分学——牛顿	活昆虫学——法布尔
天体力学——克卜勒	流体力学——斯托克斯
化学——波义耳	银河系天文学——赫歇尔
比较解剖学——居维叶	瓦斯动力学——波义耳
计算机科学——巴贝奇	遗传学——孟德尔
动力学——牛顿	冰河地理学——阿加西斯
电子学——弗莱明	妇科医学——辛普森
电动力学——麦克斯韦	非欧几里得几何学——黎曼

3. 文学艺术：米开朗琪罗（1475～1564年）是著名画家、雕刻家、诗人和建筑家。他的画主要以圣经和宗教题材为内容，体现了市民阶级的人文精神。他的作品大都是教堂里的壁画和雕塑。雕塑的代表作是他为家乡佛罗伦萨创作的大卫和摩西塑像，而绘画代表作则是罗马西斯彻堂天花板上的大型天顶画《创世纪》和祭坛后的壁画《末日审判》。《创世纪》描绘了数以百计、体形魁梧的人物，歌颂了为神学所贬低、却为大自然和造化称颂的人。它共有9幅主体画：《神分光暗》、《创造日月》、《授福大地》、《亚当的创造》、《夏娃的创造》、《逐出乐园》、《诺亚祝祭》、《大洪水》、《诺亚醉酒》。

拉斐尔（1483～1520年）作品融合了意大利两个世纪以来艺术品的精华。他所画的圣母像已不再是虔诚教徒所崇拜的圣母玛丽亚，而是城市市民阶层所欣赏的贤妻良母型的女

性。自1508年起他花了近十年时间为教皇的梵蒂冈宫殿画壁画，创作了总名为《教权的建立和巩固》的系列壁画。他首先以文化的四个领域——神学、哲学、法律和诗学为主题在教皇的签字大厅里画了四个女神像，然后以此像对应分别在四个角落和四面墙上画了四幅壁画，其中最有名的是《雅典学院》。

6. 基督教在中国

基督教在中国传播的历史，既是文化侵略的历史，也是文化的传播和融合的历史。

天主教第一次传入中国在贞观九年（公元635年），唐太宗派重臣房玄龄从郊外将阿罗本迎入长安传教，称为景教。长安有大秦寺，是景教教堂，会昌法难（845年）时被废弃，2000余人被逐。

元朝有两位传教士先后到中国传教，称也里可温（有福缘的人）。

方济各·沙勿略1540年奉葡萄牙国王之命、教皇使者之名，到亚洲传教，1551年，在日本川岛病故，正值中国封锁海岸，没能进入中国。

第二位是利玛窦30年后从澳门进入中国，1582年（明万历十年）受命葡萄牙到澳门学汉语，因受佛教的影响，所以穿和尚服，教堂为“仙花寺”，人称“西僧”。主张“耶儒结合”，后病死北京，明神宗以陪臣之礼入葬。

清军入关到康熙年间，基督教第三次进入中国传教，信教人数达30万。后因为礼仪之争，一度受挫。

礼仪之争是天主教在如何对待中国祭祖和祀孔问题上发生的争议。刚开始在中国传教允许中国教徒有中国礼仪，后来，罗马教皇不允许中国教徒祭祖和祀孔，于是发生争执，最后发展为罗马教廷和清朝皇帝的公开冲突。1700年，康熙皇帝表示祭祖和祀孔是中国传统礼俗，与宗教无关，但教皇肆意干涉，1704年11月20日定“禁约”。禁止天主教徒遵守本国习俗，并派代表到中国谈判，被驱逐出境，1720年，教皇妥协，1742年，又重申禁令，督促中国天主教徒顺从教皇，乾隆下令严禁传教，1757年中国开始闭关直至鸦片战争爆发。

鸦片战争时期，清政府被迫取消禁令，基督教第四次进入中国，主要以新教为主。新教在中国的传播，从1807年（清嘉庆十二年）开始，英国传教士马礼逊到中国传教，26年后死于广州。1840～1949年，洋教士蜂拥而至，信徒发展到70万，教堂4726所，大专院校13所，中学240所，小学6812所，师范院校28所，护士学校58所，医院332所，出版机构39所……因伴随侵略而来，中国出现“反洋教运动”。

1949年新中国成立以后，基督教逐渐实现中国化、本土化。1950年，1500名教会人士发起的三自爱国运动：“自治、自传、自养”。“培养一般信徒的爱国民主精神和自尊自信心理。”1954年7月中国基督教第一次会议，建立三自爱国委员会。十一届三中全会后发展迅速，在三自基础上，提出三好：“治好、养好、传好”。新中国成立后基督教在中国的发展特点：求大同存小异；信仰上互相尊重；礼仪上尊重中国传统。

三、伊斯兰教与穆斯林世界

伊斯兰教是一个包括僧侣的总体的一元化的生活方式；是一套信念和崇拜方式；是一个广泛而又相互联系的法律体系；是一种文化和一种文明；是一种经济制度和一种经营方式；是一种政体和统治手段；是一种特殊的社会和治家方式……

——［英］格弗雷．H. 詹森《战斗的伊斯兰》

伊斯兰：阿拉伯语，恭顺和平之意，公元7世纪产生于阿拉伯半岛，创始人穆罕默德（意为受到高度赞扬的人），经典《古兰经》（古兰：阿拉伯语吟诵、诵咏）。

传播主要地区：亚洲、非洲。现在以西亚、北非、南亚、东南亚最为盛行。世界三大穆斯林国家：印度尼西亚（一亿五千万人）、巴基斯坦（一亿）、孟加拉国（一亿）。

穆斯林：相信除真主外、再无神灵，穆罕默德是真主的使者的人（万物非主，唯有真主。穆罕默德，主之使者）。

1. 伊斯兰教的产生过程

"伊斯兰教产生以来的十四个世纪里，他常常是战争、暴力、狂热行为的根源，但也是慷慨好义、美好事物和鼓舞人心的源泉。"

——《伊斯兰教与穆斯林世界》

伊斯兰教是东西文化融合的产物，是在继承和改造阿拉伯古代宗教信仰以及犹太教、基督教的基础上形成的。阿拉伯世界的纷争和苦难则是伊斯兰教创立的现实根源。统一阿拉伯世界及五花八门的宗教信仰是伊斯兰教创立的根本任务。

(1) 伊斯兰教产生前的阿拉伯世界经济、政治、文化背景

阿拉伯半岛位于亚、非、欧三大陆中心，两侧是红海和波斯湾，连同埃及和肥沃的新月地带（伊拉克、叙利亚、黎巴嫩、巴勒斯坦、约旦和以色列）形成东西方交通天然走廊。也门（幸福吉祥之意）是半岛文明的发祥地。公元6、7世纪商道的出现，从也门出发，沿红海东岸到亚洲大陆。麦加和亚特里布（麦地那）在商道上。贵族在经营上利润丰厚。麦加的克尔白神庙供奉阿拉伯人奉为神物的黑色陨石和古来氏的神"安拉"及其他部落的神，阿拉伯人每年到麦加朝圣，带来麦加市场经济的繁荣。

除也门和小块绿洲外其余为沙漠地带，居住居民为"贝都因"人：沙漠居民之意。从事游牧业，逐水草而居。贝都因人热情好客、放纵不羁、坚韧耐劳，也常因水草和珍宝而结下血仇，互相报复。当时整个阿拉伯半岛没有统一的政府机构，如果发生战争和仇杀，由各部落自己解决，有的战争甚至延续几十年。战争导致商业的破坏和人们生活的困苦，加剧了社会矛盾。

公元525年埃塞俄比亚攻占也门，控制商道45年之久。570年波斯驱逐埃塞俄比亚人，另外开辟从波斯湾经两河到地中海的贸易。半岛生活、经济受到严重影响，阶级矛盾、民族矛盾、宗教矛盾尖锐，需要建立一个强有力的国家政权。

伊斯兰教也是东西方文化融合的结果。

阿拉伯人是闪族的一支，其半岛的性质，决定了他们不太受外界的影响。伊斯兰教产生以前，阿拉伯总体属于以血缘关系为基础的氏族社会。部落服从由传统观念和习俗形成的法律。犹太教在公元前传入阿拉伯半岛，基督教经叙利亚和埃塞俄比亚传入半岛，波斯拜火教随波斯入侵传入半岛，使阿拉伯多神教信仰受到很大影响，穆罕默德正是在经商的过程中接受了犹太教和基督教的影响，才成为阿拉伯一神教信仰的创立者。

正是阿拉伯世界经济、政治、文化上统一的要求，诞生了一个伟大的历史人物穆罕默德，并因他而创建了伊斯兰教——阿拉伯世界统一的思想武器。

(2) 伊斯兰教的产生过程

伊斯兰教产生起源于一位著名的历史人物的生活和著作。穆罕默德这位伟大的宗教领袖，在7世纪阿拉伯搭好的舞台上，创建了世界上第三大宗教。

穆罕默德的祖先易卜拉欣据说是主安拉的使者，他打碎偶像、建克尔白神庙、使阿拉伯人朝觐麦加，并为了表示自己对主的忠心，献祭自己的儿子伊斯玛仪。易卜拉欣献祭的故事影响到穆罕默德的祖父，为了答谢安拉赏赐的多个儿子，承诺自己的诺言，曾将自己的儿子献祭安拉，后来人们用100头骆驼赎回，他就是穆罕默德的父亲。

穆罕默德（570～623年）出生于麦加古莱氏部落哈西姆氏族的一个没落的贵族家庭，他父亲结婚后外出经商时病死他乡，穆罕默德是遗腹子，六岁丧母，由祖父和叔父抚养成人，先后当过牧童、商店老板的伙计，曾受雇于一位富商寡妇卡狄加（赫蒂杰），经商途中经叙利亚，接受了犹太教和基督教的思想。穆罕默德25岁和他的雇主卡狄加结婚。后来卡狄加成为他忠实的追随者，卡狄加为他生六子，只有一个女儿死于穆罕默德之后，丧失儿子，导致关于继承人的争议，从而分裂了伊斯兰大家庭，卡狄加死后，穆罕默德又娶了几个妻子。丧子之痛，使穆罕默德思考生命和阿拉伯的未来，610年，天使加百列对他说，“你以真主的名义传道……”从此伊斯兰教诞生。

穆罕默德的传教有些与众不同，《古兰经》记载“一位至高无上的主所敬重的庄严而威武的使者，向穆罕默德献了身”。据说每一次天使的降临，都令穆罕默德大汗淋漓，浑身发抖，他正是受了这种力量和信仰的鼓励而去执行他的使命——口诵《古兰经》，宣传对于真主安拉的信仰。穆罕默德不识字。“以前，你不会读书，也不会写字。假如你会读书写字，那么，反对你的人必定怀疑”（《古兰经》）。

头三年里，信徒寥寥，只有三十几个皈依者。古莱氏人初期对他们很严酷，615年他被软禁，619年妻子和伯父去世（悲伤之年），620年穆罕默德乘天马从麦加到耶路撒冷“登霄”，黎明前飞回麦加。伊斯兰教在《古兰经》记载：“赞美真主，超绝真主，他在一夜之间，使他的仆人，从禁寺行到远寺的周围降福，以便昭示我们他的一部分迹象。”耶路撒冷的“飞马墙”和萨赫莱圆顶清真寺的巨石与升天有关。据说“登霄”之后，更多人相信伊斯兰教。

621年是改变穆斯林历史和世界历史的重要一年。亚特里布（麦地那）因部落纷争财源枯竭，派12人代表团与穆罕默德达成协议，要穆罕默德去帮助管理，622年由75人组成的亚特里布市民与穆罕默德订立“阿克巴誓约”，正式邀请穆斯林迁到麦地那。622年7月15日，穆斯林开始分批迁到麦地那，在麦地那，伊斯兰教得到完善和发展，开始从传教转向建立政教合一的政府。622年7月16日是伊斯兰纪年的开始（元年元月）。一般来说，穆斯林在商业和国际事务中用公历，在宗教事务中用回历。

(3) 伊斯兰教的传播过程是阿拉伯世界的统一和扩张的过程

统一麦地那

迁到麦地那以后，穆罕默德做了两件事情：一是将穆斯林结为兄弟；一是与当地的犹太人结约互相支持。很快伊斯兰教统一了麦地那，建立了以信仰为纽带的一个政治社团（乌玛）。穆斯林公社建立以后，由于犹太人首先破坏了所结约定，穆罕默德先后用武力把四个犹太部落驱逐出去，使麦地那成为伊斯兰教大本营。

同时，穆罕默德进行了一系列的改革，为实现统一阿拉伯世界作准备。两性关系的改革：反对一夫多妻制，但允许娶四个妻子，丈夫善待妻子，妻子不可以炫耀美色。经济方面：维护财产私有权，女人、孩子有继承权。生活习惯上：不允许饮酒（第一条禁令）等。道德方面：公正、廉洁、诚实、宽恕、行善等。礼仪方面：五功（念功、拜功、斋功、课功、朝功）。

“知识是我的资本，理智是我的信仰，友爱是我的根本，渴望是我的交通工具，感念安拉是我的安慰，信心是我的宝藏，忧虑是我的伴侣，学习是我的武器，忍耐是我的衣服，知足是我的战利品。清贫是我的荣誉，修身是我的职守，确信是我的力量，诚实是我的护身之宝，服从是我的功勋，勤奋是我的秉性，礼拜是我的喜悦。”这是穆罕默德用以鼓舞穆斯林的格言。

白德尔之战与联盟之战

“先知啊，你要鼓励诚心者奋勇歼敌，以一当十”。

伊斯兰纪年9月，穆斯林为夺回他们的财产，在麦加贵族经商回来的路经之地白德尔，以少胜多，夺回了财产。为纪念白德尔之战的胜利，确定伊斯兰教教历9月作为斋月（3～4月间），使伊斯兰教有了鲜明的阿拉伯色彩。同时，由于与麦地那犹太人冲突，使礼拜转向麦加的克尔白神庙，确定易卜拉欣和伊斯玛仪为麦加禁寺的创建人和朝觐的发起人。

麦加贵族为了报复，发动伍侯德之战（625年），穆斯林失利，627年麦加贵族发动联盟之战，穆斯林在沙漠风暴的帮助下取得胜利，并与麦加贵族签订了“侯达比亚协议”，协议休战十年，穆斯林可以进入麦加三天行礼拜之礼。这一协议标志阿拉伯世界开始承认伊斯兰教的合法地位，血统关系建立的氏族解体，单一的麦地那穆斯林公社建立，从此开始建立伊斯兰教国家。并开始异国传教，号召各个国家人民信仰新宗教。

收复麦加

由于罗马帝国对阿拉伯世界的征服和统治，引起整个阿拉伯世界的不满，629年穆斯林征战罗马帝国，穆尔塔之战失利，但赢得阿拉伯世界的支持。

穆尔塔之战的失利，麦加人认为穆斯林力量薄弱，首先破坏了侯达比亚条约，630年，穆斯林近万人攻打麦加，和平进入麦加。将麦加定为伊斯兰圣地，克尔白神庙改为清真寺。打破偶像，留下陨石。

631年，代表团之年，阿拉伯半岛各国先后派遣代表团到麦地那，接受伊斯兰教。

公元632年6月8日穆罕默德在麦地那他最喜爱的妻子阿琦沙屋内病逝。依据他的遗言就地安葬。穆罕默德在麦地那壮大了他的信仰，同时又长眠这里，使得麦地那成为伊斯兰教的又一圣地。此时，阿拉伯世界基本统一。

2. 伊斯兰教的基本教义

(1) 基本信仰

信仰安拉是宇宙中唯一的主宰。“一切赞颂全归真主，全世界的主，至仁至慈的主，报应日的主。我们只崇拜你，只求你的佑助，求你引导我们上路，你所佑助者的路，不是受谴怒者的路，也不是迷误者的路。”

信仰穆罕默德是主的使者，反对三位一体的神，相信没有人能介入安拉和人之间。穆罕默德被称为最后的先知。《古兰经》记载有28位先知，其中阿丹（亚当）、努海（诺亚）、易卜拉欣（亚伯拉罕）、穆萨（摩西）、尔萨（耶稣）和穆罕默德最著名。

信仰末日审判。伊斯兰教认为真主安拉，将会在某个特定的时间对一切活着的和死去的人进行审判，那时，做坏事的、不信主的都将受到审判，并下到地狱中去受苦。

信仰经典《古兰经》和《圣训》（穆罕默德言行录）。没有单独的宗教机构、神职人员。

(2) 伊斯兰教的五功

念功：“万物非主，唯有真主，穆罕默德，主之使者。”凡当众念诵此言，即是作证了自己的信仰。

拜功：拜前六个天命（六个必须遵守的前提条件）：水净、衣净、处所净、举意、认时、朝向正。

礼拜种类：主命拜（每日五拜和每星期五的聚礼、殡葬礼）、圣行拜、自行拜。

清真寺召唤就开始做礼拜："安拉至大，安拉至大，我作证，除安拉外，再无神灵。我作证，穆罕默德带来了安拉的启示。快来礼拜，快来礼拜。万事如意，万事如意。安拉至大，安拉至大，除安拉外，再无神灵。"

伊斯兰教聚礼的地方在清真寺即麦斯吉德，一般由个人或慈善组织建立，并为其付养护费。

课功：又叫天课，每位教徒缴纳一定数量的钱财，用于救济穷人和困难的人，也用于宗教事务花费。交完天课以后的钱财才可以给自己带来平安和安拉的护佑。

斋功：9月为斋月，主要是为了庆祝白德尔战役。斋月开始，穆斯林从黎明到暮昏，不吃、不饮、不抽烟、不同房，老人和病人会受到特殊的照顾。10月1日为开斋节。

朝功：是伊斯兰一切教派共同参加的活动，是穆斯林团结的象征，是大规模的纪念易卜拉欣的仪式。易卜拉欣献祭的启示是：只要信仰真主，就会得到仁慈和公正的对待。

礼拜中心：克尔白神庙，圣物是玄石，外面是渗渗泉。

礼拜过程：进入麦加反复唱道："主啊，为了响应你的号召，我来了，我来了，你没有同事，我来了！一切赞美、喜悦和尊严都属于你。我来了。"

回历12月8～12日集体礼拜克尔白，是大朝、正朝、主命朝。这些天以外的礼拜为副朝。

正朝：穿着合适的服装，摆脱世俗的杂念，到达麦加，径直去禁寺，在那里沐浴，然后进入院子，吻一下玄石，逆时针绕玄石七周（三快、四正常），每绕一次，摸一下玄石。

朝觐给沙特阿拉伯带来巨大利益。

(3) 伊斯兰教节日

开斋节：肉孜节，10月1日（斋戒最后一天看到新月的次日），互道节日祝福，互赠礼物。

宰牲节：古尔邦节，12月10日参加朝觐的最后一天举行会礼，以杀牲献祭为内容。目的是感念安拉，接近安拉。

圣纪节：纪念穆罕默德诞生日，也是逝世日。这一天赞美穆罕默德的行仪。

(4) 伊斯兰教的习俗

饮食禁忌：禁忌很严格，禁自死物、血液、猪肉。

婚仪：结婚由教长和阿訇证婚。

割礼：12岁以前完成。

教历：太阴历。以月亮的圆缺定月，两个相同月相的时距是29天12时44分2.8秒，因此，单月30天，双月29天，12个月为一年，有闰日无闰月，逢闰年闰月12月为30日。这一历法年为354天8时48分33.7秒。所以岁首可以在公历的任何季节。

在莱罗的尼罗河上有一座桥命名为"十月六号"，在附近沙漠里有一座城市叫"斋月十号"，其实两个日期标志着同一件事——1973年10月6日阿拉伯世界对以色列战争的开始(第四次中东战争)。

(5) 伊斯兰教的基本思想

宿命论：伊斯兰教相信一切都在真主的安排之中，只要顺从教义做事就可以了，据说有一位年轻人因为不知道穆罕默德怎样吃西瓜，《古兰经》又没有记载，就终生不吃西瓜。但实际上，伊斯兰教并不是完全的宿命论，据说在沙漠中，一位年轻人问穆罕默德"我应当拴住骆驼还是信赖真主?”穆罕默德回答:“信赖真主并拴住骆驼。”这与中国“尽人事以听天命”相近。

沙里亚:依据宗教制定的法典。人们的日常经济生活、政治生活、文化生活都依据沙里亚规定。

吉哈德:圣战思想:一切为了信仰而战的人都会得到真主安拉的眷顾升入天堂。统一是当时阿拉伯世界的生存的需要和必然,穆罕默德以及他的伊斯兰教正是顺应这一历史使命应运而生,他听从时代的召唤,带领穆斯林通过圣战的方式统一了阿拉伯世界。如今,时代变了,圣战的思想就被赋予新的解释。

对待异教徒的态度:伊斯兰教在开始统一阿拉伯世界的过程中,对待异教徒的态度是比较温和的,只要他们改信伊斯兰教,就会得到与穆斯林同等的待遇。但反对多神教信仰,认为多神教者只能当奴隶,要打破偶像;犹太教和基督教是有经人,地位特殊,要尊重他们。所以在阿拉伯的犹太人没有受到像欧洲各国那样的迫害。

3. 穆斯林世界的形成和伊斯兰教分裂

(1) 关于继承人问题

穆罕默德逝世后,因无男性继承人,发生了争夺权利的斗争,穆斯林分成四派:迁士派(从麦加迁到麦地那的穆斯林)、辅士派(麦地那当地的穆斯林)、阿里(穆罕默德堂弟)派、倭马亚贵族派。

第一位哈里发:迁士派的艾布·伯克尔(632~634年),镇压叛乱部落,进攻波斯和拜占庭帝国,开始了穆斯林对世界进行的征服扩张和殖民。

第二位哈里发:欧麦尔(634~644年)占领叙利亚、波斯、埃及等地。

第三位哈里发:倭马亚代表奥斯曼(644~656年),651年,派代表到中国修好(唐高宗永徽二年)。655年,击败拜占庭舰队,取得海上优势,生活上追求享乐,懦弱无能,656年,被阿里组成的什叶派刺杀身亡。

阿里任第四任哈里发,正式汇编《古兰经》。

“骆驼之战”:穆罕默德遗孀阿琦莎骑骆驼与阿里战斗,最后阿里胜利,阿里是历史上第一位领导穆斯林之间战争的哈里发。

倭马亚王朝建立:阿里被刺,穆拉维夫成为第五任哈里发,定都大马士革,建立倭马亚王朝,中国史称“白衣大食”,该派支持逊尼派。旗帜尚白,占领北非,攻占法国南部,驱逐拜占庭。

阿拔斯王朝建立:穆罕默德叔父的玄孙联合什叶派于750年推翻了倭马亚王朝,建立阿拔斯王朝(750~1285年),定都库法,后迁都巴格达。旗帜尚黑,我国史称“黑衣大食”。阿拉伯世界进入黄金时期。扩张基本停止,政治稳定,经济繁荣,文化昌盛。埃及、古巴比伦、印度都纳入其版图。

十字军东征,使阿拉伯世界四分五裂。1258年,蒙古人的入侵,攻陷巴格达,阿拉伯帝国结束,同时也永远地结束了阿拉伯人在伊斯兰教中的主宰地位。

(2) 伊斯兰教的分裂

由继承人问题演化而来。伊斯兰教分成逊尼和什叶两派。

逊尼派(85%):伊斯兰教的正统派、主流派,相信穆罕默德是最后的先知,真主是唯一的主宰,《古兰经》和圣训都是伊斯兰教的经典。主要分布:北非、埃及、巴勒斯坦、叙利亚等地。

什叶派：伊斯兰教最大的反对派。宗派、党徒之意，该派认为穆罕默德死后，应由阿里及其后裔任哈里发，该派只信奉《古兰经》，不承认圣训为经典，主要活动地为伊朗、伊拉克、埃及。

什叶派相信阿里是第一位伊玛目，有解释宗教权。这是什叶派和逊尼派最大的区别。什叶派阿里和儿子侯赛因的死，给什叶派注入一种赞美和渴望殉道的情感，他们藐视政治上的空谈家和温和派，往往带着极端性和神秘性。

逊尼派和什叶派的分歧和矛盾一直持续到现在，并常常引起穆斯林之间的战争和报复行为。前伊拉克总统萨达姆就是因为对什叶派的残酷镇压，引起伊拉克人民的不满，统治被推翻。伊朗什叶派领袖霍梅尼也是一位令美国和基督教世界十分反感的人物，他的去世，竟令西方世界大为欢欣。

伊玛目：心间之光、信仰内悟，即真主赐给人们内心的信仰基因。伊玛目是神之存在的承受者，是真主与人间的中介，从神的光中产生。

4. 伊斯兰教的改革

蒙古人攻陷巴格达以后，伊斯兰世界再也没有统一强大起来，随着西方资本主义势力的渗透，伊斯兰世界的生存与发展越来越受到威胁，穆斯林渴望统一的阿拉伯世界的辉煌和发展，从18世纪开始相继进行了一系列的改革复兴运动。

(1) 伊斯兰复兴运动

公元18世纪瓦哈比运动。领导人是出生于阿拉伯的阿卜杜勒·瓦哈比（1703～1791年），提倡净化信仰，消除腐败，正本清源，恢复《古兰经》和圣训的权威，反对盛行于阿拉伯半岛的苏菲主义，主张圣战实现主命。瓦哈比运动不仅是一次规模宏大的宗教改革运动，而且是带有民族色彩的社会政治运动（反对埃及的统治）。1910年创立了兄弟会式的组织，建立了沙特阿拉伯国家（1926年）。瓦哈比运动对伊斯兰世界有明显的影响，托故改制和以批判的态度对待伊斯兰文化，成为伊斯兰效仿的榜样。

伊朗的巴布运动：19世纪上半叶，什叶派相信每千年就会有一个伊斯兰教的复兴者，相信在伊朗会有伊玛目降临，帮助复兴伊斯兰教，相信这次运动的领导人是巴布。

(2) 泛伊斯兰运动

公元19世纪下半叶兴起，提倡开展广泛的伊斯兰教的宣传活动，强调逊尼派与什叶派的团结，号召对欧洲列强进行圣战。口号：全世界穆斯林联合起来。

新泛伊斯兰运动：公元20世纪60年代，泛伊斯兰主义重新抬头，倡导在当代情况下，加强伊斯兰国家的团结，开展经济、政治、文化、科技、教育等方面的合作，希望建立统一哈里发领导下的伊斯兰教国家联盟。

(3) 当代伊斯兰复兴运动

穆斯林兄弟会的建立：埃及宗教家哈桑·班那（1905～1949年）领导穆斯林反对英国的殖民统治和文化渗透，改变时风日下的社会风气，恢复伊斯兰教的真正信仰，正式建立伊斯兰兄弟会。开始是一个非暴力组织，后出现恐怖主义倾向，20世纪70年代，穆斯林兄弟会发展为一个国际性的伊斯兰教反政府组织，在埃及、苏丹、约旦势力很大。

(4) 伊斯兰教政治化、政治伊斯兰化

受穆斯林兄弟会的影响，新的反政府的派别出现，如：伊朗的“号召党”、土耳其的

“救国党”、黎巴嫩的“真主党”和“阿迈勒运动”、阿拉伯半岛的“伊斯兰革命阵线”、“巴勒斯坦解放阵线”……大家都打着伊斯兰招牌参与伊斯兰世界的宗教政治斗争。

附：三个国际性组织建立：

世界穆斯林大会：1926年在麦加成立，非政府机构，1949年迁到土耳其的卡拉奇，宗旨是宣传教义。

伊斯兰世界联盟：1962年在麦加成立，非政府组织，主要利用一年一度的朝觐，举办各种会议，讨论问题，传播教义，消除不良影响，维护穆斯林的权利，建立国际间的和平、和谐、合作。

伊斯兰会议组织：1970年在吉达成立，政府间的组织，影响最大，成员国最多。目的：促进伊斯兰各国间的团结，加强各国在经济、政治、文化、科技及其他重要领域的合作，努力根除一切形式的殖民主义，促进合作。伊斯兰议会组织还下设机构，如伊斯兰发展银行、伊斯兰团结基金会、伊斯兰国际通讯社、伊斯兰文化艺术研究中心。

(5) 原教旨主义运动（复古主义）

哲学家斯宾诺莎说：“当我面对人类行为时，我总是谨慎而努力，不去嘲笑，不去悲伤，不去谴责，而是去了解。所有的人类事务都与我们有关；作为人类，我们应该要理解其他人们所做的任何行为”。

在任何宗教中，“原教旨主义”思想早有存在，但“原教旨主义”一词起源于20世纪初的美国新教教义。1910～1915年，在尼亚加拉河流域和纽约流传着一些名为“原教旨主义”的小册子，而“原教旨主义”一词也便由此而来。

基督教原教旨主义：

五条基本教义：圣经全文神圣，字句永无谬误；基督为神，能行神迹；耶稣为人类代死赎罪；耶稣是童贞女圣母所生；耶稣复活并将以肉身再度降临；救世主耶稣即将再次出现。

基督教原教旨主义反现代性并选择性地反对历史和科学发现。谴责现代流行文化，比如电影、重金属音乐和舞蹈、中性化——比如女人穿短裤或者男人留长发以及酗酒。原教旨主义者认为应对这些行为进行十字军圣战，比如：法律许可的堕胎、同性恋权力、在公立学校进行革命教育、共产主义等。同时也要为争取以下行为进行十字军圣战：在学校的祈祷、在公共场合推行十戒以及增加军费支出等。

伊斯兰原教旨主义基本要义：

严格意义上的“伊斯兰原教旨主义”的意思，在阿拉伯的形式中是“吟诵”，意思是先知穆罕默德从神那里听到了声音并将它们一字不落地复述出来而组成话语，“吟诵”因此是绝对正确的、必须被遵循的。所以，伊斯兰原教旨主义的核心内容就是反对现代性的启蒙价值。目标是拯救穆斯林认同，以防它被现代西方文化和全球主义同化。

在现代，原教旨主义表现为伊斯兰主义。伊斯兰主义不仅是一种宗教，而且是一套政治系统，推动一个国家依照伊斯兰教义的原则发展。提倡圣战“吉哈德”——为遏止本人的基本欲望而奋斗、为保卫穆斯林团体而奋斗、为扩张真主安拉的领地而奋斗。因此，有舌头的“吉哈德”，有笔的“吉哈德”，还有剑的“吉哈德”。

伊斯兰主义本质上并不暴力，并且能够被用来进行和平的社会改造和政治改革。但是，这些理智的动机很容易蜕变一种策略，为暴力、甚至恐怖主义合法化服务。许多穆斯林非常担心他们的信仰会被用来合法化恐怖主义。

原教旨主义所涉及的问题包括：宗教与政治之间的关系，宗教与暴力之间的关系，信仰与理性之间的关系，英雄主义、确定性、忍耐的本质，情感的表达，以及为某一理想或事业献身。它的实质是对现代社会精神世界空虚的一种反映，是对现实社会负面精神的一种抗议和对策。

与伊斯兰原教旨主义相关的名词：阿亚图拉·霍梅尼、奥萨马·本·拉登、塔利班、黎巴嫩真主党、哈马斯。

5. 伊斯兰教对中国和世界的影响

阿拉伯世界统一以后，在后任哈里发的领导下，建立了一个地跨亚、非的阿拉伯帝国，政治上的统一和强大带来了政治稳定、经济繁荣、文化昌盛。阿拨斯王朝使阿拉伯世界进入黄金时期。扩张基本停止，埃及、古巴比伦、印度都纳入其版图。当时，由于欧洲进入了文化垄断的黑暗的中世纪，古希腊文化思想流向阿拉伯世界，阿拉伯以一种宽容的、积极的态度接纳了地中海的文明。在与东方的贸易中，又吸收了四大文明古国的优秀文化，创造出辉煌灿烂的阿拉伯文化。现在，仍然有很多优美的故事流传世界。公元9～13世纪是伊斯兰教文化繁荣时期。首先是翻译运动，正是由于阿拉伯的翻译和保存，故希腊的文化思想才得以通过文艺复兴运动，成为欧洲文化发展的主体精神。随之而来的是在吸收和消化东西方文化的基础上，以阿拉伯语为工具，以伊斯兰教为指导思想进行文化创新，在巴格达建立“智慧宫”，在数学、文学、绘画、哲学方面都取得很大成就。1258年，伊斯兰帝国在西征的蒙古人的入侵下灭亡了，穆斯林世界陷入混乱之中，政治、经济、文化几乎全面衰退，偏执、独断和蒙昧主义开始猖獗。而原来处于黑暗时期的欧洲，接受了阿拉伯先进的文化，经过文艺复兴、宗教改革运动和资产阶级革命，在经济、政治、科学、文化等方面迅速发展，走在了世界的前列。但阿拉伯文明在人类历史上的贡献是不可磨灭的。

帝国的不断扩大，势力渗透到中国，元朝时，中国统治阶级内部大部分都信仰伊斯兰教。

伊斯兰教在中国的发展

唐朝时期（白衣大食）传入中国，当时中国人以世俗的观点看伊斯兰教，把它视为制度和法律，称为“大食法”、“大食教度”。安史之乱，唐政府借用大食援军，镇压叛军，大约千人，后留在中国，为“唐臣”，这是最早的伊斯兰教徒。此时，有许多阿拉伯和穆斯林商人经商并定居。宋朝时期因贸易的交往，伊斯兰教有一定的发展。元朝时期伊斯兰教在中国达到辉煌，很多朝廷大员都信仰伊斯兰教。

明朝时期，中国政府实行限制、禁海，穆斯林失去与外界的联系，开始本土化。清朝时期进一步的闭关锁国，伊斯兰教本土化完成，形成族教一体的民族结构。新中国成立后，我国信仰伊斯兰教的有回族、东乡族、撒拉族、保安族、维吾尔族、哈萨克族、乌孜别克族、柯尔克孜族、塔塔尔族、塔吉克族。后六个在新疆，前四个在宁夏和全国各地。这些民族所信仰的宗教称清真教、天方教、回回教、回教等。20世纪50年代国家统一称伊斯兰教。

四、出世精神与入世行仪——佛教

如果有一种宗教能与科学相媲美，那就是佛教。

——爱因斯坦

1. 佛教的创立

公元前5、6世纪在印度产生，佛教是当时印度现实与文化的必然产物。现实的苦难与寻求心灵的解脱是一切宗教产生的共同根源。

(1) 印度的等级制度——要求平等

当时印度沿两河流域（印度河、恒河）形成十六国，各国通行种族制度，人被分为四个等级：婆罗门、刹帝利、吠舍、首陀罗。婆罗门是僧侣阶层，是梵天（印度最高神）在人间的代表，在社会上地位最高、最显赫。刹帝利是掌管国家行政事务和军事事务的世俗贵族阶层，需要借助婆罗门的祭祀得到佑护，是第二等级。吠舍是第三等级，专门从事农工商业，要交纳租税和服劳役。首陀罗是社会最下层，是奴隶、杂工和仆役。等级间的高低贵贱之分，造成严重的等级歧视和种族矛盾，释迦族因种族仇恨而带来灭国之灾。各等级的职业世袭，各等级之间不许通婚，尤其是首陀罗地位最低，与其他等级通婚后孩子只能做下贱的工作。不平等所带来的战争，致使人们生活困苦，很多信仰婆罗门教和其他教义的人，为寻求解脱之道，出家苦修。对于平等生活、和平制度的渴望，成为当时社会共同的理想和追求。

(2) 印度文化的繁荣需要系统理论

婆罗门有关于文学、哲学、算术等完整的思想体系，但很混乱。当时宿命思想影响很大，人们相信处处隐藏着天意和秘密。宿命思想带来两个极端：顺世享乐和遁世苦行。如何将混乱的思想系统化，成为当时印度的又一个时代要求。

(3) 应运而生——佛陀其人

佛教创始人是乔达摩·悉达多·释迦牟尼，刹帝利种姓，姓乔达摩，名悉达多，因为是古印度释迦族人，所以称释迦牟尼，释迦族的圣人之意，“牟尼”是明珠的意思。西方学者称他为“亚洲的光辉”。约出生于公元前565年（周昭王二十四年～周穆王五十三年），迦毗罗卫国（现尼泊尔境内）净饭王长子，出生后7天母亲摩耶夫人去世（释迦牟尼成道后，为母说法《地藏菩萨本愿经》）。由姨母波阇婆提夫人（后来成为第一个比丘尼）抚养长大。

释迦牟尼英俊威武，博学多才，是骑射击剑能手。他父亲净饭王因他相貌端庄、天资颖悟，对他寄予很大希望，希望他继承王位，建功立业，成为统一天下的君主。他从小就善于思考，人世间纷繁复杂的现象，都能引起他的感触和沉思：烈日下的耕夫，鞭打喘息的犁牛，蛇虫鸟鱼的相互吞噬，龙钟的老人，辗转呻吟的病人，僵硬的死人与亲人的哭泣，这些都让他感悟到世间的残酷，生命的痛苦和无常。如何解脱生命的痛苦，使他陷入沉思，29岁那年，他不顾父王的反对和阻挠，在一天夜里偷偷出家，寻找人生的解脱之道。他先是像其他修行者一样进行苦修，但却不能使心灵获得宁静，于是36岁时停止苦修，一个人来到伽叶城外的毕钵罗树下悟道成佛，开始以“中道”的思想演说救世，佛教产生。

毕钵罗树后称菩提（觉悟）树或菩提伽叶（城市名）。此树两次遭砍伐，一次遭风雷之击，至今仍在，阿育王时在旁建有大菩提寺，约有1800年历史。

释迦牟尼参悟的道理概括起来说就是：人事现象逃脱不了因果报应，人之所以有种种病痛烦恼，是由于有了情欲贪爱，之所以有情欲贪爱，是因为不明道理，所以流转生死，不得解脱。要达到解脱，必须遵循正确的方法修行。

附：佛教的缘起：

依据佛经说法，佛以一大事因缘出兴于世：为向众生开佛知见、示佛知见、使众生悟佛知见、入佛知见来到世间示现成佛——八相成道。众生有感，佛菩萨有应。

时事创造英雄，时事孕育思想，中国孔子儒学思想、古希腊哲学理论（苏格拉底、柏拉图、亚里士多德）、希伯来——基督教文化、印度释迦牟尼慈悲精神，几乎同时在人类文化历史的舞台上演绎了人类智慧的创造力。

(4) 佛教的四个发展时期

公元前6～4世纪，释迦牟尼及弟子相继传教时期，称原始佛教。

公元前4～1世纪，佛教发生分化，称部派佛教时期。公元前3世纪阿育王时期，大兴佛法。

公元1世纪，大乘佛法兴起。

公元7～9世纪，密宗出现。

公元11～13世纪，佛教在印度衰落。

附：阿育王不仅在印度家喻户晓，在所有对佛教感兴趣的人心目中，也是位值得大书特书的人物。这位印度孔雀王朝的第三代国王，完成了父祖辈统一印度的梦想，使孔雀王朝成为印度历史上第一个统一的大帝国，印度的国徽图案就是阿育王当年所建的狮子柱头。而颇有传奇色彩的是，这位曾经以谋杀兄弟姐妹90多人的血腥代价登上王座、曾经在一次战役中屠杀10万人的暴虐之君，后来却突然悔悟，皈依佛教，并将后半生的追求，定格在了潜心研修与推广佛教上，使佛教走出印度，传到缅甸、斯里兰卡以及中亚、西域一带，佛教后来成了与伊斯兰教、基督教齐名的三大宗教之一，阿育王功不可没。

2. 怎样理解佛和佛教

(1) 佛的含义

佛也称佛陀：梵文音译，浮屠、佛驮，意为觉悟者：自觉、觉他、觉行圆满的人。觉悟宇宙人生的真相，做到正而不邪——戒；净而不染——定；觉而不迷——慧就是佛。

在佛的世界里，依觉悟的不同程度分三个阶位：正觉、正等正觉、无上正等正觉（佛经中所说阿耨多罗三藐三菩提）。阿罗汉（缘觉、声闻）已经达到正觉，因为他们没有了烦恼，但还没有真正达到佛的境界，因为他们的心和佛的用心还不一样，还是用“识心”（妄想、分别、执着的心）看世界，他们的觉悟只是表现在没有了烦恼。菩萨达到了正等正觉，等是指与佛相等，他们的用心和佛相等，菩萨用真心，只是用分证的真心，佛用圆满的真心，就是没有分别、平等地施与众生爱和智慧。智慧达到圆满，就是佛，这样的智慧就叫无上正等正觉。在佛经看来，世间人也有觉悟，只是觉悟不圆满，像科学家、哲学家、宗教家，对于世间的事理确实也知道不少，但不能称为觉悟，因为他们的烦恼没有断，还有贪、嗔、痴、慢，还有是非、人我，因而，还是凡夫。从对佛的理解上看，佛和其他宗教中的神灵不同，佛即是超自然、超社会的存在，也是现实的存在。在佛教中，众生觉悟以后都可成佛，而且众生本来是佛，所谓“一念迷是凡夫，一念悟即是佛”。众生为什么会迷你？是因为原有的佛性被世俗的烦恼掩盖住了，就好比明珠暗投，只要把污垢去掉，就会露出本来面目。所以佛在自家心地上求，不向外求。

佛教也是为了解脱人生的苦难产生的，但这种解脱建立在佛教宇宙观和人生观基础上，要靠人自身的觉悟——自觉、自度。然后觉他，度人。佛菩萨的任务是帮助众生去掉心灵的污垢，破迷开悟、断恶修善、转凡成圣。破迷就是破除妄想、分别、执着，断除因妄想而起的无明烦恼、因分别而起的尘沙烦恼、因执着而起的见思烦恼。烦恼断尽，就会明了宇宙人生的真相。如何破迷开悟呢？佛经告诉人们：“诸恶莫做，众善奉行”，也就是要断恶修善，其结果是“自净其意，是诸佛教”。即达到佛的境界。佛菩萨的四宏誓愿：众生无量誓愿度，烦恼无尽誓愿断，佛法无边誓愿学，佛道无尚誓愿成。表明了佛教的慈悲济世精神。

佛有三身：法身佛、报身佛、化身佛。法身佛即指自性佛、如来佛（指佛所说的宇宙本体，如实、真如），佛经上说“一切众生皆有如来智慧德相”，自性法身，遍满法界；报身佛是指觉悟后通过累积修行所证得的结果。比如《无量寿经》记载法藏比丘证得西方极乐世界，称阿弥陀佛（无量佛）；化身佛指诸佛成佛以后，为救度众生，变化世间，示现成佛。比如释迦牟尼佛就是化身佛，他的报土在华藏世界，报身佛名辟卢遮那佛，为救度娑婆世界的众生，八相成道，示现成释迦牟尼佛。佛经记载释迦牟尼佛为救度众生已经化生无数次，所谓“累吾化身八千次，为汝说法四九年。”

佛、法、僧三宝：

佛示现人间，传承佛法，启迪心智，靠的是佛、法、僧三宝。无上正等正觉的佛是佛宝，佛所讲的经是法宝，随佛修行的出家众是僧宝。佛、法、僧三宝分：现前三宝：指佛在世时，佛陀为佛宝，佛的教诲是法宝，出家僧众为僧宝。

住持三宝：佛灭度后，佛像为佛宝，经典为法宝，出家众为僧宝。

自性三宝：觉而不迷为佛宝，正而不邪为法宝，净而不染为僧宝。

一体三宝：三宝中每一宝各具足三宝。觉而不迷就会正而不邪、净而不染，同样，净而不染就会正而不邪、觉而不迷，正而不邪也就做到净而不染、觉而不迷。

附：缘觉佛：没有听到佛陀的教诲，自己观察世间万物的因缘变化无常觉悟的人。也称辟支佛。

声闻佛：因听到佛陀的教诲，明了四谛而觉悟的人。

菩萨：觉悟的有情人。菩萨以自己功德大小和内心觉悟程度也分诸多等级。

一位佛教徒的赞美诗：

佛陀是最伟大的教育家，像叩钟一样，叩之以小则小鸣，叩之以大则大鸣。

佛陀是最伟大的企业家，每天用智慧的方法，赚得很多功德法财。

佛陀是最伟大的耕作家，以信心为种子，以智慧为耕犁，以慈悲灌溉，结出菩提果实。

佛陀是最伟大的保险家，开了一家尽虚空遍法界的大保险公司，让众生得以免六道轮回。

佛陀是最伟大的医生，针对众生的不同病症，开最好的治病药方，让众生免于痛苦。

(2) 怎样理解佛教

“佛教是佛陀对九法界众生至善圆满的教育。佛教的修行纲领是觉、正、净。觉而不迷，正而不邪，净而不染。待人依六和，处世修六度，行普贤愿，并依戒定慧三学，以求达到此目的。”学佛就是把关于宇宙人生错误的看法、说法、作法修正过来。

——释净空

自有佛教以来，人们对于佛教的认识就是“仁者见仁，智者见智”，认为佛教是哲学思想；佛教是修行方式；佛教是教育；佛教是迷信；佛教是学术；佛教是宗教。但无论是哪种认识，对于佛教教理的博大精深都不能否认，我国台湾新儒学哲学家方东美教授曾说：“佛教是世界上最美的哲学，学佛是人生的最高享受”。我们究竟应该怎样认识佛教呢？

首先，佛教是教育，是佛陀对九法界众生至善圆满的教育。因为释迦牟尼佛一生行仪，佛教徒称释迦牟尼佛为本师，他从悟道开始四十九年教学没有间断；同时佛教也沿用了教学的称谓，比如和尚（亲教师）、法师（间接的老师），一般称“阿阇黎”，代表和尚教学之意；丛林是佛教学校，寺庙是教学之地；佛教的经典，也都是针对众生不同的情况进行教育的理论和方法，真正做到了因材施教。所以它教育的意义不能忽视。

其次，佛教是宗教。与一般意义上的宗教一样，佛教具备了宗教所应有的一般要素：有对佛的深信与敬畏；有礼仪、戒律：菩萨戒、比丘戒、沙弥戒、居士戒；有神职人员：比丘、比丘尼、沙弥、沙弥尼；有教义：善恶有报，灵魂轮回、天堂地狱。

再次，佛教也是哲学，佛教的基本思想中所包含的丰富内涵，详尽阐释了佛教的世界观、人生观、道德观，心理学、认识论、辩证法，值得后人去深入地研究。

佛教也常被认为是封建迷信，但佛教的辩证法和佛教自觉、自度的观点，是最反对迷信的。从无神论的角度，说佛教迷信是因为它的唯心主义思想体系，因为佛教宣扬三世因果、灵魂轮回、天堂地狱。

3. 佛教的基本思想体系

(1) 佛教的基本宇宙观

佛教反对神创论，也反对以现有人类智慧探求宇宙的本原，因为在佛教看来，世间人没有觉悟，所以看到的世界也只是一个虚假的世界，不是真实的存在。只有获得无上的正等正觉，如佛在《无量寿经》中所说的获得无量、庄严、清净、平等的觉悟时，才能明了宇宙的本来面目。凡夫不能自己证知，但佛可以从文字上使人们明了，获得对于宇宙人生的文字智慧，还不是实相智慧。

佛教认为“一切众生，世界微尘，唯心所现，唯识所变”，“一切法由心想生”，“依报（环境）随着正报（生命体本身）转”。众生有什么样的心——情识（感情和认识），就会有什么样的世界，就会生于什么样的世界，在这个世界里就会有什么样的生存环境。所谓“云从龙，风从虎，万物各从其类”。

众生的世界是心识的结果，心识又是无始劫（时间单位）来业力的结果，世界因心成体，可以划分为：有情世界、器世界、华藏世界或极乐世界（佛的世界）。

有情世界：

有情即萨缍，众生之意。因众生都是因情爱和情识而轮回生死，所以，叫有情世界。有情世界从生存形态与生活状况可分为六道众生轮回：天、阿修罗、人三善道和畜牲、饿鬼、地狱三恶道。善道有苦也有福，恶道要受三途（血途、刀途、火途）之苦，苦不堪言。六道轮回是有特定原因的，嗔恚心进地狱道；贪欲心进入饿鬼道；愚痴进入畜牲道；行善积德感人天果报。阿修罗是各道傲慢心重的众生，有才无德，也行善，但出发点不好，喜欢出风头，所以也有福报，生于善道。六道众生从出生情况看可分为四生：卵生、胎生、湿生、化生（化生无所依托，从变化而生）。四生依业力而起。要想脱离六道，没有其他办法，只有忏悔业障，改变心性，断出六道轮回的因，断恶修善。

器世界：

有情众生所依持的国土、环境。即有情所居住的地方，因业力不同，世界不同。“世”为迁流之义，指过去、现在、未来的变化，“界”是指东西南北之界限、间隔之义。

器界的范围无论从直竖还是环周都是无限。如用现在天文学术语，太阳系是一个小世界，一千个小世界构成一个小千世界，一千个小千世界，构成一个中千世界。一千个中千世界构成一个大千世界。一大千世界是集小千、中千、大千而成，故名三千大千世界。就直竖讲，一个世界（指大千世界），有 28 层天，上下各有此世界。从环周讲，一个大千系世界为若干小世界所组成，如是环周各有无量大千系世界。所以世界是无限的存在。在 2500 多年前，就认识到宇宙的无限，这是非常了不起的。

我们的世界叫“娑婆世界”，即“堪忍”之意，因此众生堪忍贪、嗔、痴三毒烦恼，不忍出离。

佛的世界：

佛的世界是指报身佛所居国土的通称，无量无边。如西方阿弥陀佛极乐世界、释迦如来的华藏世界。佛的世界是清净国土，是佛心变化而生。《无量寿经》对西方极乐世界描述的就是佛的世界的境界。

(2) 佛教的人生观

佛教的人生观是基于他的世界观，在佛教看来，人的世界是六道轮回中的一道，虽是善道，但仍旧是苦乐参半的世界，而且因为没有觉悟，不能脱离六道轮回，免不了又要造作无量无边的罪业，不免堕落恶道，所以人生在佛教看来仍然是苦海无边。所以提出四圣谛：苦、集、灭、道。

苦谛：指世俗世界的一切及人生本性必定是苦。具体说来，人生有八苦：生、老、病、死、怨憎会、爱别离、求不得、五荫炙盛。八苦又可分为两类：前四苦是自然生理现象，后四苦主要指社会生活之苦。这两种苦表现为苦苦（苦不会变成乐，乐能变成苦）、行苦（生死流转的苦）和坏苦。指凡事都有成住坏空，坏是事物渐渐失去存在的意义。比如一种思想失去统治地位、一个王朝难以维系。这就是坏苦。苦的原因是集。

集谛：事物集起的原因，是对事物存在的愿望、向往。“到处不断地追求快乐的渴爱”是苦的原因。即业力、造作。要想离苦得乐，就要断除渴爱、贪欲。

灭谛：超越业所造成的流转，将渴爱全部灭去、毫无剩余的意思。渴爱代表一切烦恼，灭尽一切烦恼的状态，就是“涅磐”。

道谛：解脱人生痛苦的方法。原意是道路、方法、姿态。要想解脱人生的烦恼，必须修道。道有八正道：正见（佛的见解）、正思维（清净心的思维）、正语、正业（善行）、正命（正确的生活）、正精进（正确的努力方向）、正念（正确的理想信念）、正定（心静如水）。

佛教四圣谛理论是佛教的基本人生观，除此之外，佛教对生命之苦和生命轮回的解释还有十二缘起说。缘起即“诸法由因缘而起”，借着条件发生。揭示的是生命现象之间的相互联系，此有则彼有，此生则彼生，生命现象是无常的，但变化是有规律的，变化的法则就是缘起。具体内容：无明缘行—行缘识—识缘名色—名色缘六处—六处缘触—触缘受—受缘爱—爱缘取—取缘有—有缘生—生缘老、死—死缘愁、悲、苦、忧、恼。十二缘起揭示生命痛苦的原因，也是生命现象的总结。

(3) 佛教的道德观

“无论善人与恶人，无论聪明与愚笨，平等地给予万物光与生命，创造出人人皆有的社会，是我们的目标。”

佛教的道德观是为他的人生观服务的，即如何通过道德境界的提升，改变人的生存状况，离苦得乐，最后达到“涅槃”境界。所以佛教的道德戒律也是佛教的修行方法，是佛菩萨自度度他的要求。佛教道德观主要包括：

净业三福：佛在《观无量寿佛经》中告诉韦提希夫人“三世诸佛净业正因”，敬业三佛是佛法共同的基础。

第一人天福：孝养父母，奉事师长，慈心不杀，修十善业。佛法首先建立在孝道基础上，孝也是中国传统伦理的基础，“百善孝为先”。真心孝养父母，才会真心尊敬老师，孝亲尊师的扩大就是慈悲，慈予一切众生乐，悲拔一切众生苦。慈悲的最主要表现就是不杀生，不使一切众生因自己生畏惧心。修十善业才会有人天的果报。

第二二乘福：受持三皈，具足众戒，不犯威仪（礼貌、礼节）。二乘是指佛法中小乘，指阿罗汉和辟支佛。三皈：皈依佛（觉）、法（正）、僧（净）三宝。受持就是依据佛的教诲来做人、做事。

第三大乘福：发菩提心，深信因果，读诵大乘，劝进行者。菩提心就是觉悟的心，菩萨的心。觉悟生命之苦，以四宏誓愿普度众生。真心相信“念佛是因，成佛果”，读诵大乘经典，帮助众生破迷开悟，离苦得乐。

六和敬：六和敬是佛法教导人与人如何相处。见和同解：依佛陀的教诲，不以自己的意见。戒和同修、身和同住、口和无净、意和同悦、利和同均。这里重在和。和中国传统“和为贵”思想一致，“同则不继，和实生物”。因志同道合，所以求同存异，共同进步。

四摄法：六和敬主要是指人与人之间的相处，四摄法指佛菩萨如何与他人相处，度化众生。布施、利行、爱语、同事。

三学六度：是菩萨修学——自度度他的方法。

三学：戒、定、慧。觉——慧、正——戒、净——定。因戒生定，因定生慧。

佛经上说正法时期以戒律成就（律宗）；相法时期以禅定成就（禅宗）；末法时期以净土（念阿弥陀佛）成就（净土宗）。

六度：佛教相信众生之所以在六道中轮回，是因为对于所生活的世界过于执着，不肯放下自我，所以造成贪、嗔、痴、慢、疑、见，为了改变这种无始劫以来所形成的业障，就要用以下六种方法来对治。

布施：度贪吝之心。布施包括：财布施（内财和外财两种）、法布施（将真实的智慧告诉他人）、无畏布施（不使众生因为自己的存在而心生恐惧，能在众生有难的时候给予帮助）。关于布施，佛教有自己的与众不同的理解，他们认为，布施可以改变原有的不好的命运，财布施得财富，法布施得聪明智慧，无畏布施得健康长寿，之所以会如此，是因为佛教的因果思想，“如是因，如是果”。

持戒：度自私自利之心。放下恶业。思想行为的出发点不能只为自己，要换一个角度“念念为众生”，只有如此才能放下恶业，修持善业，最后脱离烦恼的苦海。

忍辱：度嗔恨、嫉妒之心。佛教相信“一切法得成于忍”，只有忍力才能成就信仰和追求。所以要宽容、忍耐、忍辱，不使自己产生怨恨心，“生平等心，成喜悦相”。

精进：度懈怠之心。一门深入，长时熏修。勇猛精进不间断。

禅定：度散乱之心。做到外不着相，内不动心。

般若：度愚痴之心。看破世界的假象。般若就是智慧，但又不是一般的智慧，是一种“无相”的智慧，是无我相、无人相、无众生相的智慧，已经证的“四法印”、“于无所住而生心”的境界下所产生的智慧。

五戒十善：佛教修行的基本节律和基本道德观。

五戒：杀、盗、淫、妄、酒。五戒为出家僧众基本戒律。

十善：身：不杀、不盗、不淫；语：不妄言、不绮语、不两舌、不恶口；意：不贪、不嗔、不痴。

十善为在家修行的居士所应当遵守的基本教义。在五戒十善中，最根本的大戒是不杀生。因为佛教相信众生平等，皆有佛性，只是因为妄想、分别、执着无法将佛性显现出来，却现出六道中轮回流转的众生相，是可怜悯者，应当救度，不应当再因杀戮而加重恶业，以致堕入地狱，难以解脱。不杀生也是菩萨慈悲的最大体现。

十心十愿：菩萨觉悟的心和愿望。

十心：现代净土宗高僧净空所提倡，“发十种心，决定成佛”。指学佛的真诚、清净、平等、正觉、慈悲、看破、放下、自在、随缘、念佛之心。

十愿：普贤菩萨的十大愿望。礼敬诸佛、称赞如来、广修供养、忏悔业障、随喜功德、请转法轮、请佛住世、常随佛学、恒顺众生、普皆回向。

可以说佛教的清规戒律是所有宗教中最多也最严格的，正因为如此，以佛教的仪规来衡量，难有合乎规范的佛教徒，如果真有，那就不是一般的修行者了，佛门称高僧大德。

附：佛教主要经典：佛教经典浩如烟海，分经、律、论三大内容，主要经典有《华严经》、《妙法莲花经》、《无量寿经》、《观无量寿佛经》、《阿弥陀经》、《金刚经》、《楞严经》、《大涅槃经》、《四十二章经》、《心经》、《六祖坛经》……

4. 佛教在中国的发展及对中国文化的影响

佛教在世界历史上有如此大的影响力确实是得益于佛教在中国的传播与发展，得益于佛教与中国传统的儒家思想和道家思想的融合。

(1) 佛教在中国的传播与发展

传说在秦始皇时期传入（公元前 246～210 年阿育王时期）。历史记载，东汉永平 7 年（公元 64 年），汉明帝夜梦金人，即遣郎中蔡钦往天竺寻法，永平十年，中天竺僧人摄摩腾、竺法兰来到中国，将佛像用白马驮回，洛阳城外建白马寺，并译《四十二章经》，形成中国第一个译经道场。

西晋时（265～316 年），“寺庙图像崇于京邑”，信佛人增多。东晋时期，出生于西域的天竺僧鸠摩罗什（344～413 年）来到中国。他是一位对中国佛教有重大贡献的僧人，401 年，姚秦将罗什迎进长安，建立译经道场，以国师之礼对待，后圆寂于长安。与此同时，中国出现许多到天竺求法的高僧，最著名的是东晋法显。

南朝时期，佛法在中国大兴。梁武帝是非常虔诚的佛教徒，对弘扬佛法做出很大贡献。“南朝四百八十寺，多少楼台烟雨中”是当时佛法兴隆的很好写照。

隋朝统一南北朝，复兴佛法。唐朝使佛法在中国走向成熟，佛法基本完成本土化，和中国传统儒家、道家文化融为一体。这一时期，佛教文化沟通更加畅通，僧侣间往来频繁，著名的唐僧取经故事家喻户晓。从东汉到唐朝，中国佛教特别兴盛。唐朝时期也有许多日本僧人到中国取经。

唐朝玄奘，贞观三年（629 年）西行，645 年回长安，译大藏经典 75 部 1335 卷，写《大唐西域记》，成为我国研究当时世界的宝贵资料。

(2) 中国的佛教流派

汉唐佛法大兴，中国化的佛教流派也逐渐兴起。在中国影响较大的主要有禅宗、净土宗、律宗、唯识宗、华严宗。

禅宗：顿悟成佛。

中国禅宗祖师：菩提达摩（印度 28 代祖师），梁武帝时到中国，与梁武帝话不投机，一苇过江，少林寺面壁九年，成为中国禅宗的第一代祖师。在佛教史上，禅宗祖师是大迦叶，佛祖灵山捻花微笑“我有教外别传，授予大迦叶”。继达摩之后依次为慧可（断臂求法）—僧照—道信—弘忍—慧能。慧能在禅宗历史上影响特别大，对中国佛教本土化也有重要贡献。他的思想主要在禅宗经典《坛经》中。“人有南北，佛无南北”，主张明心见性，直指人心。不假文字，当下一念顿悟成佛，“一念悟众生是佛，一念迷佛是众生”。慧能思想反映当时中国下层人民要求打破贵族特权、平等学佛的要求。

附：禅宗五祖弘忍欲传衣钵予后人，命其弟子做偈，观其是否明心见性。最后将衣钵传给慧能。

神秀：身为菩提树，心如明镜台，时时勤拂拭，勿使若尘埃。

慧能：菩提本无树，明镜亦非台，本来无一物，何使若尘埃。

净土宗：念佛成佛。

净土宗信仰西方极乐世界佛主阿弥陀佛的功德力量，相信靠着对阿弥陀佛诚信的力量和佛的摄受力，临终会往生到阿弥陀佛的极乐世界。东晋慧远在庐山东林寺创立“白莲社”，弘扬阿弥陀佛的净土世界。诗人谢灵运见到慧远后，崇尚于他的人格才学，为他开凿莲池种荷花，因而得名。

唐朝善道大师（613～681年），大弘净土，成为净土宗的实际创始人，据说大师每念一句阿弥陀佛，就会从口中现出光明，故唐太宗称其为光明和尚，赐住长安光明寺。

近代印光大师（1861～1940年），专修净土，广教因果。每晚做晚课时，有无数山鼠听经，当时影响很大。

现代净空法师在弘扬净土的同时，参与世界和平发展研究，认为21世纪能够拯救世界危机的只有大乘佛法和孔孟之道，所以积极致力于佛法现代化和中国文化的弘扬，收效很大，在国际上也有相当大的影响。

律宗：专修戒律，以戒律修定慧。著名的南山律宗，民国末年出家僧人弘一大师（原名李叔同）在此修持律宗。

华严宗：以《华严经》为依据，通过对经典的深刻领悟，达到明心见性。

密宗：藏传佛教。以修持密咒获得一心清净，达到佛的境界。

公元7世纪，文成公主入藏和尼泊尔土犀尊公主入藏将佛教传入西藏。

喇嘛教：西藏原始宗教与密宗的结合。相信灵魂轮回，修行改变命运。

僧侣：喇嘛（上师）指有地位、有学问、有修养，能为人师表的修行人。喇嘛中最高世俗地位和宗教地位的是活佛。

活佛以上高级僧侣的产生通过转世制度。活佛圆寂时，出生的婴儿写在纸片上，放入瓶内，祈祷七天，抽出一个即是。

达赖喇嘛：珍贵的国王，世俗权利的最高代表。

班禅额尔多尼：尊敬的导师。班禅：学问博大精深；额尔多尼：珍重，宗教地位的最高称呼。

(3) 佛教对中国文化的影响

佛教没有像基督教、伊斯兰教那样通过武力征服，轰轰烈烈地影响世界的历史、文化、经济、政治。佛教对世界文化乃至中国文化的影响，是潜移默化的渗透，以恒顺众生的方式逐渐成为中国文化的一个重要组成部分。思想渗透到生活、文化、精神、民俗等各个领域。甚至有许多高僧曾作为国师，以教导后代子孙。在中国文化史上有名的人物，有许多都崇信佛教，并有居士称号。比如：李白为青莲居士、白居易为香山居士、苏东坡为东坡居士、欧阳修为六一居士、李清照为易安居士、唐伯虎为六如居士、蒲松龄为柳泉居士……佛教在中国的建筑、绘画、雕刻方面也是贡献非凡。佛教的空灵思想和道教的无为思想，使得中国的艺术境界悠远广大。佛教的道德思想和因果思想也在中国人的深层思维沉淀下来，无形中起到对社会道德的规范作用。

附：佛教四大名山：中国有四大菩萨，因此有四大修行道场。

五台山：文殊菩萨道场。文殊菩萨为七佛之师，以狮子为坐骑。五台山也称清凉山，位于山西五台县东北角，周围300公里，以五峰高耸，顶巅皆平坦如台而得名。住僧分青、黄衣两派，黄衣为喇嘛教。文殊菩萨曾在此山为智者大师演讲《法华经》。

峨眉山：普贤菩萨道场。普贤菩萨以大愿大行著称，所以以大象为坐骑。峨眉山位于四川峨眉县西南，因山势逶迤，“如螓首峨眉，细而长、美而艳”，故此得名。佛、道两家都将其作为道场。佛教称光明山，道教称灵虚洞天。周围500多公里。东汉时道教兴起，唐朝时佛教兴盛。晋时，有人见普贤菩萨现迹于此。

普陀山：位于浙江定海县舟山群岛中，全山纵横18公里。观世音菩萨道场。唐朝时，一印度僧亲见观世音菩萨在此现身说法，五代后梁贞明二年（916年），日本僧人慧锷从五台山偷得一观音像，归国途中，船行至此，辗转不前，即就地建寺，名“不肯去观音院”，此山也以印度观音道场菩提洛迦取名。因中国素有“家家阿弥陀，户户观世音”的习俗，故普陀山观音道场佛事兴隆，烟火鼎盛。居四大名山之首。

九华山：地藏菩萨道场。九华山位于安徽庆阳县西南20公里，占地100平方公里，有九十九峰，其中九峰最为雄伟，原名九子山。唐代诗人李白至此，见九峰耸立如莲花，更名九华山。其山川之秀，素有“东南第一山”之称。唐朝时期新罗国王子金乔觉也称金地藏来此苦修，后示寂于此。金地藏被认为是地藏菩萨化身，广为尊崇。自此，九华山被认为是地藏菩萨应化度生的道场、地藏信仰的中心。

佛教三大石窟：

敦煌莫高窟：又称千佛洞、千佛岩、雷音寺，位于甘肃敦煌东南25公里的鸣沙山的断岩上，沿沙冈峭壁，分上下两列至四列开凿而成。大小洞窟1000余个，保存至今492个。公元4世纪开凿（前秦建元二年即336年），到14世纪止。明代遭回人毁坏，清中叶为道士住持，光绪五年（1879年）匈牙利洛克齐发现千佛洞壁画，惊为瑰宝，始为世界学者所知。光绪33年，英籍匈牙利人贿通王道士圆箓，私启石室，择其精要写经3000余卷劫持而去。此年，法国伯希和又劫去5000多种写本。残卷八九千卷，收藏于北京图书馆。其间，尚有美国华尔纳、日本橘瑞超等人或粘揭壁画、或收集流传民间的经卷，迄今，敦煌藏书及壁画多流入法、英、美、德等国的博物馆中。

云冈石窟：位于山西大同西北约17公里云冈堡的武周山，凿于5～6世纪。现存大小石窟53个，内有雕像51000多尊。

龙门石窟：距河南洛阳14公里，凿于5～8世纪。因香山、龙门山东西对峙，因而得名。沿伊河两壁大理石悬崖凿出13万多佛洞，石佛共计142289尊，最大17.14公尺，最小仅2公分。其中造像唐朝作品占60%，北魏作品占30%。

思考题

1. 你是怎样认识和理解宗教现象的？

2. 佛教作为一种教育理念和生活方式，其伦理观有哪些可以借鉴的思想？

3. 你怎样认识历史上在自然科学和社会科学中做出突出贡献的虔诚的基督徒科学家和社会活动家？

4. 伊斯兰教圣战思想和伊斯兰教改革面临哪些挑战？

艺术篇

什么是艺术？艺术是离我们如此之近，人们常说：世界皆艺术，一切皆艺术。可艺术又是离我们如此之远，人们常说：艺术太深奥了，我实在难以触及和把握。那么对于艺术，我们又该作何理解？如何把握呢？

（1）对于艺术的认识

对于艺术，通常可以从三个层面来认识。第一是从精神层面，把艺术看作是文化的一个领域或文化价值的一种形态，把它与宗教、哲学、伦理等并列。第二是从活动过程的层面来认识艺术，认为艺术就是艺术家的自我表现、创造活动，或对现实的模仿活动。第三是从活动结果层面来认识，认为艺术就是艺术品，强调艺术的客观存在。根据三种认识，我们可以认为，艺术是人们把握现实世界的一种方式，艺术活动是人们以直觉的、整体的方式把握客观对象，并在此基础上以象征性符号形式创造某种艺术形象的精神性实践活动。它最终以艺术品的形式出现，这种艺术品既有艺术家对客观世界的认识和反映，也有艺术家本人的情感、理想和价值观等主体性因素，它是一种精神产品。

（2）艺术的特征

艺术与其他意识形态的区别在于它的审美价值，这是它的最主要、最基本的特征。艺术家通过艺术创作来表现和传达自己的审美感受和审美理想，欣赏者通过艺术欣赏来获得美感，并满足自己的审美需要。除审美价值外，艺术还具有其他社会功能，如认识功能、教育和陶冶功能、娱乐功能等。其中艺术的认识功能不同于科学的认识功能，它是人们通过艺术活动而认识自然、认识社会、认识历史、了解人生。艺术的教育功能不同于道德教育，是人们通过艺术活动，受到真、善、美的熏陶和感染，而潜移默化地引起思想感情、人生态度、价值观念等的深刻变化。艺术的娱乐观念不同于生理快感，它是人们通过艺术活动而满足审美需要，获得精神享受和审美愉悦。

（3）艺术的分类

艺术是审美的劳动，是人的精神的生活方式。有了人类就有了艺术，艺术的起源要比科学早得多。然而，迄今还没有公认的艺术分类标准。各个艺术理论的派别有不同的分类方式，在时间轴上越靠近现代的艺术分类，就越繁复而且具有争议。这里介绍常见的分法：依据艺术形象的存在方式可分为时间艺术、空间艺术和时空艺术。时间艺术以音乐、文学为代表；空间艺术以绘画、建筑、雕塑为代表；时空综合艺术主要有戏剧、影视。依据艺术形象的审美方式可分为听觉艺术（音乐）、视觉艺术（绘画、雕塑）和视听综合的想象艺术（戏剧、影视）；依据艺术的物化形式，艺术可分为动态艺术和静态艺术。

本篇仅对具有民族特色的书法和绘画艺术和已融入我们生活的综合艺术影视做一个简略的介绍。

一、书法艺术欣赏

1. 书法概述

书法，是在洁白的纸上，靠毛笔运动的灵活多变和水墨的丰富性，留下斑斑迹象，在纸面上形成有意味的黑白构成，所以，书法是构成艺术；书家的笔是他手指的延伸，笔的疾厉、徐缓、飞动、顿挫，都受主观的驱使，成为他情感、情绪的发泄，所以，书法也是一种表现性的艺术；书法能够通过作品把书家个人的生活感受、学识、修养、个性等悄悄地折射出来，所以，生活中我们常说“字如其人”、“书为心画”；书法还可以用于题词、书写牌匾，因此，也是一种实用性的艺术。总之，书法是具有很强综合性的艺术，是更倾向于表现主观精神的艺术。

中国书法也是一门古老的艺术，它伴随着中华文明的发展而发展。从甲骨文、金文演变而为大篆、小篆、隶书，到东汉、魏、晋时期，草书、楷书、行书、诸体基本定型。书法艺术青春常在，它时刻散发着古老艺术的魅力，为一代又一代人们所喜爱。在每个时代，由于社会环境不同、人们的审美欣赏角度不同，书法也在不断完善。浏览历代书法，我们可以做出“晋人尚韵，唐人尚法，宋人尚意，元、明尚态”的精辟总结。追寻三千年书法发展的足迹，我们可以清晰地看到它与中国社会的发展同步，强烈地反映出每个时代的精神风貌。晋人尚韵——晋代书法流美妍媚，风流潇洒，反映了士大夫阶级的清闲雅逸，流露出一种娴静的美。唐人尚法——唐代书法法度严谨、气魄雄伟，表现出封建鼎盛时期国力富强的气派和勇于开拓的精神，具有力度美。宋人尚意——宋代书法纵横跌宕、沉着痛快的书风，正是在“国家多难而文运不衰”的局面下，文人墨客不满现实的个性书法，以书达意，表达一种心境。元、明以来，中国封建社会停滞不前，江河日下，反映在书法上则是崇尚摹古，平庸无奇。至于明末书坛“反流俗”的狂飙，以及清代后期崇尚碑版金石之风的兴起，正如地下奔突的岩浆、黑夜中闪掣的电光或是火石，折射出一个社会巨大变动的征兆，正所谓“披图幽对，思接千载”。

中国书法是我们民族永远值得自豪的艺术瑰宝。它具有世界上任何艺术都无与伦比的深厚的群众基础和高级艺术的特征。

既然提到书法，就不得不提到产生这一艺术瑰宝的必备工具——文房四宝了，现在就让我们好好了解下这四样宝贝吧！

2. 文房四宝

中国书法的工具和材料基本上是由笔、墨、纸、砚来构成的，人们通常把它们称为“文房四宝”。文房谓书房，“文房”之名，起源于我国历史上南北朝时期（公元420～589年），专指文人书房；而“文房四宝”这一专有名词则出自宋·梅尧臣的诗《再和潘歙州纸砚》：“文房四宝出二郡，迩来赏玩君与予。”北宋苏易简著《文房四谱》（又名《文房四宝谱》），对这四种文具的品类和故实进行了叙述。

中国古代文人基本上都是或能书，或能画，或既能书又能画的，是离不开笔、墨、纸、砚这四件宝贝的。这些文具，制作历史悠久，品类繁多，历代都有著名的制品和艺人。大家耳熟能详的湖笔、徽墨、端砚、宣纸为文房四宝之上品。它们具体指的是：安徽泾县（原属宁国府，产纸以府治宣城为名）的宣纸，歙县（原为徽州府治）的徽墨，浙江吴兴（原为湖州府治）的湖笔，广东高要（原为肇庆府治，古名端州）的端砚，以及与端砚齐名的歙县（原歙州府）的歙砚。下面我们就依次了解这“文房四宝”中的上品之作吧！

宣纸产于宣州（今安徽宣城），品质纯白细密，柔软均匀，棉韧而坚，光而不滑，透而弥光，色泽不变，而且久藏不腐，百折不损，耐老化，防虫防蛀，故有“千年寿纸”的美称。历代文人墨客、书画名家无不珍爱喜用。用宣纸题字作画，墨韵清晰，层次分明，骨气兼蓄，气势溢秀，浓而不浑，淡而不灰，其字其画，跃然纸上，神采飞扬，飞目生辉，产生出特殊丰满的艺术效果。

徽墨产于徽州（今安徽黄山），以松为基本原料，掺入20多种其他原料，经过点烟、和料、压磨、晾干、挫边、描金、装盒等工序精制而成。成品具有色泽黑润、坚而有光、入纸不晕、舔笔不胶、经久不褪、馨香浓郁及防腐防蛀等特点，宜书宜画，素有“香彻肌骨，渣不留砚”之美称。徽墨的色泽可分为“焦、重、浓、淡、清”五个层次，墨色历千年而不褪，油墨黑润赛漆，淡墨丰韵如神；用于书画变化无穷，妙趣横生。它的两面还镌绘各种图案，美观典雅，是书画艺术的珍品。

端砚产于广东肇庆（古称端州）东郊羚羊峡烂柯山的端溪一带，这里，滚滚东流的西江水穿峡而过，直奔南海。夹岸崇山峻岭，气势磅礴，重岩叠翠。端砚名坑中的水岩（老坑）、坑仔岩、麻子坑、朝天岩、古塔岩、宣德岩……就错落地分布在这风景如画的环境中。慢慢地生产的端砚成了肇庆独有的工艺美术品；深受文人墨客的喜爱，并得到达官贵人和帝王将相的赏识。宋朝开始把端砚列为“贡品”，蜚声中外。

湖笔产于今天的浙江湖州，湖笔一般都是用上等山羊毛经过浸、拔、梳、连、合等近百道工序精制而成。善琏湖笔的成名，与元代大书画家赵孟頫有密切关系。号称“日书万字”的湖州人赵孟頫，他对当地的湖笔制作技艺十分关心和重视。据《湖州府志》载：他曾要人制笔，一管不如意，即令拆裂重制。这种严格的质量要求，一直流传至今。白居易曾以“千万毛中拣一笔”和“毫虽轻，功甚重”来形容制笔技艺之精细和繁复。湖笔具备尖、齐、圆、健的特点，称为湖笔的“四德”，所以有“毛颖之技甲天下”之说。

古人认为万物皆有灵性，笔、墨、纸、砚亦然。在使用之余，文人雅士还给它们取了人性化的名字（见韩愈《毛颖传》）：

笔：中山人毛颖。中山是古代诸侯国名，在今天的河北省定州一带，战国时为赵国所灭。据王羲之《笔经》记载，汉朝时天下诸侯郡国争献兔毛笔以书写洛阳鸿都门上的匾额，结果只有赵国兔毛笔入选。中山属赵，所以称毛颖为中山人，颖是指毛笔呈锥状的笔头。另有人因宣城多产笔，也称之为宣城毛元锐，字文锋的。

墨：绛人陈玄。古时绛州在今天山西省新绛县，所产之墨较为有名，为朝廷贡品，而墨又以陈年、浓黑者为上品，故称之为绛人陈玄。又南唐时燕人李廷圭以松烟造墨，光泽可鉴，最负盛名，后渡易水而居江南，故也有人称墨为燕人易玄光，字处晦的。

纸：会稽楮知白。古时会稽在现在的浙江绍兴，出产贡纸。楮树之皮是造纸的上等原料，而“褚”与“楮”音同形近，故有人从人的姓氏中取“褚”为纸的姓氏，称之为会稽褚知白。另外也有人因河南华阴多产纸，称褚知白为华阴人士，字守玄。

砚：弘家陶泓。隋唐时期，天下陶砚盛行，而其中又以虢州，即汉时弘家郡（今河南灵宝）所产最负盛名，砚中间下凹以存墨汁，故称之为弘家陶泓。也有人称以石料所制之砚为石虚中，字守默（墨）的。

古人不仅给笔、墨、纸、砚取了名字，而且还给它们封了官职。笔：书写用品，因笔杆以竹管作成，使用时要饱蘸墨水，故封之为中书君、管城侯、墨曹都统、墨水郡王、毛椎刺史；墨：多以松烟制成，品质上乘的还要添加香料，故封之为松滋侯、黑松使者、玄香太守、亳州楮郡平章事；纸：性柔韧，可随意裁剪，且以洁白者为佳，故封纸为好畤（侍）侯、文馆书史、白州刺史、统领万字军界、道中郎将；砚：储墨之器，质地坚硬，帮封之为即墨侯、离石侯、铁面尚书、即墨军事长。

笔、墨、纸、砚，各有各的用途，各有各的讲究，所谓“名砚清水，古墨新发，惯用之笔，陈旧之纸”，合起来是整个一套，再写出我们的文字，综合成为我们独特的传统书法艺术。

3. 书法书体介绍

中国书法之所以能够成为永不衰竭的东方艺术，是因为它是一种凭借线条和形体结构来表现人的某种气质、品格、情操的艺术，通过毛笔所写出的线条变化丰富，含有自然物象和艺术造型之意趣和哲理。不同的书家在用笔上有不同的审美要求，也会体现出不同的风格。一般把中国文字的书写形式分为篆、隶、草、行、楷五大类书体，每一大类中又可细分。这些书体都是根据时代的需要形成和发展的。了解各种书体的特征和发展概况，有助于人们理解中国书法艺术的深广内涵。

篆书：篆书分为大篆、小篆两类。大篆主要是指商、周时代的甲骨文、钟鼎文和六国古文字等。小篆是专指秦统一中国后颁行的法定文字，流行于秦汉。源远流长的中国文字早在上古时期就已萌芽，在公元前5000年就已有符号文字出现，虽然其文字功能还没有从图画记事的简单作用中摆脱出来，但与后来中国文字的渊源关系已比较明显。

大篆形体上与甲骨文相似，它包括石鼓文等。石鼓是秦国的东西，郭沫若有《石鼓文研究》，曾对其有详细的论述，主要是甲骨文、钟鼎文未变小篆以前的书体，石鼓文是我国已知最古的刻石。

小篆即秦篆，是秦始皇统一六国（公元前221年）后，向全国颁布的官定文字。由于秦始皇建立的封建帝国，明令以小篆为天下通行的文字，又由于东汉许慎收集全部小篆所编《说文解字》流传至今，因而小篆就成了中国古代研究、理解、传播文化的重要工具。小篆对中国文化的普及和发展，具有伟大的功绩。秦代小篆流传下来的文物，还有《泰山刻石》、《琅琊台刻石》、《碣石山刻石》和铸刻在诏版、秦权上的文字。据说都是出自李斯的手笔，也是篆书法的标准样板。小篆字体极为规范，偏旁有统一的写法，笔画委婉曲折，粗细均匀，体式圆浑，字形狭长，上部紧密，下部开朗舒展，给人以刚柔相济、爽朗俊健之感。甲骨贵秀劲，金文贵浑穆，小篆尚柔和，楷行称遒健。小篆用笔，“看似平常最奇崛，成如容易却艰辛”（王安石语）。篆书用笔也讲求转折、停、顿、按、提、起、住各种方法。而转折停顿，重内蕴而不外露，按、提、起、住的节奏贵在不着痕迹。

隶书：小篆风行天下后，又渐渐呈现出它在书写行文上的弊端。因为篆书笔画复杂，写起来费事，传说当时的狱吏程邈因罪被关在监狱里，他把大小篆的笔画和结体作了简化，把篆书笔画的圆转改为方折。这样便于书写，速度也可以快些了。隶书从秦经西汉到三国，在楷书创造成熟和通行以前都使用它。但其形体却时有变化和美化。西汉的隶书还保持秦代的遗风，到东汉，特别是末期，就趋于工整细巧。结体平扁，笔画里边出现了波磔（汉字中的捺），形成了汉隶的基本形态。晋唐以后至近代，虽然各种书体，特别是楷体盛行，但是隶书仍然广泛流传，就是由于两汉的隶书结构用笔富于变化，风格多样，艺术性强，它始终博得人们的喜爱。

汉隶是汉代书法艺术特有的成就，字体的肥瘦大小、结构和运笔变化无穷，各尽其妙。汉隶在书法发展中占有极重要的地位，上承前朝篆书的规则，下启魏晋南北朝及隋唐楷书的风范。汉代留下的石刻很多，是我国书法艺术的宝贵遗产。而且现在作为范本临摹的《张迁碑》和《曹全碑》都是碑碣的刻石，是东汉隶书极盛时的精品。

东汉隶书《曹全碑》

中国书法发展到隶书，进入了革新的阶段。小篆和定型的隶书相比，字形由狭长变为扁方，笔画由匀称的弧笔变为粗细结合、笔姿险峻的直笔，曲折处由连绵圆转变为笔笔分断的方角，字的象形意味大多隐没了。隶书的形成，给以后的草、楷、行书奠定了基础，给汉字的普及和书法的发展开辟了广阔的道路。

通常，人们称初期的隶书为“秦隶”或“古隶”，说明其中还保留着篆书的意味。湖北睡虎地秦墓竹简，就是“古隶”的代表作。

草书：草书包括章草和今草两种，两者互有其影响和各自的流派。初期的草书，由隶书演化而来，名为“章草”。一般认为是书写章奏或章程所用的，是比隶书简捷的书体。章草改变了横平竖直、笔笔间断的隶书写法，成为圆转牵连、粗细交替、形态检束的字体。字右仍有波磔，这是它保留隶意、不同于今草的特征。章草的运用是解散隶体，使它趋于简便，至于用笔还是因袭了隶书的某些笔法。特别是“捺”画的末尾，很是明显。但是其他笔画基本是后来行书的雏形，不少字已有萦带（连丝）的笔画，开创了草书的连绵笔势，同时也为隶书向楷书过渡创造了条件，起了桥梁与媒介的作用。

今草：今草的来源相传是汉朝的张芝从章草加以变化而成的，当时的书家对张芝非常推崇，称他为“草圣”。自看今草以后，从汉朝到唐朝，都说其源出自张芝，但是又因风格差异而各有特点和派系，从形体上看，前人把它大致分为三种不同的风格。

首先是以张芝、张旭和怀素为代表的大草、狂草一派。怀素字藏真，在《自叙帖》前有四个小篆大字“藏真自序”，他是湖南长沙人，原姓钱，幼年出家后就一直做和尚，生卒年皆不可考，大概是唐朝中叶。《自叙帖》是我国书法史上的重要作品之一，《宝章待访录》、《书史》等书上皆有记载，字属狂草，多用中锋，笔画粗细变化不大，融合篆书笔法而有所创新，刚健有力而又婉转自如；在行款、字形结体上，大、小、斜、正互有呼应，奔放流畅，一气呵成，尽得草书之妙。其帖和李白的诗一样，是一种古典的浪漫艺术，那么富于民族形式的美，不是拘谨古板，而是热情奔放、开朗活泼。如高峡涧水下泻，其气势尤其磅礴。清代杜衍在帖后题诗呼之曰“狂僧”、“草圣”，是很值得后人学习继承的优秀的书法艺术遗产。1972年日本首相田中访华时，毛泽东接见他并赠送一本精装的《怀素自叙帖》。怀素之所以有较大的成就，主要是长期刻苦地学习和实践的结果。他受过颜真卿的指点，又曾到长安、洛阳观摩了一些“遗编绝简”，在学习前人的基础上有了自己的创造和发展，自成一体。史书记载，他曾作漆盘、漆板，在上面练字，擦了写，写了擦，以致把板都磨透了。他把用秃的笔埋起来，堆成土堆，名曰“笔冢”。对于怀素，后代的书法家推崇备至，尽力效法。

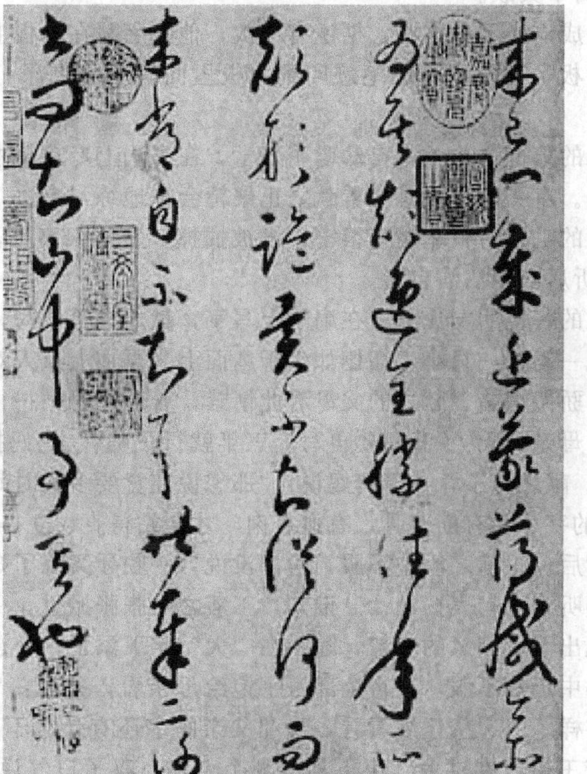

怀素的草书

其次是王羲之、王献之父子二人的“王体”草书。现在谈及书法，总要提起“二王”（王羲之、王献之父子二人）。

王羲之（321～379年或303～361年），字逸少，号澹斋，原籍琅琊临沂（今属山东），后迁居山阴（今浙江绍兴），官至右军将军，会稽内史，是东晋伟大的书法家，被后人尊为书圣。

王献之（344～386年），字子敬，东晋琅琊临沂人，书法家、诗人，祖籍山东临沂，生于会稽（今浙江绍兴），王羲之第七子。官至中书令，为与后世书法家王珉区分，人称王大令。与其父并称为“二王”。

关于“二王”成才的经历，在民间流传很多美丽的典故。

王羲之七岁那年，拜女书法家卫铄为师学习书法。王羲之临摹卫书一直到十二岁，虽已不错，但自己总是觉得不满意。他常听老师讲历代书法家勤学苦练的故事，为了练好书法，他每到一个地方，总是跋山涉水四下钤拓历代碑刻，积累了大量的书法资料。他在书房内、院子里、大门边甚至厕所的外面，都摆着凳子，安放好笔、墨、纸、砚，每想到一个结构好的字，就马上写到纸上。他在练字时，凝眉苦思，以致废寝忘食。

二十岁时，有个太尉郗鉴派人到王导家去选女婿。当时，人们讲究门第等级，门当户对。王导的儿子和侄儿听说太尉家将要来提亲，纷纷乔装打扮，希望被选中。只有王羲之，好像什么也没听到似的，躺在东边的竹榻上，一手吃烧饼，一手用笔划着衣服。来人回去后，把看到的情况禀报给郗太尉。当他知道东榻上还靠着一个不动声色的王羲之时，不禁拍手赞叹道：这正是我所要的女婿啊！于是郗鉴便把女儿郗浚嫁给了王羲之。这故事便成了“东床”和“令坦”两个典故。

在他身上出现的成语还不只这些，据说有一次，他把字写在木板上，拿给刻字的人照着雕刻，这人用刀削木板，却发现他的笔迹印到木板里面有三分之深。这就是成语“入木三分”的由来。

王献之是王羲之的第七个儿子，自幼聪明好学，在书法上专攻草书、隶书。他七八岁时始学书法，师承父亲。有一次，王羲之看献之正聚精会神地练习书法，便悄悄走到背后，突然伸手去抽献之手中的毛笔，献之握笔很牢，没被抽掉。父亲很高兴，夸赞道：“此儿后当复有大名。”小献之听后心中沾沾自喜。

还有一次，羲之的一位朋友让献之在扇子上写字，献之挥笔便写，突然笔落扇上，把字污染了，小献之灵机一动，一只小牛栩栩如生于扇面上。再加上众人对献之书法、绘画赞不绝口，小献之滋长了骄傲情绪。献之的父母看此情景，若有所思……

一天，小献之问母亲郗氏：“我只要再写上三年就行了吧？”妈妈摇摇头。“五年总行了吧？”妈妈又摇摇头。献之急了，冲着妈妈说：“那您说究竟要多长时间？”“你要记住，写完院里这 18 缸水，你的字才会有筋有骨、有血有肉，才会站得直、立得稳。”献之一回头，原来父亲站在了他的背后。王献之心中不服，啥都没说，一咬牙又练了 5 年，把一大堆写好的字拿给父亲看，希望听到几句表扬的话。谁知，王羲之一张张掀过，一个劲地摇头。掀到一个“大”字，父亲现出了较满意的表情，随手在“大”字下添了一个点，然后把字稿全部退还给献之。小献之心中仍然不服，又将全部习字抱给母亲看，并说：“我又练了 5 年，并且是完全按照父亲的字样练的。您仔细看看，我和父亲的字还有什么不同？”母亲果然认真地看了 3 天，最后指着王羲之在“大”字下加的那个点儿，叹了口气说：“吾儿磨尽三缸水，惟有一点似羲之。”献之听后泄气了，有气无力地说：“难啊！这样下去，啥时候才能有好结果呢？”母亲见他的骄气已经消尽了，就鼓励他说：“孩子，只要功夫深，就没有过不去的河、翻不过的山。你只要像这几年一样坚持不懈地练下去，就一定会达到目的的！”献之听完后深受感动，又锲而不舍地练下去。功夫不负有心人，献之练字用尽了 18 大缸水，在书法上突飞猛进。后来，王献之的字也到了力透纸背、炉火纯青的程度，他的字和王羲之的字并列，被人们称为“二王”。

他们在《阁帖》中有五卷帖，王羲之三卷（6～8）包括 159 帖，献之有两卷（9、10）共 76 帖，多是行草夹杂。就草书来看，“二王”的笔法比二张要瘦，更觉清新秀丽。王氏父子的书法，特别是草书风靡后世，其流传广远，不仅当时书苑为之震动，而且对中外艺坛来说影响也是巨大的。

第三是智永的《千字文》和孙过庭的《书谱序》等。这一派草法极有规矩，字字区分，全不作连绵体势。用笔和意态活泼飞舞，比较适合初学者研习，尤其是《书谱序》更便于学写、摹拟。

行书：行书是在正规书法（如楷、隶、篆）基础上的草写或简化，是介于正规写法与草写之间的一种最通用的书体。一般认为行书始于汉末（传为颍川人刘德昇所创），盛于东晋，兼具楷书的规矩和草书的流动，字体整饬，楷法多于草法的叫“行楷”；书写流动，草法多于楷法的称“行草”。它比楷书便于书写，比草书容易辨识，应用极为广泛。

天下第一行书——《兰亭序》是王羲之的代表作。东晋有一个风俗，在每年阴历的三月三日，人们必须去河边玩一玩，以消除不祥，这叫做“修禊”。永和九年的三月三日，王羲之和一些文人，共四十一位，到兰亭的河边修禊。大家一面喝酒，一面作诗。崇山峻岭之下，茂林修竹之边，王羲之乘带酒意，挥毫泼墨，为众人诗赋草成序文，序中记叙兰亭周围山水之美和聚会的欢乐之情，抒发作者对好景不长、生死无常的感慨。文章清新优美，书法遒健飘逸。这篇序文，就是后来流传千古的《兰亭集序》。此帖为草稿，28行，324字。其中有二十多个“之”字，写法各不相同。宋代米芾称之为“天下行书第一”。《兰亭序》表现了王羲之书法艺术的最高境界。作者的气度、襟怀、情愫，在这件作品中得到了充分表现。古人称王羲之的行草如“清风出袖，明月入怀”，堪称绝妙的比喻。

关于《兰亭序》，流传着很多逸事趣闻。据说当时王羲之写完之后，对自己这件作品非常满意，曾重写几篇，都达不到这种境界，他曾感叹说：“此神助耳，何吾能力致。”因此，他自己也十分珍惜，把它作为传家之宝，一直传到他的第7代孙智永。智永少年出家，酷爱书法，死前他将《兰亭集序》传给弟子辨才和尚。辨才和尚对书法也很有研究，他知道《兰亭集序》的价值，将它视为珍宝，藏在他卧室梁上特意凿好的一个洞内。

唐太宗李世民喜爱书法，尤爱王羲之的字。他听说王羲之的书法珍品《兰亭集序》在辨才和尚那里，便多次派人去索取，可辨才和尚始终推说不知真迹下落。李世民看硬要不成，便改为智取。他派监察御史萧翼装扮成书生模样，去与辨才接近，寻机取得《兰亭集序》。萧翼对书法也很有研究，和辨才和尚谈得很投机。待两人关系密切之后，萧翼故意拿出几件王羲之的书法作品给辨才和尚欣赏。辨才看后，不以为然地说：“真倒是真的，但不是好的，我有一本真迹倒不差。”萧翼追问是什么帖子，辨才神秘地告诉他是《兰亭集序》真迹。萧翼故作不信，说此帖已失踪。辨才从屋梁上取下真迹给萧翼观看，萧翼一看，果真是《兰亭集序》真迹，随即将其纳入袖中，同时向辨才出示了唐太宗的有关“诏书”。辨才此时方知上当。辨才失去真迹，非常难过，不久便积郁成疾，不到一年就去世了。唐太宗对王羲之的书法推崇备至，敕令侍臣赵模、冯承素等人精心复制一些摹本。他喜欢将这些摹本或石刻摹拓本赐给一些皇族和宠臣，因此当时这种“下真迹一等”的摹本亦“洛阳纸贵”。此外，还有欧阳询、褚遂良、虞世南等名手的临本传世，而原迹，据说在唐太宗死时作为殉葬品永绝于世。留下来的只是别人的摹本。今人所见，皆为《兰亭序》临摹本。

现在我们只能通过流传于世的唐兰亭序的五大摹本来感受其魅力了。

最能体现兰亭意韵的摹本：《虞本》为唐代大书法家虞世南所临，因卷中有元天历内府藏印，亦称“天历本”。虞世南得智永真传，直接魏晋风韵，与王羲之书法意韵极为接近，用笔浑厚，点画沉遂。

最能体现兰亭魂魄的摹本：《褚本》为唐代大书法家褚遂良所临，因卷后有米芾题诗，故亦称“米芾诗题本”。此册临本笔力轻健，点画温润，血脉流畅，风身洒落，深得兰亭神韵。

最能体现兰亭原貌的摹本：《冯本》为唐代内府栩书官冯承素摹写，因其卷引首处钤有“神龙”二字的左半小印，后世又称其为“神龙本”，因使用“双钩”摹法，为唐人摹本中最接近兰亭真迹者。

最能体现兰亭风骨的摹本：《定武本》是唐代大书法家欧阳询的临本，于北宋宣和年间勾勒上石，因于北宋庆历年间发现于河北定武而得名。定武原石久佚仅有拓本传世，此本为原石拓本，是定武兰亭刻本中最珍贵的版本。

“唐人五大摹本”从不同层面表现了“天下第一行书”的神韵，是后世兰亭两大体系的鼻祖：一是以虞本、褚本、冯本、黄绢本为宗的帖学体系；一是以定武本为宗的碑学体系。这两大体系并行于世，孕育了后世无数大家。唐人五大摹本，曾被收入清乾隆内府，后流散四方：虞本、褚本、冯本现藏于北京故宫博物院，黄绢本、定武本现藏台北故宫博物院。

好在王羲之的书法作品很丰富，除《兰亭序》外，著名的尚有《官奴帖》、《十七帖》、《二谢帖》、《奉桔帖》、《姨母帖》、《快雪时晴帖》、《乐毅论》、《黄庭经》等。其书法主要特点是平和自然，笔势委婉含蓄，遒美健秀，后人评曰：“飘若游云，矫若惊蛇”。

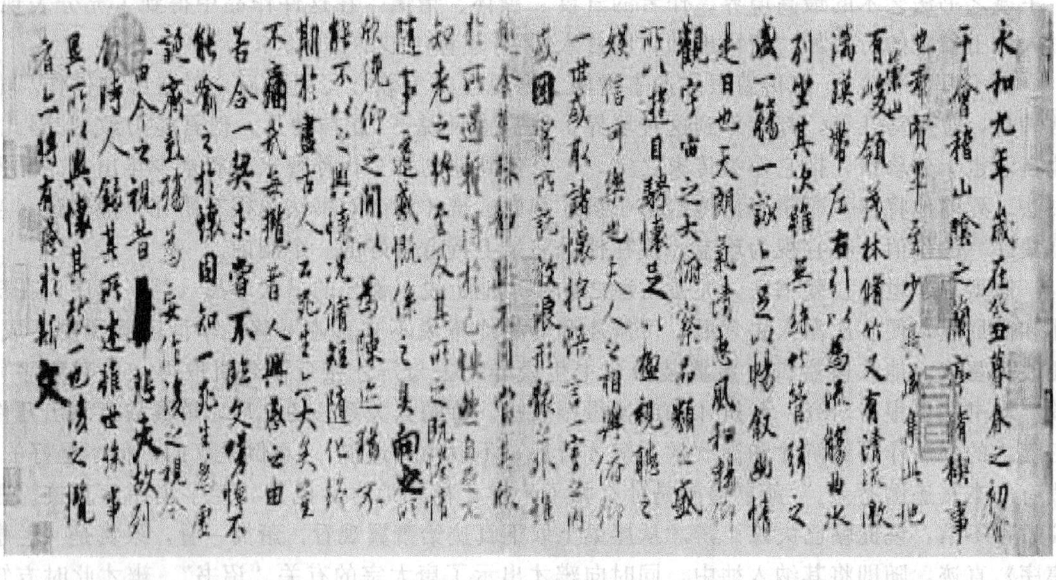

《兰亭序》神龙版

从书法史上看，行书在晋朝就逐渐脱离正楷，成为广泛的手写实用书体，而且至今仍有广泛的用场。唐孙过庭在《书谱》中说：“趋变适时，行书为要。”意即行书较切合实际应用。既比楷书简便易写，又比草书好认，便于通行。又因为行书介于楷、草之间，伸缩性大，变化多，借助于楷、草笔势来运用笔法，发挥艺术效果，以草书笔法的放纵冲破楷书的谨严，两者有机地结合，形成富有生机的新体。行书兼备各体之长，是其优胜于其他书体的地方。

楷书：楷书即“真书”、“正书”或“正楷”。最初产生于西汉的民间。其特点是：形体方正，笔画平直，可作楷模，故名。始于东汉。楷书的名家很多，如“欧体”（欧阳询）、“虞体”（虞世南）、“颜体”（颜真卿）、“柳体”（柳公权）、“赵体”（赵孟頫）等。楷书是从隶书（包括草隶）演变而来的，始于东汉，通行至今。

古人学书法有这样一种说法：“学书须先楷法，作字必先大字。大字以颜为法，中楷以欧为法，中楷既熟，然后敛为小楷，以钟王为法”。然根据多年实验研究结果表明：初学写字，不宜先学太大的字，中楷比较适合。

一般说来，写小字与写大字是大不相同的，其原则上是：写大字要紧密无间，而写小字必要使其宽绰有余。也就是说：写大字要能做到小字似的精密；而写小字要能做到有大字似的局促，故古人所谓“作大字要如小字，而作小字要如大字。”又苏东坡论书有“大字难于结密而无间，小字难于宽绰有余”的精语。以上这些话怎么讲呢？因为我们通常写大字时，以为地位（面积）宽阔，可以任意挥洒，结果字体变成了松散空阔。写小字则正好相反，因为空间太小，担心写不下就难免要尽力局缩，往往局缩过当，反而变成蜷促。这都是自然而然的心理现象，是极易触犯的毛病。所以苏公“大小难能”这句话，正是针对这种神情而发，更是经验老到之谈。

写小字的重心与笔画的配合，则与大字无大差异。至于运笔，则略有不同。小字运笔要圆润、娟秀、挺拔、整齐；大字要雄壮、厚重。大字下笔时用逆锋（藏锋），收笔时用回锋；小字下笔时则不必用逆锋，宜用尖锋，收笔时宜用顿笔或提笔。譬如写一横，起笔处或尖而收笔处则圆；写一竖，起笔或略顿，收笔则尖；撇笔则起笔或肥而收笔瘦；捺笔则起笔或瘦而收笔肥，同时也要向左向右略作弧形，笔画生动而有情致；点欲尖而圆，挑欲尖而锐，弯欲内方而外圆，钩半曲半直。运笔灵活多变，莫可限定。尤其是整篇字，要笔笔不同，而又协调一致，一行字写出来，错落有致，却又一直在一条线上，如是则行气自然贯串，望之如串串珍珠项链，神采飞扬。

小字为古代日用必需的书法，以前科举应试时，阅卷的人大半是先看字，然后再看文章。字如不好，文章再好也要受影响。朝考状元、翰林，尤注重书法。是故凡状元、翰林的小字，都是精妙的。一般读书，也都善写小字。如今硬笔盛行，用毛笔写小字的人不多，但用硬笔临写小楷字帖有事半功倍的明显效果，因此想写好硬笔字，不妨找本好的小楷字帖，加工练习，定能打下坚实基础，裨益终身，受用不尽。

4. 如何欣赏书法作品

书法欣赏就是欣赏者接触书法作品而产生的一种审美活动。现代书法家沈默尹先生说：“世人公认中国书法是最高艺术，就是因为它能显出惊人奇迹，无色而具画图的灿烂，无声而有音乐的和谐，引人欣赏，心畅神怡。”

一幅书法作品，放在我们的面前，怎么评价、怎么读懂、怎么欣赏，是我们每个初学书法的人、甚至是广大读者都感到困惑而且很想知道的问题。南朝书家王僧虔在《笔意赞》中说：“书之妙道，神采为上，形质次之，兼之者方可绍于古人”。他所强调的是以形写神，形神兼备。作为一个读者，我认为在读作品之前，心里首先要明确书法欣赏的审美标准，这是正确进行书法欣赏的基础。古人云：“有功无性，神采不生，有性无功，神采不实”。书法艺术重在有神采，而要有神采，必须有“功”和“性”。“功”，指功力、技巧，即指对笔画、结构、章法等的把握。“性”，指性情、风格，即指其中寄托的意趣、情操、学识、修养和感情。因此，功力、技巧、个性、风格是我们欣赏书法的基本标准。具体有下面几方面。

(1) 点画的线条美

汉字由点画组成，点是线的浓缩，线是点的延伸。点画是中国书法的基本造型因素，本身也具有独立的美学品格。线条美主要表现在：一是线条的力度。不论何种书法作品，都必须以“力度”为基础。没有笔力，形态再美，也毫无审美内涵。只有笔力雄浑，才显示其美妙。所谓“力透纸背”、“入木三分”，就是对笔力的称赞。二是线条的节奏。书法线条是书家情感和心理变化在纸上留下的轨迹。线条的节奏像音乐，音乐的节奏是通过音的长短、高低表现出来的。而线条的节奏则通过用笔的轻重快慢表现出来。音乐可以“一唱三叹”，书法线条可以“一波三折”，这正是节奏上的起伏，所以，书法被称为“无声之音”。墨色也是线条形式美的重要因素，它使作品具有立体感。黑白反差、虚实对比更增强艺术效果。

（2）结构的造型美

书法的艺术结构是指每个字点画之间的搭配组合。点画的轻重粗细、方圆长短、部首大小高低、偏正宽窄，经过书家巧妙的组合可使字起伏隐显、阴阳向背皆有意态。简单的笔画可以产生出姿态万千、变化无穷的结构造型。如小篆的古朴、隶书的婀娜、楷书的端庄、行草的险劲等。结构形式的多变，离不开其中的规律，即平衡、对比、变化、统一是最基本的规律。历史上的书家，对汉字的艺术结构进行了十分丰富的创造，如颜体的端稳丰润、欧体的险峻修长、柳体的刚健骨气等。在遵循形式美内在规律的前提下，充分利用汉字形体的可塑性，表现出不同的风格和意趣，给人以不同的艺术感受。

（3）章法的整体美

学习书法一般是从笔画到结构到章法，而欣赏书法则正好相反。因为章法给人以第一视觉效果。有不少书法作品，笔画结字都不错，但组成篇后却毫无生气，艺术效果不好，原因是章法处理不当。历来书家都重视章法。“篇幅以章法为先”（蒋骥）。

怎样处理章法？一是虚实恰当。章法也叫“布白”，无论分行布列安排，还是落款钤印位置，做到实处不挤，虚处不空，形成一个协调的整体。二是行畅通。字与字、行与行之间要一气呵成。做到一字管领数字，数字管领一行，一行管领数行，数行管领全篇。

（4）风格的个性美

“风格就是人”（马克思），风格就是在作品中体现的个性，是艺术家成熟的标志。书法艺术风格就是艺术家在创作中表现出的艺术特色和创作个性。书法家由于生活经历、艺术修养、个性特征、审美趣味以及性格的不同，在选择书体、表现手法诸方面都会有自己的特色，这样就形成了不同的艺术风格。风格也最能显示出一个人的气质、精神风貌。这也是数千年历史积淀在书法家心灵中的高能反映，体现在线条中的微妙之处，给人以无限的遐思。历史上光照千古的书法家无一不是个性特出、风格鲜明的。有的平和简静，有的跌宕洒脱，有的端庄，有的雅逸，有的霸悍，有的敦厚，都能给人以审美上的享受。

（5）构思的意境美

意境，就是书者通过作品表达的强烈的思想感情。对其形式必定作一番构思，这种构思就是设计布局。例如，有一幅书写一个“鹅”字的作品，他创意上，采用了挪位法，将左旁的“我”挪上，上下呼应，有动感。加上上款下款，形成一幅精美的构图。

总之，书法欣赏过程中受个性心理的影响，使欣赏的方法没有一个固定的模式。以上所述仅是书法欣赏的一种方法，欣赏过程中可以将几种方法交替使用。另外，欣赏过程中还必须综合运用各种书法技能、技巧和书法理论知识，极大限度地挖掘自己的审美评价能力，尽力按作者的创作意图体味作品的意境。努力做到赏中有评、评中有赏，并将作品放在特定的历史环境中去考察，对作品作出正确的欣赏和公正、客观的评价。当然，掌握了正确的欣赏方法以后，多进行欣赏，是提高欣赏能力的重要途径。

二、绘画艺术欣赏

1. 中国画

中国画简称“国画”，是我国传统造型艺术之一。在世界美术领域中自成体系。中国画在古代无确定名称，一般称之为丹青，主要指的是画在绢、宣纸、帛上并加以装裱的卷轴画。近现代以来为区别于西方输入的油画（又称西洋画）等外国绘画而称之为中国画，简称“国画”。它是用中国所独有的毛笔、水墨和颜料，依照长期形成的表现形式及艺术法则而创作出的绘画，题材主要有人物、山水、花鸟，技法可分工笔和写意两种，富于传统特色。

中国画在思想内容和艺术创作上，反映了中华民族的社会意识和审美情趣，体现了中国人对自然、社会及与之相关联的政治、哲学、宗教、道德、文艺等方面的认识。人物画从晚周至汉魏、六朝渐趋成熟。山水、花卉、鸟兽画等至隋唐之际开始独立形成画科。五代、两宋流派竞出，水墨画随之盛行，山水画蔚成大科。文人画在宋代已有发展，而至元代大兴，画风趋向写意；明清和近代续有发展，日益侧重达意畅神。在魏晋、南北朝、唐代和明清等时期，先后受到佛教艺术和西方绘画艺术的影响。中国画强调“外师造化，中得心源”，要求“意存笔先，画尽意在”，强调融化物我，创制意境，达到以形写神，形神兼备，气韵生动。

2. 名家名作简介

东晋画家顾恺之：顾恺之（约345～406年），东晋画家。他是一个少年成名的很有天才的艺术家，20岁前后就在建康瓦棺寺绘制维摩诘像，佛像神情，表现出维摩诘居士无病而装病的神态，具有悠然超世的精神，获得社会人才的普遍赞扬。对中国画的发展有很大的影响，提出“迁想妙得”、“以形写神”等论点。顾恺之的创作丰富，内容广泛，《贞观公私画史》、《历代名画记》、《宣和画谱》都有详细的记载。现存的摹本《女史箴图卷》、《洛神赋》、《列女仁智图》等，可以看到他的很高的艺术水平。《女史箴图卷》（见彩色插图），是一幅我们现在尚能看到的最古的画卷，可能是隋唐时代的摹本，它为米芾的《画史》和《宣和画谱》所重视，又为近代董其昌、项墨林等评论家、鉴藏家所称赞。1900年，八国联军攻入北京，为英军队在清宫劫去，现存英国伦敦不列颠博物馆。《女史箴图卷》是根据西晋诗人张华所作讽刺贾后的《女史箴》原文而创作的。现存九幅画面，其中比较突出的是第一幅，画的是冯昭仪以身挡熊、保卫汉元帝的故事。第二幅是表现班姬不与汉成帝同车的故事。第三幅画的是山水鸟兽，与汉画像石、敦煌北魏壁画画法相似。第四幅是描写宫廷妇女化妆，表现的是“人咸知修其容，莫知饰其性”一节的修容情形。第五幅表达的是夫妻之间，也要“出其善言，千里应之”，否则“同衾以疑”。第六幅是表现一夫多妻制。第七幅是表现“欢不可以渎，宠不可专”的内容。第八幅是表现妇女必须服从丈夫的支配。第九幅是“女史司箴，敢告庶姬”。画家并不是只作抽象的描绘，而是塑造了现实生活中的典型环境，刻画出典型人物。

画圣吴道子：吴道子是河南阳翟（今河南省禹城）人，大约生于唐高宗朝（约685年），卒于肃宗朝（约758年）。吴道子的出现，是中国人物画史上的光辉一页。他吸收民间和外来画风，确立了新的民族风格，即世人所称的“吴家祥”。就人物画来说，“吴装”画体以新的民族风格，照耀于画坛之上。“诗圣”杜甫称他为“画圣”。宋代苏东坡说：“诗至杜子美，文至韩退之（愈），书至颜鲁公（真卿），画至吴道子，而古今之变，天下之事毕矣。”亦尊吴道子为“百代画圣”。在历代从事油漆彩绘与塑作专业的工匠行会中均奉吴道子为祖师。由此可见，他在中国绘画史上的地位。他曾在长安、洛阳寺观中作佛教壁画四百余堵，情状各不相同；落笔或自臂起，或从足先，都能不失尺度。写佛像圆光，屋宇柱梁或弯弓挺刃，不用圆规矩尺，一笔挥就。他用状如兰叶，或状如莼菜的笔法来表现衣褶，有飘动之势，人称“吴带当风”。吴道子的《天王送子图》，是他的代表作，遗存的是宋人李公麟的临摹本。这幅画的内容是描写佛教始祖释迦牟尼降生以后，他的父亲净饭王和摩耶夫人抱着他（悉达太子）去朝拜大自在天神庙，诸神向他礼拜的故事。画中净饭王和摩耶夫人是我国民族绘画中常见的贵族阶层的人物形象，武将的脸形构造和唐代武士俑的精神完全一致，文纹用锐利的兰叶描法，笔迹恢宏磊落，充分表现了“吴家祥”的特点。

吴道子的一生，主要是从事宗教壁画的创作，题材很丰富，有宣传教义的，有《梁武帝》、《郗后》等人物。他在千福寺西搭院北廊的壁画里，把菩萨像画成自己的样子，这同以后的韩干在宗教壁画《妓小小写贞》和《一行大师》一样，对于神的世界，不受宗教教义的约束，自由地加工。他不愿意以神的“供养人”的地位，站在佛国的一角，而乐于以普通画工的形象去主宰神土。他可以把达官贵人拉入《地狱》中来，可见他对宗教神权是蔑视的。吴道子的山水画也很成功。玄宗派他去四川考察蜀山蜀水，要求他打下草稿，回来作画。但他从蜀地考察归来，连一张草稿也没有。玄宗责怪之，他从容不迫，在大同殿上，画蜀山蜀水，怪石崩滩，挥笔如暴风骤雨，嘉陵山水，纵横三百里，一日而成，博得赞赏。其“疏体”画法，为后代之宗。

张择端和《清明上河图》

张择端，字正道，东武（山东诸城）人，擅长于画车马、市街、桥梁、城郭等。《清明上河图》是他的代表作，曾经为宣和内府所收藏。绢本、淡设色，纵 24.8 厘米，横 528.7 厘米，现藏北京故宫博物院。该图描绘了清明时节，北宋京城汴梁以及汴河两岸的繁华景象和自然风光。作品以长卷形式，采用散点透视的构图法，将繁杂的景物纳入统一而富于变化的画面中，画中人物 500 多，衣着不同，神情各异，其间穿插各种活动，注重戏剧性，构图疏密有致，注重节奏感和韵律的变化，笔墨章法都很巧妙。全图分为三个段落。

首段，汴京郊野的春光：在疏林薄雾中，掩映着几家茅舍、草桥、流水、老树、扁舟。两个脚夫赶着五匹驮炭的毛驴，向城市走来。一片柳林，枝头刚刚泛出嫩绿，使人感到虽是春寒料峭，却已大地回春。路上一顶轿子，内坐一位妇人。轿顶装饰着杨柳杂花，轿后跟随着骑马的、挑担的，从京郊踏青扫墓归来。环境和人物的描写，点出了清明时节的特定时间和风俗，为全画展开了序幕。

中段，繁忙的汴河码头：汴河是北宋国家漕运枢纽、商业交通要道，从画面上可以看到人烟稠密、粮船云集，人们有在茶馆休息的，有在看相算命的，有在饭铺进餐的。还有“王家纸马店”，是扫墓卖祭品的，河里船只往来，首尾相接，或纤夫牵拉，或船夫摇橹，有的满载货物，逆流而上，有的靠岸停泊，正紧张地卸货。横跨汴河上的是一座规模宏大的木质拱桥，它结构精巧，形式优美。宛如飞虹，故名虹桥。有一只大船正待过桥。船夫们有用竹竿撑的；有用长竿钩住桥梁的；有用麻绳挽住船的；还有几人忙着放下桅杆，以便船只通过。邻船的人也在指指点点地像在大声吆喝着什么。船里船外都在为此船过桥而忙碌着。桥上的人，也伸头探脑地在为过船的紧张情景捏了一把汗。这里是名闻遐迩的虹桥码头区，车水马龙，熙熙攘攘，名副其实地是一个水陆交通的会合点。

后段，热闹的市区街道：以高大的城楼为中心，两边的屋宇鳞次栉比，有茶坊、酒肆、脚店、肉铺、庙宇、公廨等。商店中有绫罗绸缎、珠宝香料、香火纸马等，此外尚有医药门诊、大车修理、看相算命、修面整容，各行各业，应有尽有，大的商店门首还扎着“彩楼欢门”，悬挂市招旗帜，招揽生意，街市行人，摩肩接踵，川流不息，有做生意的商贾，有看街景的士绅，有骑马的官吏，有叫卖的小贩，有乘坐轿子的大家眷属，有身负背篓的行脚僧人，有问路的外乡游客，有听说书的街巷小儿，有酒楼中狂饮的豪门子弟，有城边行乞的残疾老人，男女老幼，士农工商，三教九流，无所不备。交通运载工具：有轿子、骆驼、牛马车、人力车，有太平车、平头车，形形色色，样样俱全。绘色绘形地展现在人们的眼前。在五米多长的画卷里，共绘了550多个各色人物，牛、马、骡、驴等牲畜五六十匹，车、桥20多辆，大小船只20多艘。房屋、桥梁、城楼等也各有特色，体现了宋代建筑的特征。张择端的《清明上河图》（见彩色插图）是一幅描写北宋汴京城一角的现实主义的风俗画，具有很高的历史价值和艺术水平。

郑板桥：郑燮（1693～1765年），清代著名画家，字克柔，号板桥。江苏兴化人。曾任山东范县、潍县县令。做官期间，不肯逢迎上司，颇能关心人民疾苦，饥荒年岁，曾因擅自开仓赈济，拨款救灾，获罪罢官。后来长期在扬州以卖画为生。受石涛、八大山人影响较深，又发挥了自己的独创精神，为“扬州八怪”之一。他的画以竹、石、兰蕙为最工，用笔秀劲潇洒，多而不乱，少而不疏，芳兰数丛，浓墨画花，秀逸多姿；浓淡疏密，墨色淋漓，天趣横溢，神理俱足。他主张“不泥古法”，重视艺术的独创性。重视深入生活，观察写生。书法杂用篆、隶、行、楷并以隶为主，兼有画意的美感，独创一格，自调用为六分半书，人称“乱石铺街”体。兼长篆刻，古朴不俗。《桐阴论画》的作者秦祖永曾把丁敬、金农、郑燮、黄易、奚冈、蒋仁、陈鸿寿七人的印章边款题跋辑为“七家印跋”。作品很多，画风极大地影响了清代的画坛。代表作品有：《修竹新篁图》、《清光留照图》、《兰竹芳馨图》、《甘谷菊泉图》、《拄石干霄图》、《丛兰荆棘图》、《画竹留赠图》等。有《板桥文集》。

三、影视艺术欣赏

1. 什么是影视艺术

影视艺术是20世纪诞生的一种艺术类别，以现代科技为手段，以画面与声音为媒介，在运动着的时间和空间里创造银幕形象，反映和表现现实生活和思想感情的一种艺术。直接诉诸观众感观的视听综合影像，是影视艺术区别于文学（文字间接形象）、造型艺术（纯视觉形象）、音乐（纯听觉形象）的主要审美特征；银幕视听语言的运动性和时空转换自由，又使它突破了同为“综合艺术”的戏剧和舞蹈的舞台局限。因此，可以说，影视艺术综合了戏剧、文学、绘画、雕塑、音乐、建筑、摄影、舞蹈等艺术中的多种元素。影视艺术既是视觉艺术，又是听觉艺术；既是时间艺术，又是空间艺术。它将编剧、导演、演员、摄影、美术、录音、音响、道具、服装、化妆等多种职能部门的影视工作者集合在一起，共同完成庞大的影视艺术工程。

影视艺术的产生、发展及其审美特性又与科学技术密切相关，可以说，对科学技术的直接依赖是影视艺术区别于其他艺术的鲜明标志之一。没有光学、电学、化学、材料学和机械学等科学技术的发展，就不可能有影视艺术的产生，而且，影视艺术从无声到有声，从黑白到彩色，以及立体电影、球形电影、多画面电视等，都离不开科学技术的发展。甚至，科技的发展还导致影视艺术的美学思潮和流派的嬗变。20 世纪 50 年代的意大利新现实主义电影流派的诞生，就与当时的小型摄影机和高灵敏度的录音设备的出现密切相关，因为它为现场实景的拍摄提供了物质技术手段。再如变焦镜头的发现使以巴赞为代表的长镜头电影美学理论能够勃兴，电脑的运用给当代科幻片带来生命力等。因此，技术手段不仅是影视艺术的物质基础，而且是影视艺术的重要构成元素。

2. 影视艺术的分类与特征

影视艺术是多片种、多形式的艺术，一般分为故事片、纪录片、科教片、美术片四大类，而每一类别又有多种形式。

不同的片种和形式各有不同的审美要求，但又都有一些共同的审美特征，这些特征是：

直观视象性：影视艺术主要提供的是由银幕或屏幕所显示的直观视觉形象，“看”是影视观众的最基本的心理要求。影视艺术所要表现的一切东西，包括思想、情感、梦幻等，都应该转化为可见的视觉形象，影视艺术的主要材料就是物象的真实纪录，因而，法国电影理论家马塞尔·马尔丹明确地指出“画面是电影语言的基本元素”，“电影的存在是由于画面的不可替代的必要性，由于电影的视觉特性绝对要比电影作为思想或文学容器的性质更为重要。”

影视艺术所展示的直观视象，几乎可以是无所不包的，从宏观到微观，从物质世界到精神活动，人们能见到的一切，以及人们难以或不可能见到的，都能用画面的形象来表现。例如，它能将内心活动具象化，可以通过外在物象的变化来反映（如天旋地转，可以用房屋、树木等的旋转来表现），也可以通过人物动作和面部表情来表现（如《魂断蓝桥》中的经典性镜头——女主人公在火车站突遇男主人公时的长达几秒钟的面部大特写）。影视艺术的这一特性，使它更易于被接受和理解，易于超越国界和民族，因而，让·爱泼斯坦认为“电影是一种世界性语言”，即它是一种“象形符号”式的国际语言。

幻觉逼真性：银幕和屏幕上的形象是一种“影子”，一种“幻相”，这些形象所组织构造出来的具有统一性的时空，也是一种幻觉，但是它们却都具有高度的真实感。比起其他艺术，这种幻觉逼真性是影视艺术的优势所在。它能最大限度地酷似生活原貌和自然形态，它拥有绘画和雕塑所失去的运动，音乐失去的造型，突破了戏剧的时空局限，把文学形象转化为直接可观的形象。虽然，银幕在瞬间给观众展示的是世界的一个片断，但它却能使人信服这个片断是与世界的其他部分连为一体的。银幕不是画框，而是窗户，是将事件的局部展示给观众的窗户。影视空间不像绘画空间和舞台空间那样是嵌入世界之中的，而是代替世界产生、存在的。

影视艺术的幻觉逼真性来自摄影的本性——客观物质视象的复现。绘画细致地描绘出事物的原貌，但它们却不具有摄影那样使我们相信原物确实存在的力量。此外，影视的幻觉逼真性还来自于影视艺术家的努力，来自他们自觉地按照这一特性来进行创作。例如，镜头的组接，就要根据人们观察外在世界的习惯，按照视觉逻辑来进行。而演员，为了逼真性，也必须付出巨大的努力，如电影《甘地传》的主角为了逼真性，甚至绝食数日，使形体和精神体验更接近原型，来满足观众对逼真性的审美要求。影视艺术的技术发展史，也可以说是为了追求更高的逼真性的发展过程史，如宽银幕的出现是为了更好地适应人类的视觉性质。而立体电影，以及正处于试验阶段的“有感电影”、“嗅觉电影”等，把这种逼真性提升到更高的程度。

时空再造性：其他艺术也能进行时空重组，戏剧艺术更是必须再造时空，但是由于舞台和剧场的限定，其再造的能量是有限的。而影视艺术在这方面有着其他艺术所无法比拟的自由度。摄影技术和剪辑技巧的发展，使得保持在胶片上的影像可以自由地分切和组合，实质上这就意味着可以从特定的艺术材料中抽取出时间和空间来重新构造。这就是所谓的“蒙太奇”技巧。这样，影视艺术就能打破现实时空和上演时空的束缚，既可以集中、压缩，又可以延伸、扩展；既可以自由地转移、反跳，又可以灵活地跨越、并列，可以说能用心理时空代替物理时空，引导我们自由地穿越时间和空间。

影视艺术再造时空，构建起符合心理的审美空间，可以有多种方式和手段，例如可以在两个因果性镜头之间建立起一种纯虚拟的空间连续关系，这种连接的合理性通过内容的呼应而获得。例如，在英国影片《灯塔看守人》中，一个发高烧者呼唤着他未婚妻的名字，紧接着出现的是远在他方的未婚妻突然惊醒，就像听到了他的叫声一样。还可以按照视线（内在的）与内心活动来进行空间组合。例如美国影片《党同伐异》中，一个妇女双手捧头，然后惊愕地转向正面，下一个镜头则是她关在狱中的丈夫。甚至还可以直接按照主题，理性地组接空间。例如前苏联影片《十月》中，一尊大炮正从吊车上下降到工厂的大厅中，下一个镜头便是壕沟中的士兵低下头……这些组接的空间，在实际生活中，人们是无法感知的，但是在心理上却是合理的。而“任何电影表现手段只要它在心理上是合理的，不论它在物质上是否真实，都是有价值的。”

如果说，影视世界作为一种构造的时空连续体，其空间的性质与真实空间相比，并没有发生根本性质的变化。那么，它重构的时间则在一定程度上改变了自然时间的性质。在影视中，时间可以加速和放慢，几天才能完成的花朵开放，数秒即可，而几分之一秒的时间流程，却可以用较长的时间来显示，如子弹的射出。也可以将时间颠倒，如各种各样的“闪回”手法，阿仑·雷乃导演的《广岛之恋》，在这方面就取得巨大的成功。甚至，可以让时间停止（定格），让时间消失（跨越）等。其实，影视艺术的空间重构，常常是按时间的重构来进行的，如果说绘画和雕塑是将时间空间化，那么影视则是将空间时间化了。当然，影视再造时空，也不是可以无限自由的，作为艺术，它再造时空的方式必然受到所表现的内容所制约，也应该符合观众的心理活动规律。

画面运动性：从本质上看，电影是一门采取空间形式的时间艺术。可以说，没有画面的运动，就没有影视艺术。这种画面运动性有两重含义，一是指被拍摄对象自身的运动，只有影视才能完整地、真实地展示事物的运动，而影视也对运动着的事物特别感兴趣。其次是指包含着因摄影机的移动以及镜头焦距的变化所造成的运动感。所谓“摄影机的移动”，不仅可以追随正在运动着的人物和其他物象，也可以使物象活动的背景不断变化，这就可以造成一种特殊的运动感。这种运动感并非在于事物自身的运动，而是由于镜头的推、拉、摇、移与变焦所造成的运动的幻觉。

画面的运动，是一种有节奏的运动。这种节奏主要是由蒙太奇技巧和长镜头的运用所制造出来的，是将镜头按不同的长度（这既取决于镜头的实际长度，又取决于内容刺激观众所产生的时间延续感）和强度（景愈近，心理冲击愈大）关系将其连接起来而产生的。影视画面运动的节奏，是情节发展的脉搏，能够创造出不同的情绪气氛，或紧张、兴奋、恐怖、喜悦，或沉闷、压抑、伤感等，能修饰和强化情节内容所表现的情感。画面运动的节奏，不仅仅是根据拍摄对象的运动速度和强度来确定，也不只是根据情节进展来确定，而更重要的是要根据画面内容所激发起的观众的兴趣的程度来确定。例如，镜头短，不足以展示内容的内蕴，但镜头冗长，就使人厌烦。如果镜头正好在注意力降低时切断，并由另一个镜头所替代，注意力就会不断被抓住。因此，所谓影视艺术的节奏并不仅仅意味着抓住镜头的时间关系和景深的变化，更是镜头的延续时间和画面的强度与他们所激起并满足了注意力运动的一种结合。应该指出，影视艺术的配音也对节奏的形成有较大的作用。

3. 如何欣赏影视作品

要欣赏影视作品，就要了解影视艺术语言的特性，根据不同类型的影片或电视剧，应有相应的欣赏角度从表演、导演、摄影等方面理解并欣赏影片，只有用心领悟，才能产生共鸣。

(1) 了解影视艺术语言的特性

影视艺术的结构形式——蒙太奇

蒙太奇原是建筑学上的用语，意为装配、安装。在影视艺术中，是指电影创作中的剪辑组合，也就是狭义上所指的画面、声音、色彩等诸多元素的编排组合，就其广义而言，它还是一种创作方法，是电影创作从开始到结束的全过程中艺术家艺术思维方式的展现。通过运用蒙太奇技术可以达到叙述故事、表达情感、阐述思想和创造风格的功能。

蒙太奇叙事功能是以交待故事情节、展示事件为主旨，按照情节发展的时间流程、因果关系来分切组合镜头、场面和段落，以便形成完整的时空和完整的情节。蒙太奇通过对镜头的连接组合，可以创造情绪、表达情感。《毛泽东和他的儿子》中，当毛泽东得知岸英牺牲的消息时，他一言不发，独自坐在房间里抽烟，影片从不同角度、不同侧面拍摄的近景特写恰当地表现和渲染了毛泽东失去爱子的悲痛心情和超常的克制力。

蒙太奇借助影片用画面之间存在的隐喻、转喻关系和象征性来阐述抽象的思想观念。前苏联影片《母亲》中，五月游行队伍的一组镜头，流冰反复出现，先是河面上一块冰显现一道裂缝，冰块开始滚动，一块冰流动了，冰块在波涛汹涌的河面上奔流，这些镜头与工人们的聚集游行过程交叉互动。这里冰块自然流动的力量，隐喻着工人群众的觉醒、雄壮的步伐与革命的力量不断壮大。影片终场前，以河里漂浮着的冰块和汹涌奔腾的已经解了冻的春水，象征革命势力的不可阻挡。

蒙太奇使用镜头的组合，通过色彩、光线、景别、运动方式等的变化，创造出节奏不同的影视风格。有的诗情画意、有的热烈奔放、有的舒缓凝重等。

蒙太奇的类型和特征：蒙太奇可以从不同角度进行分类。从功能上区别，可分为叙事蒙太奇、表现蒙太奇和修饰蒙太奇。人们习惯于从形式上对蒙太奇进行分类。常见的有平行蒙太奇、交叉蒙太奇和重复蒙太奇。

平行蒙太奇：将不同空间和相同或不同时间发生的相对独立的情节分别并列叙述的蒙太奇形式。如我国影片《南征北战》中敌我双方抢占制高点摩天岭，即是采用平行蒙太奇表现的。

交叉蒙太奇：将同一时间不同地域发生的两条或数条情节线迅速而频繁地交替剪接在一起，其中一条线索的发展往往影响另外的线索，每条线索相互依存，最终汇合在一起。交叉蒙太奇极易引起悬念，造成紧张激烈的气氛，加强矛盾冲突的尖锐性，惊险片、恐怖片和战争片常用此法制造追逐和惊险的场面。

重复蒙太奇：将具有一定寓意的镜头在关键时刻反复出现，以达到刻画人物、深化主题的目的。美国影片《魂断蓝桥》中，"吉祥符"先后六次重复出现，吉祥符既是女主人公玛拉和罗依的爱情信物，又是玛拉命运的见证。吉祥符本应保佑福祉，但它并没能改变战争对男女主人公爱情和命运的摧残，从而深化了影片的主题。

蒙太奇是电影最基本、最独特的艺术表现方法。电影的蒙太奇，除了镜头内部、镜头与镜头之间的组合关系外，还包括画面与音响、音响与音响之间的组合关系，由此形成各个有组织的片段、场面，直至一部完整的影片。

(2) 从表演、导演、摄影等方面理解并欣赏影片

一部影片或电视片的情节内容、思想内涵都是通过剧中人物，也就是演员扮演的角色体现的，观众关注人物的命运，自然最注意扮演人物的演员，演员就成为最引人注目、受到褒贬最多的中心目标。但是演员身上的光辉、取得的成就，只有一部分是属于演员个人的气质魅力和表演功力，大部分成就和功劳是属于剧本、导演、摄影、照明以及化妆、道具等部门的。

人们常常把一部成功的影片或电视片的所有荣耀都汇聚在1～2位主要演员身上；也常常把一部不成功的影片或电视片的所有责难统统加在主要演员身上。其实，这都是不合理的。我们除了应该看到"伟大的剧本提供伟大的角色，伟大的角色促成伟大的演员"之外，还应该注意到"伟大演员要依赖于伟大导演的创作"。影视艺术是以导演为主导的艺术。演员在电影中，既是最核心、最显要、最引人注目的人物，又可能是最被动、最缺乏创作主动性发挥余地的角色。我们要记住美国导演马摩里安（《瑞典女皇》的导演）的这段话："舞台上只有一种运动，即演员的运动，唯此而已。银幕上有三种运动：演员的运动、摄影机的运动、蒙太奇的运动。这三者必须浑成一体，才能拍出一部完美的作品。"而马摩里安所说的这"三大运动"都是在导演总体构思的统一指导下进行的。

(3) 欣赏不同类型的影片或电视剧应有相应的欣赏角度

在各种影视作品中，电影故事片中的艺术片是最具艺术价值和探索意义的影片，电视连续剧是最富电视剧特征的艺术形式，是将电视剧与其他视听艺术区别开来的主要方式。一部受欢迎的电视连续剧，往往能使数以亿计的观众受到影响。

欣赏不同类型影片或电视剧应有相应的欣赏角度。比如，看惊险片、科幻片，人们更注重的是"情节"、"场景"够不够"刺激"；而对电视连续剧，人们更注重它的人物形象是否鲜明、冲突是否尖锐激烈、情节是否跌宕起伏等。

(4) 用心领悟，产生共鸣

无论是欣赏电影，还是欣赏电视剧，都是一个复杂的思维过程。要让这个复杂的思维过程变成一个愉悦的思维过程，要从多方面、多角度去欣赏，要用心领悟，产生共鸣。

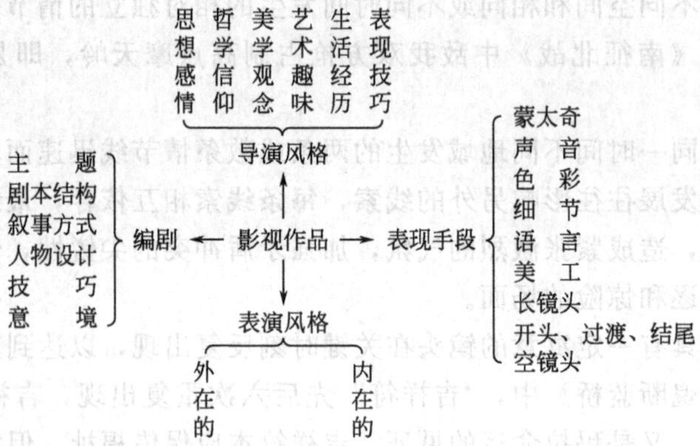

4. 佳作欣赏：《阿甘正传》

1995 年该片荣获第 67 届奥斯卡 6 项金像奖，包括最佳影片、导演、男主角、改编剧本、剪辑、视觉效果；3 项金球奖，最佳影片、导演、男主角。此外，是美国电影史上卖座电影前十名。

精彩影评一

“傻子”阿甘

在影片中，带着美国南方口音、智力有障碍的阿甘凝视着充满野性的珍妮，仿佛和美国小说大师福克纳的名著《喧嚣与骚动》中的傻子班吉是远亲。但两者显然有着根本的区别：班吉只是一个家庭衰亡的象征，是个真正的低能儿；而阿甘这个“傻子”却几乎代表了这个时代所缺少的所有美德：诚实守信，做事认真，勇敢无畏，重情轻财，反过来说则是具备这些美德便成了愚蠢，这真是对当今某些社会状况的一个莫大讽刺。

而阿甘所挚爱的珍妮则是堕落的象征，她染上了几乎所有的恶习，如吸毒、性解放等，最后她死于一种病毒——其实影射的是艾滋病毒。而阿甘却不计一切，始终如一地爱着她，影片在对他构成一种似是而非的责备的同时，更体现了他的纯真和善良。

阿甘如同一个战士，以他貌似简单、实则更为简单的头脑和特殊的才能以及强大的体魄为武器，一次又一次地赢得了生存和发展。这是一种对上帝奖励善良的希望，同时，它更包含了一种基调：向前，跑。有人说，这样奔跑会给人带来希望。事实上，希望确实存在，这部独特的影片赢得了如此众多的观众，吸引了甚至只喜欢轻松的娱乐片的观众，便说明了希望本身的魅力。

阿甘形象的塑造颠覆了正常世界中的英雄形象，与传统观念背道而驰，具有强烈的反传统、反主流性。阿甘的经历让许多“聪明人”相形见绌，导演就是想通过阿甘形象的塑造来反讽社会，反映社会现状，比如对人的异化、堕落的揭露等，借此来引起人们对社会与人们命运、前途的关注。有趣的是，阿甘身后总有一群尾随者，他们找不到人生的答案，盲目地追随阿甘，这就是美国当时社会的一种现实，人们对现实失望，找不到生存的动力与意义，只好无望地把命运寄托在别人身上。而阿甘却总能以乐观的态度面对现实，勇敢地跑下去，这不能不说是绝妙的讽刺。

在美国，阿甘就是第二次世界大战后五六十年代出生的这代群体的化身，在他们的经历中，3K 党、摇滚、越战，在和平的混乱中他们成长，道德的重建，个性的张扬，使他们的人生道路充满着变数，他们看来似乎缺少锤炼，步履蹒跚得让人放心不下，但他们终究是长大了，并且他们跑起来的速度出乎了父辈的意料。

在小说《阿甘正传》里，它的结尾是这样写的："不过，我跟你说，朋友，有时候到了晚上，我仰望星星，看见整个天空就那么铺在那儿，可别以为我什么也不记得。我仍旧跟大家一样有梦想，偶尔我也会想到换个情况人生会是什么样儿。然后，眨眼之间，我已经四十、五十、六十岁了，你明白吧？"

相信即使看到这里，每个人内心的惶惑感一点都不会减少，但同时我们也会油然而生一种超脱的感觉，就像我们仰望星空，感到一种自然的和谐和伟大的力量，虽然一些问题还是没有答案，可是已经变得不那么重要。时间总是无情地流转，它在催促我们不要因太多的思考而虚掷光阴。

精彩影评二

《阿甘正传》一开始就利用一个场景：在蓝色的天空中，一片羽毛随风飘舞，飘过阿甘所居住的城市，一会随风飘落了下来，一会又被风吹向了高空。经过在空中的起伏飘荡，最终飘落在故事主人公的脚下。这是导演运用长镜头对羽毛随风飘舞的描写，留给观众的是对羽毛产生的无尽想象，为故事情节的发展作了铺垫。随着羽毛的降落，镜头特写了阿甘的那双沾满泥、很破旧的球鞋，用特写镜头代替导演抒发了感情，暗示了将把鞋作为推动情节发展的因素。

影片中有一个大的特点是多次利用巴士的到站来串连起不同的乘客，这些乘客就是阿甘的听众，随着听众的变换串连起不同的故事情节。这是关联性蒙太奇的运用，而每次巴士到站则是重复蒙太奇的体现，因为它使一个巴士的镜头反复出现，强调了导演想要传达的某一个特定信息，加强了这部影片的题旨。另外还有一个大的特点就是使用同时蒙太奇，影片有两条线索，一条主线描写阿甘从智商低能儿艰难求学到上大学并取得许多成功到参军再到参加越战表现出色最后到退伍的一生，同时另一条线索是描写了珍妮为了求得荣誉和出名忍心离开阿甘而自己去闯荡漂泊的一生。这两条线索虽然大多是发生在不同的空间，但是由于导演对镜头的不断切换，使它们在叙事上呈现出互相关联的叙事段落，交叉剪接在一起，创造出一种联想的氛围和想象的无限空间。

描写两条线索的时候使用了结构性蒙太奇中的对比蒙太奇，阿甘的一生虽然经历了许多不幸和艰难，比如：军队严厉的训练，经受越战时生死的考验，但他的一生还算顺利，似乎有上帝在帮助着他，每次当他遇到困难的时候，信念和执著让他化险为夷，帮他脱离困境，并最终助他取得成功。而反观珍妮，她的一生并没有得到老天过多的青睐，比如她想成为著名的歌手，简单的想法却承受了一波又一波的打击。导演通过他们命运的不同来对比，让观众感受一种阿甘一生的神奇色彩，同时可以从侧面体会当时美国社会的奇怪现象。影片故事的情节也贯穿了许多细节性的对比蒙太奇，比如当阿甘没有缘由不知疲倦地跑步的时候，他忽然发现天际合一分不出哪里是天，哪里是地。还有阿甘在回忆越战行军的时候，原本暴雨滂沱，突然东海龙王下了停雨圣旨，即刻阳光绚烂等镜头。

这部影片镜头剪接的律动和节奏能强烈地刺激观众的情感。比如情节发展到越战的时候，插入了关于丹中尉的故事，他指挥士兵作战时受重伤被阿甘救起，他的腿被截肢而抱怨阿甘的救助从而对生命失去了活着的意义，他一直认为自己已经是个废人而毫无用处，他开始颓废虚度时光。这些关于丹中尉的情节看似对阿甘一生的主题不相关，但却巧妙地穿插组合在一起，还有就是在阿甘为了完成好朋友巴布的心愿，买了一条虾船，从事捕虾行业的时候，丹中尉意外地出现在码头，这时观众原以为丹中尉会一直沉沦颓废下去，可是当看到丹的身影时却能感到他的生命也在开始转变。另外，影片也在某些细节不断插入写实的镜头，比如林肯总统的遇刺、尼克松总统宣布越战要升级等。这些写实镜头让电影呈现出现实中原本就内涵多义暧昧的属性，让观众有主动参与去选择意义的机会。写实的镜头让观众感觉阿甘的生活随时可能会在普通百姓身上发生，因此相信阿甘的生活是真实的。

在影片中阿甘是一个智力较低的人，可是故事的每一个情节都体现出他本质上的善良、纯朴，可以看出阿甘是一个懂得如何去爱的性情中人，这两方面表现的落差通过镜头的剪接巧妙地传达给每一位观众。同时导演赋予阿甘自我叙述的镜头，整部片子就是阿甘对自己大半生的回忆录，以他自己的叙述为旁白，不仅在他的叙述中，在他和珍妮的交往中，想念珍妮的时候，和丹中尉的交往中，用自己的善良和朴实感化丹中尉的时候，甚至在他无缘无故地跑步中都发现了自己和丹中尉身上的一些教训和道理。在插入珍妮和丹中尉的镜头时，在讲述他们的坎坷命运时，通过对比，让观众在感情上与角色的处境紧密结合，随着珍妮的一次次与阿甘的相遇和分离而伤心，随着丹的颓废而失落，随着珍妮的吸食毒品而为她感到悲哀。导演无非在通过阿甘和珍妮的命运的对比，通过丹中尉命运的变化告诉观众一个哲理：人的命运是掌握在自己手中的，要靠自己的奋斗来创造命运，即便我们有各种缺陷，承受着各种不幸和灾难，但是只要能坚定一种信念，就能创造出奇迹。相信观众随着阿甘、珍妮和丹中尉各自的命运的起伏能够体会出其中的哲理！

可以看出，这部影片创作的艺术内涵很深，无论是故事的发展以及其表现手法给人的震撼，还是制片时的镜头处理等都相当高明，难怪那么多人喜欢这部影片，获得那么多奥斯卡奖项也是实至名归！

很多时候我们就像阿甘一样找不到做一件事的理由，很多时候我们都远不及阿甘，那些不知为何而做的事情总是非常轻易地半途而废了。人的一生往往就是这样，就像片头和片尾中那片随风飘浮的白色羽毛，大多数时候，我们也许都在随波逐流，这种飘浮没有具体的方向，平淡到令人厌倦。可是，一个腾挪一个转身，总还是可以由自己控制的，你只需尽力将它做得完满，不要计较你究竟得到了多少，那么，你就可以越飞越高，你会发现，越往高处的地方，越接近天堂，所以我相信阿甘的成功并不是偶然。

阿甘有很多自己的理论，他坐路边的长椅上和不相识的路人讲述他的传奇，他在每一个理论前面加上三个字：妈妈说。

——妈妈说，人生就像巧克力，你永远不知道你会尝到什么味道。

——妈妈说，你必须明白，你和你身边的人一样，你和他们并没有什么不同，没有。

——妈妈说，我只是告诉自己，当我做一件事的时候，我就要尽力去做好它，比如我这辈子做了你的妈妈，这是我无法选择的事，上帝把你给了我，我的孩子，我就必须尽力做好你的母亲，我做到了。

阿甘是个非常听话的孩子，这些话他都记住了，他说，笨人有笨人的作为。当珍妮叫他快跑的时候，他跌跌撞撞地跑了起来，跑散了他记忆中第一双神奇的鞋子，也发掘出了他的第一项潜质：跑。他一直在跑，开始是逃跑，后来他跑进了橄榄球队，再后来跑进了大学，跑得了学位。在越战战场上，他仍是牢记珍妮的话，跑回了自己的性命，也跑回荣誉和友情。

你不得不承认，其实很多事情的成功是有其偶然因素的，它并不会因你的处心积虑而更接近终点，却会在你不经意的时候，给你的努力以一个最恰当的褒赏。他忠诚，所以在越战中他独自脱离了危险的时候，他仍然跑回丛林中去找他的战友。他守信，他答应了战友要共买一艘捕虾船，但战友死了，他却在旁人不可思议的眼神中为他实现了遗愿，也为自己赢得了巨大的财富。他执着，所以他会在珍妮离开后一跑三年，穿越了整个美国，一直不停，他告诉你，他只是想跑，他用跑步丈量人生，这不需要以和平自由或任何冠冕堂皇的东西为理由。他友善，在他救回中尉的性命后，失去了双腿的中尉一直对自己不能战死在战场上却仍以残废之躯苟且偷生而羞愧、而恼怒，因为中尉是这样一种人：他视荣誉高于一切，他不能忍受平凡，是阿甘用友善唤回他对生命的信心，使他发现，即使没有双腿，人生依然可以充满生机。

阿甘并没有远大的理想，他失去的也有很多，他很少有朋友，他总是被聪明人嘲笑，他最爱的母亲和珍妮先后离开了他……但他永远知道如何让生命充满希望。所以他也就赢得了荣誉、财富和爱，这些常人可能永远不能兼得的东西。

这部电影为什么如此深受喜爱？虽然阿甘的智商只有75，但在他身上，我们看到了忠诚、守信、执着、友善这些人性中最为熠熠生辉、优秀可贵的品质、看到了对生命的执着、对生活的希望、对信念的坚定。平凡的生命，不平凡的人生。

当我们年华老去，回首来路，如果你可以对昨天的一切无悔，那么你已经拥有了非常成功的一生。

思考题

1. 如何欣赏书法作品？
2. 你最欣赏哪个书法家？在他的身上，你觉得哪些值得我们学习和借鉴？
3. 请为你最喜欢的影片写篇评论。

美学篇

一、美学基础

1. 美是什么

当今时代，人人追求美之味，个个都谈美之妙。不仅艺术，而且大到城市规划、设计，小到房室摆设、人体服饰等，人们几乎把自己的审美活动扩展到社会生活的一切领域，方方面面，审美化正在成为当代社会的重要组织原则。

那么美究竟是什么呢？

美给人带来的是一种本然的愉悦，试想如果你失去了对美的感觉，如果真这样，你一定会认为自己病了——或者体力不支，或者精神萎靡，或者感情上受到了伤害。对美的事物缺乏反应，这是更内在的精神沮丧的标志。阿隆·斯伯林曾经这样说："我无法给它一个定义，但它走进我的房间时我会认出它。"

《牛津英语词典》把"美丽的"这个词定义为"形状优雅、肤色迷人以及具有其他的种种特质，足以愉悦人的眼睛，唤起人爱恋的情绪：人的脸庞和体形所有的；其他事物所有的"。"在现在的日常用语中，这一词汇常用来描述那些令人感到极其悦目的任何事物。"词典要么把美定义为客观事物本身所固有的（如颜色、形状和其他种种特质），要么仅仅是事物本身所引起的观看者的一种快乐感受（哲学家桑塔亚那把美称为"客观化的快乐感受"）。

附：中国古人欣赏玉，时常以玉为美。为什么呢？这就在"以玉比德"，"夫玉者，君子比德焉"（《荀子》），实际上，这就是在玉与人，具体地说，与人的品格、德操之间具有一种本质上的统一性，具有一种现实的、实际上的联系和关系。试想，如果不是这样，如果玉与人之间没有这种本质上的统一性，没有这种现实的、实际上的联系和关系，那么"以玉比德"还有什么根据，还存在什么基础呢？有人说，玉性即人性，玉品即人品，这没有揭示别的，这实际上就揭示了玉与人、客体与主体是统一的这一事实。

中国人还素有对竹子的爱好，俗话"宁可食无肉，不可居无竹"就是证明。为什么中国人如此钟情竹子，以竹为美呢？清代画家郑板桥明确揭示，竹子，"瘦劲孤高，枝枝傲雪，节节干霄，有似乎士君子豪气凌云，不为俗屈"。人们赏竹，爱竹，以竹为美，就是因为竹子的品性、特质等与士君子即人的志向、操守等具有一种本质上的联系或统一性，具有一种现实的、实际上的联系和关系。

2. 中国当代美学四大流派

从新中国建立起，中国美学开始大面积地与世界接轨，在几次大的美学讨论中形成了四种主要的美学观点。

第一种，主观论。主观论美学以吕荧和高尔泰为代表。他们主张，客观事物美不美全在于主体的主观感受。凡是能被人感觉到的美，就存在，凡是不能被人感觉到的就不存在。所以，这一派是以主观感觉来判断美的。就其优点来说，强调了在审美活动中的主体地位，就其缺点来说，由于过于强调个人的感觉，使得审美失去了统一的标准，走向了相对主义。

第二种，客观论。以蔡仪为代表的一派认为，美是客观的而不是主观的。首先，美在于客观事物本身，与人的主观愿望和情感无关。其二，客观事物的美在于其典型性。所谓典型性，指能在个别性中反映出种类的普遍性。而美感就是人对客观美的反应。其三，美是永恒的，它既不被历史所改变，也不被人的主观情感所动摇。人的美感只能反映美，而不能改变美。这一派鲜明地坚持了唯物论的反映论观点。

评价：蔡仪的美学理论还局限于认识论领域。将美看作与人无关，这显然是不对的，美本来就是与人相关的一种价值。再者，典型的东西也并不一定就是美的，如典型的癞蛤蟆、跳蚤、毒蛇等就不怎么美。在这种反映论美学的框架中，美学基本问题被归纳为心-物关系问题。

第三种，以朱光潜为代表的主客观统一说。他认为，美既不单纯在主观，也不单纯在客观，而在于主观与客观的结合。为了论证这一理论，他还引用了苏轼的《琴》诗作为证明："若言琴上有琴声，放在匣中何不鸣。若言声在指头上，何不于君指上听。"朱光潜后来对主客观统一论作出了进一步的修改，使其带有了实践论色彩。其次，朱光潜进一步提出"物乙说"，为人与物、主观与客观的统一找到了一个中介，也就是物的形象，他称之为"物乙"。第三，朱光潜提出了艺术的生产实践论："单从反映论看文艺，文艺只是一种认识过程；而从生产劳动的观点去看文艺，文艺同时又是一种实践的过程。"

朱光潜的美学理论还有其不足之处，在很多时候依然是用"心"来吞并"物"，表现出惯有的唯心主义作风。

第四种，以李泽厚为代表的实践论。他认为，对美的根源的寻找不应在认识论领域，而应该到客观的历史实践中去寻找。李泽厚对美的认识具体表现为以下几个方面：第一，人类的劳动实践才是美得以产生的根源。正是在劳动实践中，产生了美的产品。正因如此，美不仅具有社会性，而且具有客观性。其社会性表现为，它是人类社会实践活动的结果；其客观性表现为，美是人的本质力量的外在化和客观化，具有不为主观意识所转移的特性。第二，提出了"积淀说"。美的形成和发展看成是历史积淀的过程，认为美的发展是一个自然人化的历史积淀过程。

实践论的理论贡献在于，将"实践"范畴引入了有关美的本质的思考中。探求美的本质，主要不能依据个体心理意识层面的所谓反映，而应依据群体人类物质实践层面的创造。这种实践的创造是过程性的，所以对美的本质的透视，不能局限于个体美感对它的横向的认识关系，还必须转向纵向的美的历史生成过程。

3. 美与美学

假设让非美学专业的人来回答什么是美学，恐怕没有几个知道正确的答案。这说明了一种有趣而又奇特的观象：人人都知道美，很少有人知道美学；人人都追求美，很少有人追求美学。

放眼世界，玛雅的神庙上的雕刻，埃及金字塔的壁画，伊斯兰壮丽的清真寺，印度幽雅的佛教舞蹈，古希腊的瓶画，中国的园林等都成了各个文化的学者讲到美时津津乐道的实例。

美学即美与学，怎样才能使美成为学呢？

上述的美只是人们在现实生活中对事物感性的见解，而美学作为一门社会科学，是在社会的物质生活与精神文化生活的基础上产生和发展起来的。美如何能够成为美学呢？

第一，美学来源于对美的哲学追问。

我们称一朵花为美，称一幢神庙为美，是什么使这些不同的事物成为美呢？必然有一个共同的东西使他们能够被称为美，正是这个共同的东西，成为理论的思考对象。寻得这个东西，并以它为基础来理解一切具体的美，这就是美学的任务，就是在这样的提问中美学产生了。这一思路形成了西方以美的本质为核心来研究审美对象的美学；从而也形成了美学家们对美学的第一种共认定义：美学是关于美的科学。

第二，美学来源于对人的心理所作的知、情、意的划分。知，研究真，与之相应的是逻辑学；意与散相关，与之相应的是伦理学；情感呢？也应该有一门学科，这就是美学。美学是研究感性认识的完善的科学，西方的知、情、意结构引出的是以审美心理为核心的美学。

中国古人把心理看作一个整体进行功能把握。知、情、意截然划分的不可能决定了在主体方面不可能有一个确定的领域来建立美学。但这种美学心理与美学家们第二种定义联系起来，即美学是以审美经验为中心研究美和艺术的科学。

第三，美学来源于艺术的统一性。

在文艺复兴时期，建筑、雕刻、舞蹈等艺术与科学相分离，艺术与技术和科学相区别，称为美的艺术。不同艺术有追求美的同一性，由此形成了以艺术为主要研究对象的美学，又称为艺术哲学。这种统一的艺术性产生了美学家们对美学的第三种定义：美学是艺术的哲学。

如果没有这三个源头就无所谓美学。可见美学的内容与研究对象不是单一的，而是多元化的，具体而言包括美、审美、艺术，还有审美教育。

二、美与美的价值

1. “人类一天都离不开美”——生活需要美

车尔尼雪夫斯基第一次明确提出了“美是生活”这一美学命题。他认为，美是人们认为最可爱、最宝贵的东西，这就是生活。凡是有利于生活、能够充分显现生活的，就是美的。反之，不利于生活、不能显现生活的，那就是丑的。他的理论将美从虚幻的想象的理念世界引向了实实在在的现实世界，使得美不再神秘，而成为有血有肉、可以亲近、俯拾即是的身边之物。这些正是这一理论最为伟大和闪光的地方。

爱美之心，人皆有之，“学会做人、学会求知、学会劳动、学会生活、学会健体”这五样，哪一个可以离开“审美”呢？

“学会做人”。对人的道德品质的培养一直是我们中华民族重视“教化”的理论依据所在。比如《国语》中有关“夫美也者，上下、内外、小大、远近皆无害焉，故曰美”；《尧曰》中的“尊五美”即“惠而不费，劳而不怨，欲而不贪，泰而不骄，威而不猛”以及孔子的“吾未见好德如好色者也”和孟子的“里仁为美”等，所有这些都是从一个人的道德修养的细节角度来阐述美的重要，而不是板着面孔去说教。“德育”固然重要，但不能离开“美”。我们常讲“美德”，这其实在词汇结构上就是说“美德美德，先美后德”，一个连美丑都分辨不清、甚至美丑颠倒的人，怎么能指望他去做个有德行的好人？马克思在阐述什么是共产主义时讲到，共产主义从某种角度来说就是人性的复归和完善，而人性即为求真、向善、爱美。

“学会求知”。人们学习是为了获取知识，但是否是所有的知识都应该掌握呢？特别是对青少年而言。比如有些电影、电视剧和文学作品，把犯罪的过程描写得很细致，在客观上就起到了教唆的副作用。即便是正面的知识和技能，如果我们不能以审美的心态和出发点来运用，也一样会走向真理的对立面。历史上那些战争狂人不就是把一些科学知识和发明用到毁灭人类上了吗？可见求知也有审美价值取向的问题。

“学会劳动”。什么是劳动？不少人简单地理解成“干活”。《新华字典》里将“劳动”解释为“人类创造物质或精神财富的活动”，而“创造”“财富”的过程和结果，一定是和使人身心愉悦的美密不可分的。有这样的例子：比如一个学生在父母的呵斥下，极不情愿地将一个液化气瓶从楼下扛到楼上，这只能叫干活，而不是劳动；因为这里既无愉悦，也无创造。这和马克思的“劳动产生美”的劳动没有关系。

“学会生活”。早就有人讲过“生活中不缺少美，而是缺少对美的发现”。车尔尼雪夫斯基的“美是生活”和高尔基的“人类一天都离不开美”也告诉我们美在生活里的重要价值。从此种意义上讲：生活是美好的。我们把“学会生活”简单到如何穿衣、打扮上，时下的过分的“低腰裤”、“露臀装”怎么能体现出着装者本人懂得怎样穿衣打扮才是美的起码的生活道理呢？

“学会健体”。有人从“身体是革命的本钱”的角度说：如果健康是“1”，其他的都是“1”后边的“0”。听上去蛮有道理的。但这是仅限定生物学上的对人的解释。反过来，仅有个“臭皮囊”、“腹内全是草莽”，这样的行尸走肉又有什么活的价值？所以健是美的基础，美则是健的升华。

综上所述，“学会做人、学会求知、学会劳动、学会生活、学会健体”都与“审美”有关。从人类生活内容来看，自然、社会、艺术中，无处不存在美，无处不涉及美，无时不反映美，无人不谈论美。美渗透到人类生活的各个角度。

2. 劳动者是最美的人

一个家庭的幸福离不开一家人的辛勤劳动，一个地方面貌的改变，离不开一群人的辛勤劳动，一个国家的兴旺，更离不开全国人民的辛勤劳动。我们吃的粮食，住的房子，穿的衣服，坐的汽车，还有科学技术，文化艺术，哪一样不是劳动的“结晶”呢？

附：一个经典小品里有这样的台词：“没有广大劳动人民，吃啥？没有广大劳动人民，穿啥？没吃没穿了，你还臭美啥！”“我觉得劳动者是最美的人！”这两句话引起了观众的热烈掌声。是的，劳动是伟大的，劳动创造了世界，劳动创造了人类。劳动是美丽的，劳动使我们的生活越来越舒畅，让我们的环境越来越舒适！

波罗的海岸边有个叫塔林的城市，很多人家里都有古老的火炉和高高的烟囱，清理烟囱十分困难，也十分危险，而且身上总会落满烟尘。每当人们见到从事这项工作的工人时，总要虔诚地用手摸摸他们工作服上的烟灰，因为他们认为这会给自己带来幸福。节假日，当地的男士还会带上十分显眼的高筒礼帽，象征着高高的烟囱。

因为工人的劳动，我们住进了宽敞明亮的宿舍楼房；因为公交司机的劳动，我们享受着便利快捷的交通；因为售货员的劳动，我们感受着舒适轻松的购物环境；因为教师的劳动，我们学习着涤荡心灵的文化知识。

附：我国汉字中的“美”由羊、大两字拼成，“羊大为美”。《说文解字》中说：“美，甘也。从羊，从大。羊在六畜主给膳，美与善同意。”羊成为美的对象和社会生活中畜牧业的出现是分不开的。羊作为驯养的动物是当时人们生活资料的重要来源，是人类可亲的对象。尤其是对原始人类来说，还有什么东西比又肥又大的羊能使其感到美呢？从“美”字我们可以看出，美与经济实践是密不可分的。

随着生产实践的发展，人类的需求开始多样化，从中便萌生了有意识地创造美的活动，而这种美的创造始终没有同物质生产与生活相分离。古希腊学者苏格拉底说：“任何一种东西如果它能很好地实现在功用方面的目的，它就同时是善的又是美的。”因此，随着人的社会实践的发展，劳动对象成了美的对象。只有人才能在劳动实践中，不仅把产品作为美的对象，而且把人的生命活动本身，即劳动活动和生活本身作为美的对象，从而使美的领域在自由创造的实践中逐渐扩大起来。正是从这个意义上，马克思说：“劳动创造了美。”

劳动作为一种创造手段，更作为一种人类特有的社会性合作方式，它不仅创造了环境的美、生活的美，还创造出了人类社会特有的和谐之美。人们在劳动时会有合作、互助，整个劳动的过程，即是人们之间调整关系、人类和自然之间调整关系的过程。可以说，没有劳动关系的和谐，就没有整个社会的和谐进步，没有人类与自然的和谐相处，就没有地球生物的和谐共存。随着社会的进步和发展，社会关系和人类与自然的关系会变得越来越和谐。

每个人都在劳动中创造和改变着世界和生活，也在享受着劳动带来的美的生活和感受。这不仅包括外在的社会关系和社会环境，还包括自身的美的感受。一个能正常劳动的人应该是健康的人（至少不是病人），健康的人即是美的。劳动本身也会“创造”出美来，比如美的劳动姿势，小品《模特队》里就把劳动人民的劳动姿势美化成模特表演，而一些文艺作品里描写的劳动姿势（比如说纺线、耕田、织布、挑水等）也是相当优美的。

人们还用最简洁、最喜闻乐见的方式——歌曲来表达劳动的快乐、美以及对劳动的赞扬。有描写渔民新生活的东北民歌《乌苏里船歌》，也有抒发山民劳动愉快心情的四川民歌《太阳出来喜洋洋》；有战争时期的劳动歌曲《南泥湾》，也有时尚的轻音乐《金梭和银梭》；有商业小调《卖货郎》，也有产业工人歌曲《我为祖国献石油》……哪一首不是脍炙人口、传唱不衰的传世佳作？这些歌曲之所以受到数代人的喜爱，不仅仅是因为它的曲调优美，更重要的是它反映了人们劳动的真实场面和劳动中、劳动后那种充实、满足的真实心情。

三、社会环境美

1. 和谐家园——社会生活美的环境价值

说到环境美，在我们非常熟悉的“五讲四美”中便可找到，但我们认为“五讲四美”中的“环境美”，其侧重点更像是一种以整洁、干净为主要内涵的“环境卫生”。所以不少人一提到“环境美”，首先想到的是“宿舍”、“教室”、“校园”、“小区”、“公园”、“街道”是否井然有序、设施齐全、清洁漂亮等，其实社会生活美中的“环境美”主要并不是这些物质条件，它应该是人类得以共同工作、学习、生活的社会大环境。而这社会大环境则是由社会氛围美和生存空间美组成。

何谓社会氛围美，我们给出的定义是：在现实生活中人们赖以生存、成长、发展的社会土壤和社会风气的总和。它大到一个国家、一个民族、一方区域、一座城市，小到一所单位、一个小区、一个车间、一户家庭，在这里我们每一个人是否能去创造、爱护和感受到这个环境的美，则是我们的家园是否和谐美好的关键。

社会氛围美的主要内涵应该概括为“三宽原则”，即宽松、宽容、宽宏。

宽松，主要是指一个社会或者一个集体或者一个家庭，是否能营造出宽松民主的气氛，主要是看其各成员在这一环境中形没形成一种心态平和、轻松自然、心情舒畅的良好风气。而这良好风气的形成，是看各成员之间相互是否能有一种宽以待人的姿态、言语，特别是是否在这个集体里形成“退一步海阔天空”的谦让、忍耐、包容的风尚。

宽容、宽宏的主体和客体是不分高低贵贱的，你如想要领导他人，甚至让整个集体宽容你，你首先要有一个“解剖自己要严于解剖他人”的良好心态。

宽恕他人、慈悲为怀并不是基督教或者佛教的专利，在倡导建设社会主义的人类和谐家园的今天，有条件地宽恕他人是人与人之间和谐相处的重要原则。我们既不能像基督教那样，无原则地宽恕一切人和一切事，比如基督教的“要爱你们的仇敌”；也要学会有条件地宽恕他人，就像列宁所说：“年轻人犯了错误，上帝都会原谅他。”而真正的宽恕带来的友谊与团结，则必将使我们人类的家园充满了和谐的美。

2. 人际关系美

社会生活美中的关系美，主要指在社会生活中，人与人之间互爱互助、相互尊重的和谐、美好的关系。这种关系是以美为主要特征，但又体现出一定的功利性，即实用原则。那么如何处理好人际交往中的审美关系和实用关系，则是我们这里所要重点探讨的。

人与人之间的关系千姿百态，多种多样，但最为常见的也就是四种：情侣（夫妻、配偶）关系，兄弟（姐妹、兄妹、姐弟）关系，朋友关系，同事关系。下面我们从生活美学的角度，探讨这四种关系。

(1) 爱情美

人与人之间最自然的、原始的、最基本的关系当然就是存在于情侣、配偶、夫妻之间的情爱关系。对于此种关系，古今中外无数文人学者、作家艺术家都给予了各种各样的诠释、剖析、描写和歌颂。

如从生活审美学的角度来考察，人类最高级、最美好的情感，大概也就是爱情。古今中外历史、文学艺术史中曾有过多少令人讴歌、千古传诵的美好爱情。

在论述产生爱情的重要因素时，恩格斯说过：“不言而喻，体态的美丽、亲密的交往、融洽的旨趣”是其重要因素。

附：“体态的美丽”：包括人的容貌、外形、风度等。著名文艺评论家何其芳曾说过“异性间的爱情最先总是由外貌的吸引”，这是种不应讳言的客观事实。古代的一见钟情便是如此。《红楼梦》里面，贾宝玉第一次见到林黛玉的时候，林黛玉想，贾宝玉也想，他们同时都想，好像在哪里见过。实际上是平时生活中得到的一种美的观念，就是对方那个样子，因而就相爱。

现代科学的一些研究成果也为爱情审美的这种认识论意义提供了证明。德国《彩色画刊》1996 年在《一见钟情有科学根据》一文中报道：科学家对产生爱情的化学作用进行了研究。瞬间产生的爱情不再是秘密：男人和女人各自把所梦想的对象的情况储存在自己的大脑中，就像把数据储存在软盘上一样。在第一次目光接触时，眼睛就把捕捉到的有关对方身高、体形、眼神、头发的颜色、发型、风度以及服装等最初的信息通过视神经传给大脑。“特征与所储存的理想条件越是吻合，大脑发出的信号就越是强烈：这就是爱情！”

这一研究成果充分揭示了，男女双方的面貌、气质或神态等都与彼此的审美理想、愿望和要求等（“理想条件”）相一致、相契合，从而彼此之间才会由衷地感受到对方美，感受到对方的魅力。而从审美认识论意义上讲，这仍然是一种彼此感受上的相互认同。

但古希腊哲学家苏格拉底也说过：“爱人至少要在心灵方面没有欠缺，如果只是身体的欠缺，那还不失其可爱”。英国哲学家罗素也讲到：“一个美丽的姑娘只能悦目，带来的只能是一时的欢乐；一个高尚的姑娘可以赏心，带给你一辈子幸福。”可见“体态的美丽”在选择爱人上不是重要的标准，更不是唯一的标准。

“亲密的交往”：包括相互间的了解、谦让、宽容，互相体贴、入微的关怀，但这不等于朝夕相处。我相信这样一句话：朝夕相处的人不一定能成为朋友，但生活中你只见过一面的人，却很有可能成为你心心相印的战友，这是爱情美学的复杂性的表现。我国宋代著名词人秦观就曾经写过“两情若是长久时，又岂在朝朝暮暮”的千古名句。其实在现实生活中，我们经常会看到有的人是“在月色下相识，在阳光下相爱，在风雨里分手”。其最主要的原因是在相互交往、特别是在婚后的相处中缺少一种“同舟共济”的精神与境界。正如林雨堂先生所说：“婚姻犹如一艘雕刻的船，看你怎样去欣赏它，又怎样去驾驶它。”

“你来自春季，我来自秋季，我们彼此一努力，来到了火热的夏季。”两个原先互不相识的人，产生了爱，但一个是在春风的吹拂下，一个是在秋日的沐浴中，两个人如果彼此不努力，又怎么能一同来到火热的爱的盛夏呢？可见，办法只有一个：即在秋天的人要放慢脚步、甚至先停下来，去迎接从春天赶来的人；而来自于春季的人要加快脚步追赶前面的人，于是在各自的努力、谦让、甚至某种妥协下，两人在爱的夏天携起了手，一路欢歌，一同向着爱的终点奔去……正是从这个意义上，黑格尔才讲：“爱情里确实有一种高尚的品质，因为它不止停留在性欲上，而是显出一种本身丰富的高尚优美的心灵，要求以生动活泼、勇敢和牺牲的精神和另一个人达到统一。”

“融洽的志趣”：包括理想、事业心、意志、情操、性格、习惯、爱好等，相互之间要能够融洽，但不要求完全一致或相同。这是心灵上的美，是闪光的、是高尚的、是伟大的、是珍贵的、是美好的、是难得的。

附：马克思与燕妮的爱情光耀千古，堪称典范。他们为什么以对方为最美，视对方为最爱呢？这就在他们在本质上具有高度的革命统一性，即审美价值。燕妮本人曾深刻地揭示了这一点：“他（马克思）的忧愁和快乐，同样也是我的忧愁和快乐，他的道路就是我的道路，他的思想就是我的思想。”

周恩来和邓颖超的爱情也为人们传为佳话。他们之所以以对方为最美，视对方为最爱，同样基于他们在本质上具有高度的统一性，即审美价值。众所周知，他们都具有崇高的革命理想、伟大的献身精神、高尚的道德情操，他们都为了崇高的革命理想而“鞠躬尽瘁，死而后已”。

(2) 亲情美

中国语言的丰富文化内涵和深刻意义可以说是一些国家和民族的语言所无法比拟的。就拿“情同手足”或“手足之情”来说吧，它无论是在人体的生物学意义上，还是在文化的象征意义上，或者说在美学的比喻意义上，都恰如其分、相当深刻地道出了兄弟姐妹之间亲情关系的审美价值。

众所周知，一个人的手和足，在通常情况下，是同一天出生、同一天消亡的。尽管有的成语也可形容人们之间十分密切而重要的关系，但似乎都没“情同手足”或“手足之情”来形容兄弟姐妹之间或好像兄弟姐妹一样的人之间的关系恰当而准确。唐代李华在《吊古战场文》中所言：“谁无兄弟，如足如手。”

在一个人和生命的初期阶段，父母和兄弟姐妹会与他相伴；长大成人后，他又有伴侣和子女相伴；等到了中年之后，他的父母会相继离他而去。那么，我们可以得出这样的结论：他的父母陪伴他走完他人生的前大半个旅途，他的伴侣和孩子陪伴他走完他人生的后大半个旅途；陪伴他走完他人生的整个旅途的，一不是父母，二不是伴侣，三不是子女，而是他的兄弟姐妹。从这时间的意义上，我们也同样得出兄弟姐妹之间亲情美的重要性。

正因为文明人类都意识到了兄弟姐妹之间亲情美的重要性，所以我们古人早就有“四海之内皆兄弟”的说法；当两个国家之间关系十分密切时，有“兄弟般的友谊”之美称；当象征不同民族之间的大团结时，有“56个兄弟姐妹是一家”的赞歌；当英雄好汉志同道合时，会结义成“不求同年同月同日生，但求同年同月同日死”的生死弟兄；甚至在年轻人的日常人际关系交往中，也会常对很要好的朋友称其为“哥们”或“姐们”……

在中国古代伦理文化里，对兄弟之间的亲情美的重视仅次于对父母的孝心。如“入孝出悌”就是说回家要孝顺父母，出外要敬爱兄长。有人感慨：“至亲者莫若骨肉，而手足之情，既长且久，当兄弟姐妹犹在之时，更要珍爱，相互勉励、扶持，切莫伤和气，毕竟‘一回相见一回老，能得几时为弟兄’。”“又心常怀有兄长、弟妹之情，则敬亲爱亲之情油然而生。由此扩大，周遭之人亦极易融合为一家人，如此上下和睦，一片祥和之气，充塞于宇宙间，此乃真自然之道矣！”

(3) 友情美

古往今来，朋友之情不断被人们歌之咏之，颂之赞之，正是因为朋友之间那种心与心交融的真挚的情感让人们激动不已。那是一种醇正的人情美、真正的友情美，而真正的美从来都是不用雕琢的，“豪华落尽见真淳”，从呱呱落地那一刻起，我们就生活在各种社会关系中。有哲人说，所谓美好生活就是把各种关系都处理好的生活，所谓成功人生就是把各种关系都打理好的人生。

附：在职场中，人际关系的重要更是不可忽视，怎样能够在职场中游刃有余呢？

做一个温暖的人，当别人遇到困难时，在自己力所能及的范围内提供一点帮助，即便无法提供实质性的帮助，也要捧上一颗同情之心；当朋友升官发财人生辉煌时，真诚地道一声祝贺，锦上添花也是一种温暖。当你温暖别人时，别人就会本能地靠近你。

肯定别人，人人都有被肯定、被重视的心理需要，我们总是会不自觉地喜欢那些肯定我们、赞扬我们、鼓励我们的人，因为我们能从他们的言语中获得更多的自信和价值感。

传递快乐的情绪，情绪是会传染的，人人都喜欢和快乐的人相处，积极乐观的生活态度不仅能给人带来快乐，还能带来力量，不知不觉被你所吸引。

宽以待人，以宽容之心对待别人，不要求别人事事处处都让自己舒服顺心。对朋友的缺点淡而化之，对朋友的优点多加赞赏。当朋友说了让自己不高兴的话、做了让自己不开心的事时，能够站在朋友的立场看一看、想一想，多一份体谅之心。不苛求别人的人，往往给人轻松之感，容易受到欢迎。

怀随缘之心，人与人之间是需要缘分的，如果尽心尽力后依然难以和某人和谐相处，那么就随缘吧。拥有好的人际关系不代表得到所有人的认可和喜欢。不过分渴求好的人际关系，反而能在人际交往中获得平衡之美。

家和万事兴、和衷共济、和气生财、心平气和、和为贵等，都从不同的角度突出了人际关系的和谐之美。

人际的和谐，需要理解和谅解，即不计前嫌、容纳非议、宽以待人、严于律己的君子风度；更需要学会“忘却”和“宽容”的态度对待人和事。即忘却昨日的是是非非、恩恩怨怨，忘却名利、地位和得失，学会宽容，你就不会为鸡毛蒜皮的小事而耿耿于怀。“心底无私天地宽”，这是做人的哲学，如果你做到了，就会觉得心舒、气顺、体更健。不会忘却、不会宽容的人，往往会给自己平添许多苦闷、烦恼，乃至心情烦躁，精神不安，情绪不稳，长此以往，就易患上不良心理疾病，也会给他人、给社会带来不和谐的后果。因此有“好心情就是一剂良药”之说。

现实生活中，难免有是非得失，但更多的是非原则性的小事。既然是小事，就应心平气和地对待。多一分理解、宽容，便多一分宁静、多一分和谐。大而言之，和谐可以使一个单位、团体、社会、民族更加团结，不断发展、进步；小而言之，和谐可以使一个人增加更多的内涵，拥有更高尚的精神境界。如果我们每个人都能与人和谐相处，我们的社会就会变得更加和谐。

和谐之美在于宽容。拥有宽容才会有和谐。因为宽容是人类情感的种子，她能在人类心灵这片土上扎根发芽，在爱的呵护下茁壮成长。宽容之心是伟大的，她能无私奉献，从不计较得失，她能化悲痛为力量，她可以将快乐毫无掩饰，她可与幸福同行畅游天地间，她可以让人间充满真情，让我们感受阳光般的温暖、雨露般的滋润。

和谐之美在于理解。拥有理解才会有和谐。理解是人与人之间消除隔阂、实现心与心交流的基础，是体现和谐之美对每一个人的尊重。这里我要说一句孔子的话：不患人之不已知，患不知人。意思是说：一个人不要总是担心和埋怨别人对自己的误解和非议，而应该首先提醒自己是否去理解了别人。如果我们大家真正领会、做到了这一点，那么建立一种健康和谐的人际关系、营造一种团结向上的工作氛围就不是想象的那么困难。

和谐之美在于诚信。拥有诚信才会有和谐。诚信是和谐之美的结晶：诚信好比一枝玫瑰，在花园中她最美，美得娇艳欲滴，美得热人心潮。百花丛中她最美，美得无瑕、美得高尚。有了诚信，和谐之美足以体现！愿你拥有诚信之花，送给身边的每一个人，让人间多一缕馨香。

和谐之美在于友善。拥有友善才会有和谐。携一颗友善的心，来面对鸟语花香的自然。对每一朵花友善，让你拥有一个花香四溢的春天；对每一只鸟友善，让你拥有一个燕歌莺啼的清晨；只要你对每一棵树、每一滴水、每一株草友善，你就会拥有一个天蓝、草绿、水清、树茂的世界；只要你对每一个人友善，你就会拥有快乐的天堂。

和谐之美让人们生活在一种平等、互助、理解、爱护的大家庭中，像是一幅安定团结、五谷丰登、社会安康、幸福的水彩画。走在大街上，扒手、小偷没有了，公共场所关爱和理解的话语多了，“您好、对不起、谢谢、没关系”随处可见，人与人之间关系那么友善、亲近，真像一家人似的，不文明的行为没有了，草坪上没有人去乱踩、乱走，花儿没有人去随便采摘，大街上没有顺手被丢弃的垃圾……

四、人的自身美

1. 人体美及其欣赏标准

罗丹曾讲过：“自然中任何东西都比不上人体更有性格，人体，由于它的力，或者由于它的美，可以唤起种种不同的意象。”“我们在人体中崇仰的不是如此美的外表的形，而是那好像使人体透明发亮的内在的光芒”。

车尔尼雪夫斯基也说过：“人体通过皮肤发着光彩，因而赋予人类的美以百般的魅力。”人体美是任何美都无法代替的。

人体美，指人的自然形体美，包括人的形体和容貌的美，是人的生理形态显现出来的美，也属于人的美中的“自然美”(即顺其自然的形态美)，同时也有属于形式美的重要因素(如以人体中轴线为中心的对称、均衡等)。

如何欣赏人体艺术呢？首先要明确人体是美的，不是邪恶的。早在古希腊人就相信，人体是应该引以为自豪之物，并应使它保持完美的状态，德国诗人歌德说：“不断升华的、自然的最后创造物就是美丽的人。”以人体作为传达艺术家感情的载体，艺术家通过艺术创造，赋予人体以千种色彩、万般体态。其次，人体艺术是高尚的、神圣的，不是淫秽的。人之所以喜爱人体摄影艺术，是由于艺术家借用人体语言来崇拜生命、赞美自然、歌颂青春、讴歌爱情、追求自由，这种创作表现是产生优秀人体艺术作品的内在动因，最后应该学会用艺术的眼光去欣赏人体美。

人是万物之灵。几千年来，人体一直被人类自己作为美的对象来研究、认识和表现。人体是以其最高妙、最完美的造化，体现了人类诸如和谐、典雅、热情、智慧以及创造欲望等优秀品质，成为艺术家采掘不尽的宝藏。

人体美，尤其是女性人体的曲线之美，使人类对人体形成了以S曲线变化为核心的共同的审美情结，这流转起伏的曲线，是有节奏、和谐的动感美。在人体上，我们可以认识到上下、左右、前后的整体关系，可以理解整体、局部的协调统一，可以感受到曲与直、方与圆、软与硬的对比和和谐产生的旋律、节奏关系。人体的任何一个动作变化都不是孤立的、局部的，它们都将牵涉到全身的变化。这种变化不仅体现外部形体的丰富多彩，同时表现着人的内心体验和精神本质。

人们曾经认为，不同的文化、种族和年龄特征的人，对人体美会有不同的审美情趣。但最新的研究却显示，在来自13个国家不同种族的人面对一组不同面容的照片作出判定时，尽管有着不同的文化背景，这些人在对人体的审美观上达到了一致：美丽女性的面容是额头饱满、嘴唇丰满、颚骨短小和下巴尖细；英俊男性的面容则是颚骨宽大、下巴较宽和眉毛粗浓。

当然，要提出一个体形美的标准是不容易的。因为常识告诉我们，不同的时代有着不同的审美观，在生产力低下的农业社会，人们以肥胖为美；而在现代社会，肥胖恰恰是人们所竭力避免的。

附：中世纪意大利数学家菲波拉契在调查了大量人体数值后获知，人体肚脐以下的长度与身高之比接近0.618，其中少数人的这个比值等于0.618，被视为“标准美人”。因此，人体绘画、美术、雕塑等方面，都以这一比例为标准，以使作品最佳。如古希腊神话中的太阳神阿波罗的形象、女神维纳斯的塑像，分别代表男女形体美的典型，并完全符合黄金分割律。人体还有几个黄金点，肚脐以上的黄金点在咽喉，肚脐以下的黄金点在膝关节，上肢部分的黄金点在肘关节。有人断言：“宇宙万物，凡符合黄金分割律的总是最美的。”

人体的最基本姿态可分为站立、行走、坐卧三个方面。俗话说：站有站相，坐有坐相，也就是指站的姿态要美，坐的姿态要美，这里的相，即姿态。古人有“立如松、行如风、坐如钟、卧如弓”的说法，这是对人体各种姿态的审美要求。只有符合这些要求，才能具有各种健美的体态。健康美通过人的优美的姿态、健壮的体形和充沛的精力等表现出来。优美的姿态指人的身体各部位的匀称，具有优美的曲线，站立、坐卧的姿态稳当。外在的优美姿态是由内有的健壮体魄支撑着的，端正、均匀、协调的健壮的骨骼附着于发达的肌肉和红润、光洁的皮肤，会给人以柔软的弹性感。

2. 服饰美及其审美原则

认识服饰美的价值，需要明确两个问题，一是服饰美的要素，二是服饰美的核心。为了取得好的审美效果，也为了创造美的服饰艺术，就要了解怎样创造美。

服饰美共有人体美、服饰结构美、原料美、人的内在精神美四个方面，四者有机地统一在一起。人体美主要是指人的体形健美，这是穿衣服美不美的首要条件；服饰结构美，主要是指讲究服饰形式的艺术效果；原料美，即服装原料的质地、色彩、触感等很好地起到配合服装结构和人体的肤色以及周围环境的作用。但最终要强调人的内在精神气质与服饰美有很密切的关系。

服饰美的核心是表现人的美，服饰的作用，从积极意义上来说，是为了衬托人、突出人、美化人；从消极意义上说，是为了弥补人的形体缺陷与不足。人的美，包括人体美和心灵美两个方面。人体美，比较集中地体现着比例、均衡、对称以及和谐美的规律。战国时的宋玉在《登徒子好色赋》里形容东家之女的美貌说："增之一分则太长，减之一分则太短"。就是说，因增长或减短而破坏了比例的匀称，造成了人体的不协调。心灵美，是内在的，只要考虑在服饰文化的内涵上加以物化体现，也就是通过服装造型来体现生活情趣。表现人的美，应该成为着装的基本理念。

关于服饰美的法则：

服饰美偏于形式美：讲究整齐一律；讲究对称均齐；讲究平衡安定；讲究节奏韵律；讲究比例分割；讲究调和、对比；讲究主从、呼应；讲究统一变化。这些都是属于服装美的内容。所谓"美学"，是指艺术的辩证法，上述服饰美的要求应用辩证的观点来对待。

服饰美指人的衣服美和装饰美。衣服美包括质料美、款式美、色彩美；装饰美包括发型、头巾、纽扣、花边、鞋袜、帽子、面纱、腰带、手套、挎包、首饰、美容等方面的美。服饰美关系到每一个人，从古到今，从中到外，无一例外地都是人们最感兴趣的问题之一。

爱美的天性，使得每个人都有打扮自己、美化自身的强烈要求，而服饰是美化自身最得力有效的手段。俗话说："三分长相，七分打扮"；"人靠衣裳马靠鞍"；"佛要金装，人要衣装"；"花靠叶衬，人靠衣衬"；李白有诗云："云想衣裳花想容"；有的美学家甚至说："衣服是人的第二皮肤"。凡此种种，都说明服装在衬托表现人体美方面的特殊作用。服装不仅能美化人的仪表，表现人的个性，体现一个人的文化素养和精神风貌，而且在某种意义上，反映着一个国家民族的物质文明和精神文明的程度。郭沫若曾说："衣裳是文化的表征，衣裳是思想的形象。"可见服装就像一面镜子，可以照见一个时代的文化面貌和人们的审美水平。服饰美的总原则是表现人的美，使人体美锦上添花，显得更美。穿者是审美的主体，服饰美是完全为穿者服务的，不是为服饰美而服饰美。一件服装本身很美是一回事，它能否显示穿者人体的美，进而增添他们的风采，是另一回事。如果喧宾夺主，只见服装不见人，那就是适得其反了。为了达到理想的审美效果，在服饰方面，应善于扬长避短，起到遮丑显美的作用。每一个天然人体都不可能是十全十美的，就连古代绝色美女西施、王昭君等人也不免还有小的瑕疵。而服饰的美化作用，正可补救形体的某些不足，遮掩某些缺陷，来修饰人体，巧妙衬托，影响人的外在视觉，增添人的美丽光彩。所谓扬长，是指利用服装的不同款式、造型、色彩、质料、装饰等手段，使人体得到适当的调适，增添了人的美，使人体美因服装美而得到补充、延伸和发展；所谓避短，是指充分利用服饰的调适手段遮掩人体的某些不足，转移他人的视力，戏称之为障眼术。

服装的功能和价值有二，一是护身遮羞，二是愉悦审美。前者是低级阶段，后者是高级阶段。服装的美学价值越来越被人看重，它的质料不断改进提高，款式日新月异，色彩流行变换，其核心问题是为了审美价值，美化人体。如果仅为了护身遮羞，服装设计师就用不着煞费苦心了。20 世纪 60 年代以来兴起的新潮时装运动，正以快速迷人的演变发展，不断寻求着新的美。

人穿服装，最重要的有两条，一是要适体，就是要合身，把服装美和人体美统一起来，这就要考虑到穿者是因人而异的，要认真考虑他的体形、性别、年龄、职业等方面；二是要适时，就是要适合环境，把服装美和环境美统一起来，这就要考虑所穿的服装能适应不同的场合、时令、时代、习俗等方面。

3. 风度美及其重要价值

风度美是指一个人在仪表举止、风采气质等方面综合表现出来的美，也就是俗话说的风格派头之美，如高雅脱俗、神采飘逸、落落大方、彬彬有礼等。风度的含义比较复杂，是人格心性的外化表现，常常可以显示一个人的文化素养、精神风貌，它往往通过举止、神态、服饰、谈吐等方面表现出来。风度绝不是一个单纯的外表形式问题，它是美的内涵包括一个人的精神气质、才智修养的表露。所谓神采照人，风度翩翩，就是形容一个人有美的风度。青年男女的风度美，首先应体现在有朝气蓬勃的青春风采，形色鲜嫩，风姿活泼，动作敏捷，精神焕发，看上去是翩翩少年和红颜少女。

漂亮和时髦不等于就是风度美。一个姑娘容貌美丽，身材苗条，穿着讲究，首饰炫目，这些能构成人的外表美，但缺乏发之于内在的涵养，没有高雅的气质，仍然不能算风度美。如果她站没站相，说起话来又表现得粗野和无知，怎能让人获得美感？风度贵在美的内涵自然外露，不是靠打扮就能装出来的。

据报载，时下，一些城市出现了“糙女”，并成立“糙女俱乐部”，聚会主题居然是提倡说脏话。据了解，这个俱乐部提倡女人应该毫无顾忌，哪怕说脏话来争取自己的利益。

何为“糙女”？从报道中可知，“糙女”即“粗女”，就是讲脏话的女性，而且这样的女性不是没文化、素质低劣的人，而是衣着光鲜、气质高雅、事业上小有成就的白领。这很让人一头雾水，为什么提倡女白领说脏话呢？当然“糙女俱乐部”自会有她们的理由——让女人释放自己，“通过对日常生活和工作中出现的各种现象畅所欲言的方式，来追求自己的权利，张扬自己的个性，显示女性魅力”。

据调查显示，41.1％的白领正面临着较大的工作压力，61.4％的白领正经历着不同程度的心理疲劳，白领们的健康状况令人担忧。有压力，自然要为压力找到宣泄的途径，否则憋在心里要出毛病的。按照心理健康的标准要求，应该是找健康、科学、有益的途径和方法，比如游泳、打球、散步、心理咨询等。而毫无顾忌地说脏话，显然是一种不文明行为，它不仅不会排泄出不良的情绪，反而会带来更大的负面心理。语言美是从小就要学的做人基本规范，说脏话既不文明，又失教养，既丢自己的面子，又让别人难堪。往大处说，这是颠倒了荣辱观，不仅让自己出丑，更让社会蒙羞。这样的人，何美之有？

风度美又是多种多样的，有的粗犷豪放，有的温文尔雅，有的高雅雍贵，有的潇洒俊逸，有的端庄大方，有的清纯秀丽，有的活泼机敏，有的优雅聪颖，有的稳健沉静，有的纤柔轻情。在男女性别上也有差异，巾帼风度有女性性征美，须眉风度有男儿性征美，这两种美是不能互相代替的。妩媚与刚毅、柔美与壮美，各有千秋。

由于人的职业不同，身份不同，长期生活习惯不同，往往体现出了带有这些方面特征的特有风度，例如人们赞美诸葛亮的军师风度、周瑜的儒将风度、周恩来的政治家风度、基辛格的外交家风度等。大将风度——威严机智，指挥若定；学者风度——渊博典雅，书卷气浓；外交家风度——善于周旋，谈笑风生；哲学家风度——深沉多思，气度睿智；演员风度——活泼娇媚，敏感多情；大姐风度——善解人意，宽厚温存。

思考题

1. 怎样理解“生活中不是缺少美，而是缺少发现美的眼睛”这句话？
2. 谈一谈如何使服饰美与人体美、环境美结合起来？
3. 评析“糙女”现象。

伦理篇

一、什么是伦理学

伦理学是关于道德的科学。又称道德学、道德哲学。在西方，伦理学一词源于希腊文，意为风俗、习惯、性格等。古希腊哲学家亚里士多德最先赋予其伦理和德行的含义，所著《尼各马可伦理学》一书为西方最早的伦理学专著。在中国古代没有使用伦理学一词，19世纪后才广泛使用。

伦理学以道德现象为研究对象，探讨道德的本质、起源和发展，道德水平同物质生活水平之间的关系，道德的最高原则和道德评价的标准，道德规范体系，道德的教育和修养，人生的意义、人的价值和生活态度等问题。其中最重要的是道德与经济利益和物质生活的关系、个人利益与整体利益的关系问题。对这些问题的不同回答，形成了不同的甚至相互对立的伦理学派别。马克思主义伦理学建立在历史唯物主义基础之上，将道德作为社会历史现象加以研究，着重研究道德现象中的带有普遍性和根本性的问题，从中揭示道德的发展规律。

伦理学与哲学的关系十分密切。人们的世界观和历史观对人们的道德实践有着直接的影响，因此哲学是伦理学的理论基础。伦理学与社会学、心理学、美学及教育学等学科也相互影响与渗透。随着社会政治、经济、文化和科学技术的不断发展，伦理学的理论逐步完善，其研究的对象和领域也在不断扩大。随着中国改革开放的不断深入，伦理学的作用逐渐显现，其社会价值也日益提高。

二、伦理学的研究对象

1. 伦理学以道德为研究对象

客观世界充满着千差万别的现象，交织着各种错综复杂的关系，呈现出无穷无尽的变化，人类不断地致力于理解和分析这些现象及关系，探索其内在联系。随着人类社会生产力的迅速发展和人类认识客观世界水平的不断提高，积累了丰富的知识，加速了学科发展，其中就包括伦理学。

纵观人类伦理思想发展的历史，按照唯物辩证法关于科学对象问题的理论，伦理学是关于道德的科学，以道德现象作为自己的研究对象。伦理学所研究的道德现象包括道德理论、道德规范、道德活动和道德心理四个基本内容。伦理学的基本问题就是善与恶、义与利、知与行、荣与辱的关系问题。即：关于道德理论的善与恶的关系问题；关于道德规范的义与利的关系问题；关于道德活动的知与行的关系问题；关于道德心理的荣与辱的关系问题。

道德理论的核心问题是善与恶的根源、性质和标准等问题。人类道德观念起源于善与恶的现象及其矛盾。要是生活中没有恶的危害性，人类也就不会去追求善。没有对善的追求和对恶的斗争，也就不会有道德问题和伦理学的存在。善与恶是道德意识的核心问题。伦理学就是要科学揭示善恶标准的性质及演变规律，促进社会形成较为统一，且与时代发展相适应的道德认识。

义与利的关系问题，是道德规范体系所要解决的根本问题。在一定范围内，人们通过正当手段追求自己的利益，就是善的行为；采取不正当的手段去追求利益就是恶的行为。也就是说，善恶标准同人们对利益的追求有直接关系。那么，善恶标准到底是什么？以什么样的手段追求自己的利益才是正当的？这就需要用道德规范来规定。世界上恶的表现大多同人们对利益的不正当追求有关。为了减少社会恶的现象发生，需要对人们追求利益的行为进行规范。道德作用就是通过调整人与人、人与社会、人与自然及人与信仰的关系来抑恶扬善；通过调整现实与理想或实有与应有的关系，来引导人和社会向着更加进步、文明和理想的方向发展。

道德理论和道德规范都具有很强的实践性，如果脱离道德实践，再好的理论和规范也没有价值。道德修养、道德教育、道德评价等道德活动现象的核心，就是要解决知与行的问题。伦理学的任务既要帮助人们认识道德现象，还必须深入探究知与行的关系，引导人们把道德理论和道德规范付诸实践。知就是道德知识；行就是道德行为。伦理学一方面要帮助人们提高道德认识，形成正确的道德价值观念；另一方面要培养人们的良好品质和习惯，指导人们进行正确的道德行为选择。从道德认识与道德实践的意义上说，行是知的前提，即实践是认识的基础；知行合一，实践出真知。

荣与辱的关系问题是伦理学的基本问题之一。荣辱观念是将道德由知引向行的心理机制。以守德为荣，以失德为耻，是人类普遍的道德心理，也是人之所以为人的底线，是人格的基本点。羞耻心，是保持做人尊严的底线。一个人如果丢掉了羞耻心，也就丧失了自己的人格。人格就是做人的尊严、资格和价值。违背道德，自毁人格，就等于丧失了做人的尊严、资格和价值。这种荣辱信念，支撑着人类的道德实践。羞耻心是对善的否定性把握，荣誉感则是对善的肯定性把握。有羞耻心就表明对善的认同和追求。没有羞耻心就不能具体把握善，因而也就不能具体感受到为善的光荣和高尚。如果一个社会不以恶为耻，没有对耻的厌恶和鄙视，没有对恶与耻的处罚，则既无耻，也无荣。

总之，伦理学是探讨善、正确、义务、责任、美德、自由、合理、选择等实践性问题的学问。

2. 伦理与道德的关系

联系：从一般意义上讲，伦理与道德词意相近，可以互换。在英语中，伦理直接具有“道德”的含义。

区别：伦理有时是指社会道德关系，而道德有时是指个人的具体道德行为和品质。这些区别是相对的。社会道德要求（客观的）要转化为个人的道德实践（主观的），必须借助道德教育和社会舆论的作用。

3. 伦理学的分类

伦理学因为研究方式的不同，可以分为四种不同的类型，即描述伦理学、元伦理学、规范伦理学和应用伦理学。

描述伦理学：描述伦理学的任务是对道德行为和道德信仰加以如实的描述。其目的在于描述或解释道德现象或提出与伦理问题有关系的本性理论。其作用在于为伦理学研究提供活生生的经验材料和课题。

元伦理学：是一种运用逻辑和语言学的方法分析道德概念、判断道德性质和意义的道德哲学理论。

规范伦理学：是研究道德上的是非善恶标准，确立道德规范和论证道德判断，探讨道德规范和判断对人类的行为、品质、制度和生活方式的直接影响。其目的是找到和明确地表述一种合理的道德规范体系，以指导人类的道德生活实践。

应用伦理学：是把规范伦理学理论应用于实际的道德问题的学问。20 世纪 60 年代以来，随着社会经济、政治、科技、文化的迅速发展，人们开始广泛地认识到应用伦理学的一般理论和原理研究实际问题的重要价值。特别是 20 世纪 70 年代以来，应用伦理学研究有了迅速发展，生命伦理学、生态伦理学、社会伦理学、环境伦理学、政治伦理学、经济伦理学、网络伦理学、经济伦理学、人口伦理学等应运而生。目前，应用伦理学的研究与教学已成为中国伦理学乃至整个哲学研究的最重要领域之一。

三、伦理学的应用

1. 生命伦理

现代的生命伦理学主要起源于北美，最早在美国兴起。历史学家大卫·罗特曼认为现代生命伦理学的起源的因素中还包括 20 世纪 60 年代中期对医学研究和实验中受试人的关心所产生的影响。

在第二次世界大战期间，法西斯德国的医生参与了德国纳粹令人发指的医学实验，严重违反了传统的医学伦理。因此，纽伦堡国际法庭的审判中，有 23 名医生被判定为战争罪犯，法庭宣判后发表了纽伦堡宣言。这次宣判和纽伦堡宣言被视为医学伦理学的发端，在此之后，生命伦理学成为医学行业伦理规范和医学伦理学的发展和延续。

伴随着科学和医学技术的发展，生命伦理学的问题引起了人们的高度关注。1946～1976 年这 30 年是医学爆炸式发展的时期。人们不仅发明了许多新药，心肺复苏仪等抢救仪器也开始面世，连人类遗传密码的秘密也逐渐得到了揭示。一些医学人体实验丑闻引起了人们对伦理问题的关注。一些人开始认为新技术的使用破坏了医患之间的关系，包括病人权利运动的民权运动蓬勃发展了起来。传统的医学伦理学已经无法清楚地说明什么是有益，什么是伤害，无法解决新技术的应用所产生的伦理问题。1970 年的《医学杂志》刊登了一篇文章，认为传统西方伦理学中的绝对尊重生命的神圣性的原则是引起人口爆炸和新医学技术出现的部分原因。由此，生命伦理学诞生了，虽然它继承了传统医学伦理学的价值观和思想，但应对的却是一系列前所未有的崭新问题。

生命伦理学的基本原则包括：不伤害原则，有利原则，自主原则，公正原则。

不伤害原则：源于人的自然特性、人的脆弱性的特点。基于义务论的不伤害，任何时候的说谎都是不对的。但中国文化中，有时在医疗实践中，告诉癌症病人诊断结果，就会加重其病情，这似乎又违反了不伤害原则，而有学者认为，在一些情况下，自主性原则应优先于不伤害原则。

有利原则：有利意为行善、慈善、助人等。可定义为确有助益、帮助他人获得重要的和合理的利益。但现代有利原则的定义包含了对病人、他人及社会有利这几方面。在行善或提供利益的时候，我们首先必须明确我们要提供或促进谁的利益？这个利益是否有值得促进的正当理由？

附：在我国农村许多地区，一些妇女已经生育了女儿，不愿意再生育，她的丈夫和婆婆往往迫使她再次怀孕，并且他们设法借助产前诊断技术鉴定胎儿的性别，一旦发现是男胎，则不允许孕妇人工流产，但若是女胎，则强迫孕妇人工流产。这时的利益就是多方面的，而我们则要求对妇女有利。

自主性原则：是指一个人按照自己选择的计划决定其行动方针的一种自由。因此，一个自主的人不仅能思考和选择这些计划，并且能够根据这些考虑采取行动。体现着自主性原则的是知情同意，有行为能力的个人在信息充分的条件下对所参与事情的自愿决定。

附：胎儿研究与知情同意。经产前诊断后终止妊娠娩出的胎儿或组织，可以进行尸体病理学解剖及相关的遗传学检查，还可以用于其他科学研究。但中国长期以来医院自行处理这些终止妊娠娩出的胎儿或组织，而没有征得母亲和家属的同意。

公正原则：平等地对待一切人是公正原则的主要内容。公正的伦理原则是法律本身和法律机构所追求的目标。生命伦理学更关注的是分配的公正，分配的公正关注的是公平，确保所有的人能够得到他们应该得到的权利。

附：根据性别而排除某些人从事某些工作或职业的政策或做法，在今天被广泛地认为是不公正的或不合伦理的。在以前，法律和规则是在没有包括或有意排除了女性的参与的情况下制定的。这些法律和规则妨碍了女性应得的生殖保健和孕期的护理，违反了公正的伦理原则。

2. 生态伦理

从宏观角度来看，生态伦理与人类未来的生存问题关系最为密切。这里最难理解的问题在于：我们保护动物、环境和大自然，最终是为了人类自己的利益，还是这些被保护的对象本身就拥有着神圣不可侵犯的权利，因而人类不得予以危害？持前一观点者被称为人类中心主义派，持后一观点者则被称为大自然权利派。生态伦理学中最难解决的实践课题有两个：第一，在生态危机日趋严重的今天，如何处理当代人利益与未来人利益的关系，具体而言，如何在不违背民主理念的前提下，促使民众对已习惯化了的现实利益作出主动的放弃，从而使未来人类的权益得到切实的保障？第二，如何公正地分配与协调发达国家与发展中国家在保护自然环境上的责任与义务？

“协调发展”、“可持续发展”和“科学发展”所确立的是人与自然的辩证统一、和谐相处的观念，追求的是自然环境、经济、社会的协调发展，它的着眼点是对自然环境的呵护，而最终关怀的是人类的生存和发展。可持续发展观强调“自然-经济-社会”三者在全球及各个区域的协调发展，意味着包括后代人在内的人类主体、群体主体和个体主体三者的协调共生。这些都是生态伦理学研究和回答的基本问题。生态伦理学的价值主体只能是人类，生态伦理学价值主体问题是生态伦理学的核心问题。人类是自然的产物，属于自然界的一部分，人类的生存和发展依赖于自然界，人类的生命过程服从于自然规律，人类身上的一切特性都有着自然的依据。但是，另一方面，人类是自然的最高产物，具有其他一切自然物所不具有的特性、属性和活动规律。即：人类不是像动植物那样被动地适应自然提供的现成条件来维持自己的生存和发展，而是通过自己的实践活动能动地去改造自然条件，维持自己的生存和发展。所以马克思又说人是一种“社会存在物”。人类通过实践把周围的自然物变成自己改造和认识的客体，同时也就使自己成为这一切自然物的主体。

生态伦理具有三个基本规定：

一是在人与自然的关系方面，以人为主体，即强调人类在自然生态系统中的优先地位和目的地位。首先，人是认识和实践的主体。人类总是根据自己特有的视角、方式和需要来认识自然和改造自然。人类的认识范围和实践范围是以人类为中心向四周不断延伸的。其次，人是自然价值的主体。人类认识和改造自然的目的归根结底是为着自身的整体利益和长远利益，是为着自身的生存和发展。人类认识和实践的结果是人类自觉选择的，内含着人的主体性。人类能够按照自己的理想和价值观，不断设计、选择和创造新的需要和新的自然环境。第三，人是自然价值的保护者。在人与自然的关系中，人既是能动者，同时又是受动者。人作为能动者，通过实践能动地改造自然和认识自然；人作为受动者，其实践和认识活动又受自然规律和历史条件的制约。

二是在人与人的关系方面，以人类的整体利益为最高价值。在人类与自然的关系中，人类主体具体地表现为不同的群体（民族或国家、地区或区域、阶级或阶层、团体或集体）和不同的个人。但是，以人为主体的主体是“整个人类”，而不是某些“群体”的人，更不是个人。这是“人类”本来的含义。

三是在当代人与未来人的关系方面，应把握两者的统一，以人类的可持续发展为宗旨。在人类与自然的关系中，人类主体不仅指“当代”的人类，而且包括“后代”的人类。“可持续发展”就是指导当代人与后代人协调发展的一种新的发展观，既要满足当代人的需要，又要不损害后代人满足其自身需要的能力。这就要求从实际的角度，观察和处理自然资源有限性与人类社会发展相对无限性之间的矛盾。当代人的发展必须以惠及后代人或至少不能损害后代人的利益为前提，这样才能既改善当代人际关系，同时又优化当代人与后代人之间的关系，使人类社会得以持续发展。这就必须把当代人的利益和后代人的利益、人类的长远利益有机统一起来。

3. 社会伦理

维系人类社会各个领域正常秩序的规则，主要不是成文的法律，而是不成文的伦理责任。事实上，很多法律责任就是由伦理责任推导出来的。你去担任一项工作，这项工作就对你内在地具有某种要求，你必须做到这一点。你的上司、你的同事、你的客户，以及这个社会中具有正常理智与情感的所有人，都会用这个伦理职责来要求你。如果你没有履行这种伦理职责，人们就会说你不称职。

当然，既然是伦理职责，也就难免有含糊性。但是，针对某一确定的具体情形中的伦理责任，人们总是可以通过反思、辩论，达成某种共识。这种共识可能通过舆论达成，在法律纠纷中，则可以借助陪审员的共识确定。

而且，你自己由于无知、愚蠢、自负或者信奉另外一套奇怪的逻辑，而在事先没有意识到这种职责，也不影响人们对你因未履行你那本应承担的责任而给他人带来的损害或不幸的认识。比如，在范美忠事件中，社会公认，教师对于学生是承担着重大责任的，包括照顾其在学校的安全。范美忠根据他对生命、个人自由的理解而相信，自己对处于危险中的学生不需承担责任。但这只是他的个人意见，而无法构成免责的充分理由。

附：

天涯社区：“范跑跑”与人之所以为人的底线伦理

2008年“5·12”汶川大地震中，在那地动山摇的时刻，都江堰某中学教师范美忠选择了抛弃学生独自逃跑。5月22日，范美忠将这段经历在博客中公开，成为舆论焦点。随后他再次语出惊人：“我是一个追求自由和公正的人，却不是先人后己勇于牺牲自我的人！在这种生死抉择的瞬间，只有为了我的女儿我才可能考虑牺牲自我，其他的人，哪怕是我的母亲，在这种情况下我也不会管的。”这一言论再次将范美忠推到舆论的风口浪尖上。有人认为他是不道德的，违背了职业伦理；有人认为在危急时刻选择自己的生命，是一种本能，不应苛责；更有人认为范美忠敢于坦白，也是一种勇敢，他们宁要诚实的小人，也不要虚伪的君子。

伦理责任是社会对你的期待，而不是你自己可以自由选择的。当然，你可以不管那伦理责任，自由地确定自己的意见和行动；伦理行为最终是可以自由选择的，因而一个承担伦理责任的人始终是自由的；但如果由此导致学生遭受伤害，社会，比如那些家长和名誉遭受损害的学校，将要你承担责任，它可以转化为法律责任。即便幸运地没有发生可见的伤害，社会也将谴责你。至于你是否自责，那取决于你的良心的发育程度。

其实，这个世界上所有职业都有自己的伦理责任，如果从事此职业者未能做到这一点，就会遭到社会的谴责或者嘲笑。

4. 网络伦理

随着国际互联网的商业化发展，网络正日益深入到人们的日常生活中，由此形成了虚拟的“网络社会”，网民们在这一虚拟的社区中进行着“数字化”生存。然而网络社会日益凸现出道德失范问题，如利用网络侵害人身名誉，甚至借助网络实施诈骗、犯罪等。这些现象促使人们反思网络社会秩序有效建立的各个要素，以及如何在虚拟世界当中实现伦理道德的重新建构。

(1) 网络化带来的伦理问题

网络易造成情感冷漠。网络的发展可以拉近人与人之间的距离，但由于以网络为基础的社会是一个虚拟的社会，因而又减少了人与人直接打交道的机会，因此虚拟家庭、虚拟情人等虚拟事物的诞生，使一些人在网络上寻找自己的精神寄托，而难以面对现实的社会，这就直接影响了现实社会中人与人之间的交流，引起了情感的冷漠。2002年6月，由变味“网吧”所引出的问题更是引起了媒体的极大关注。因为网吧出于经济利益的考虑，任由未成年人进入网吧，甚至还可以在网吧享用饭菜、饮料。这样使得不少学生逃学、辍学，严重的演变为偷盗。这虽然不是直接由互联网的发展所带来的，但正是由于互联网吸引了人们——特别是年轻人的注意力，因而使网吧的经营者们把经济利益放在了首位，使本来应该发展良好的互联网变了味道。

信息安全与产权的保障问题。网络的出现使信息安全与产权保护面临种种困惑，在日益复杂的网络信息中，有很多虚假信息、不良信息甚至是有害信息也充斥了整个网络，给计算机用户带来了很大的危害，干扰着人们的正常生活，有些甚至直接对国家安全造成危害，使人们对网络上的信息安全产生了极大怀疑。由于大部分网络用户对网络知识的了解都只是最基本的，他们一方面缺乏信息的自我保护意识，另一方面也不知如何来防范。因而在这样一个虚拟的网络社会中，既需有现实社会的道德规范来制约，又要有法律保障知识首创者和所有者的权利，未经允许借用、移植、复制他人的程序和信息即是一种不道德的行为，甚至可以说是一种偷盗行为。但是在网络上下载各种信息是比较方便的，同时由于这种行为很难被发现，因而就越来越强烈地要求政府和社会处理好知识产权的保护问题。

信息“霸权”。建设信息高速公路的目标是实现“全球信息共享”，但实际上，信息资源的共享并不是在平等的基础上进行的。“互联网主机在高收入和低收入地区间的分布很不平衡”，“例如，芬兰的主机比拉美与加勒比的总和还多，亚太地区的三个高度发达的国家（澳大利亚、日本和新西兰）的主机比该地区其他国家的总和还多，纽约的主机比非洲的总和还多。”可见，互联网发展的这种不平衡，无疑会使西方发达国家利用技术优势垄断信息，造成发展中国家对发达国家的信息依赖，使本国的信息资源得不到很好的保护。同时在互联网所使用的语言也可以看到这样的表现，“根据互联网学会的研究，大多数网页使用的是英语，”大致可以占到81%，而按语言区分的用户分布中，有57%的用户使用英语。

虚拟空间和现实世界的融合所带来的负面效应。在技术层面上，互联网以其高科技的优越性俘获并控制了人类的生存方式。如果人们事无巨细都要跟各类网络终端打交道，人际交往势必弱化，人类的生存方式将受制于网络技术。网络也成为现实社会中实施犯罪行为的中介手段，而且这种手段由于网络的虚拟特点而变得日益复杂。此外，由于网络的出现大大降低了不同国家、民族和信仰的人们进行交流的限制，网络日益成为政客们善用的政治工具。目前许多国家的政治团体，甚至政府都已开始利用计算机网络进行意识形态的渗透和宣传，并对持不同立场的团体或政府进行攻击和颠覆。

(2) 网络伦理构建

网络伦理应当是一种自律的伦理，它有别于现实世界的他律机制，更多地体现为一种自觉性和自我约束；网络伦理应当是一种责任伦理，作为行为主体的人应当强化责任意识，规范人们的网络伦理道德行为，维护网络空间的秩序，自觉抵制不道德的网络行为。要进行网络伦理建设，需要从以下几个方面入手：

培养人们的网络道德意识与道德责任观念。一些人自觉或不自觉地将网络空间视为道德真空，似乎在这里，有的只是能力的高低，而没有道德上的善恶。由于人们对网络行为缺乏经验，对网络行为的后果常常做出错误的估计，造成许多人在行为上并无恶意，却导致恶果。同传统道德建设一样网络伦理道德建设的关键依然是人，即有必要加强道德主体建设。加强网络的道德主体建设，是要唤醒网络中人的道德意识，使其明确自己的道德需要和道德责任，增强其道德行为的自觉性，强化其道德行为的情感体验，使之成为真正道德主体，自觉地订立、遵循、维护相应的体现网络时代特点、体现尽可能多的人的意志利益和需要的伦理道德规范。作为一个有道德感的网络用户，首先要培养自己在网络空间中的责任意识。应当严格自律，积极履行维护网络信用的责任，这既体现了对自己人格的尊重，也体现了对他人人格、对全体网络用户的尊重。

做好人们网络道德的心理调适。道德心理是建立在道德认识基础之上的心理倾向和个性特征，包括道德情感和道德意志。网络道德的心理调适是从网络道德认识到规范网络道德行为的中间环节，因而是网络道德建设的关键环节。网络道德的心理调适的重点在于情感培养和意志磨砺。人们在网上的心理感受力，对于遵守网络道德规范十分重要，这种心理感受浅层的是个体情感的体验，深层的则是个体的意志形成。应当自觉增强这种履行网络道德规范的正向情感体验，克服报复、恶作剧、故意炫耀等不良的、反向的情感体验，使道德情感与正确的道德认识有机地统一起来。在此基础上，要自觉进行意志锻炼，坚持现实人格与网上虚拟人格的协调一致，使之有机结合，而不是相互冲突、分裂。要克服对网络过度迷恋和依赖的不良心理倾向，特别是不通过网络虚拟生存来逃避现实的社会生存，要以自己的意志力量控制自己，形成遵守网络道德的坚强意志。

建立尊重他人知识产权与隐私权的道德规范。通过网络侵犯知识产权是相当普遍的事，这种行为不仅使许多公司蒙受严重损失，也阻碍了新技术的发展，不利于信息共享。从侵权者不付报酬就可以使用、占有信息这个角度来看，似乎侵犯知识产权是利益信息共享，其实这是一种误解。信息的生产和传播需要大量的投入，信息生产和传播者有权拥有信息产品的所有权，通过信息产品的销售来收回成本，赚取利润。侵犯知识产权必将使信息的生产者和传播者无利可图，这就会使网络上有价值的信息越来越少，从而影响信息共享。尊重、保护隐私权是一种重要的现代意识。隐私权之所以重要，是因为它是自由和理性的必要条件。当然，尊重隐私权不是绝对的，在必要的情况下，专门机构有权对犯罪嫌疑人进行监视、调查和取证。

健全网络伦理道德的维护机制。上述三个方面都是从个体的角度出发，强调网络道德建设应从个体的道德认识、心理和行为着手，其落脚点是个体道德的自我约束和养成。从社会群体的道德要求出发，还必须建立相应的道德维护机制，落实网络道德建设的保障环节。一是要发展人们网络行为的技术监督系统。这一系统除在技术上保护网络安全外，还可以对网络用户的行为加以监督和制约，形成对人们网络道德行为的技术他律机制。二是要加大对网络道德的舆论监督，特别是在网上信息发布与传递过程中，及时批评不道德的网络行为，增强对人们网络道德行为的正确引导，形成网络道德行为的舆论评价机制。

建立对网络行为的监管机制。网络社会虽然是一个虚拟社会，但本质上仍是现实社会的反映。人类仍然是行为活动的主体，因此就像治理现实社会一样，网络社会也必须建立完善的监管机制，以保证网络道德规范的切实执行。要规范人们的网络行为，就必须使网络行为和行为者之间建立明确的、可查的一一对应关系，使每个行为者都必须对自己的网络行为负责。同时，要建立专门的机构对人们的网络行为进行监督和管理，对一些不健康、对社会危害大的信息进行堵截、删除，查找制造这些信息的人，并追究他们的责任。

做好网络立法、执法工作。网络空间必须是一个道德空间，同时还必须是一个法制空间。没有法律的强制力，仅靠良心和社会舆论，是不可能规范人们的网络行为的。而且，由于在网络空间中，人们常常并不知道网络行为背后的行为者，社会舆论就很难发挥规范人们道德行为的作用。因此，法制在网络空间比在物理空间更加重要。建立和完善网络法规，将网络道德建设与网络立法、执法相结合，将重要的网络道德规范确立为法律法规，坚决打击网络违法行为，形成网络道德行为的法律惩戒机制。我国于1996年颁布的《中华人民共和国计算机信息网络国际联网暂行规定》、1997年《刑法》中增加了对计算机犯罪的惩罚规定以及国家出台的《互联网信息服务管理办法》等，对网站内容、信息的传播做出了明确的规定，其中就有对“伦理犯罪”进行法律制裁。

加强网络伦理建设的国际合作。电脑网络是国际性的网。人们的网络行为得以规范，世界各国都能受益，否则都要受害。如果没有各个国家的共同参与，电脑网络就不能得到有效管理。因此，加强网络伦理道德教育方面的国际合作十分重要。具体来说，这方面的国际合作包括制定在世界范围内有效的网络行为规范及在打击网络犯罪等方面开展国际合作等。

总之，网络是把“双刃剑”，在社会普遍关注网络的负面效应、呼吁网络立法、倡导网络文明的时代背景下，加强网络伦理教育已成为当务之急。提高网络道德的认识水平，加强网络道德的心理调适，规范网络道德的行为表现，健全网络道德的维护机制，是当前网络伦理建设的主要环节。网络伦理建设是一项复杂而困难的工作、一项长期而艰巨的社会系统工程。它既有赖于网络社会每一个人的参与，又有赖于全社会的共同合作。只有国际、国内网络组织、管理与执法机构协调合作，网络产品提供商、网络服务机构、新闻媒体、用户等各方面共同参与，才可能建设成一个新型的“网络伦理社会”。

5. 政治伦理

政治是人类交往的一个重要方面，政府及其成员对公民和公共利益负有某些不可推卸的道德义务。但变本加厉的贪污腐败，持续流行于政坛的说假话、办假事，除了表明对法律规章的轻侮外，同样表明人们放弃了道德义务，而且表现出对道德法则视而不见，对良知的呼声充耳不闻。

道德败坏是最深刻的腐败，它既显现出实现民主的紧迫性，因为只有民主才能改善一国的道德，又对实现民主构成严重的现实障碍，如果我们不能听从内心道德法则的引导，就不可能在民主的目标上取得进展。

道德困境的根源

期待把管理社会的任务交给品行优异者是非常自然的社会心理，贪婪对德性的管治则有悖天理人伦。但德治不是一种独立的治理方式，当把它作为实现良好治理的根本保障时，就注定要失败了。在人治制度中，治理不是一般意义上的、依据法律从事的管理性工作，而是特殊意义上的、依据个人德性从事的领导性工作，它设想一个道德精英集团在从事统治，修身或称主观世界的改造是官员的第一要务，通过加强自身修养，他们的道德臻于完美。从理论上讲，从德治的观念上讲，每个官员都要具备优于普通人的德行，只有这样才具备了领导的资格。

完全排斥了日常生活欲望的道德可能会在极少的人身上体现出来，他们极其克制，把所有精力都用于伟大事业的追求上，但谁都知道，用只有极少数人才可能具有的某些道德情操去要求大多数人根本不切实际，它们无法成为可以落实到每一个人的道德责任。

在所有文明政府中，所有政府成员都必须在道德范围内履行他们的各项工作。对于他们，道德不是标榜崇高的内心修养，而是需要担负的义务，没有这些道德义务和职责的存在，政府成员的行为就失去了内在的法则约束。他们承担的道德义务，与每个公民都必须遵守的道德准则本质上是一致的。

虽说道德感源于人类固有的良知，普遍地存在于人们心中，但它又容易在不正当利益的诱惑下丧失，尤其是在这种诱惑巨大时。只有社会对不道德的行为进行自由批评和谴责，保持舆论压力，才能让人遵守道德法则。没有道德约束的地方，也没有道德法则和道德责任。

民主产生于道德追求：现代政治中的道德伦理建立在这样一个基本事实之上，即政治是全体人民参与的公共行为。

的确，道德义务与特定的历史文化背景相关，它产生于社会生活的需要，并在社会生活中形成，但这只是一个方面；另一方面，人类与生俱来的、共通的正常理性和良知，将我们引向对正当行为的追求。

附：17世纪的英国作家詹姆士·哈林顿在其名著《大洋国》中，用两个“无知女孩”的故事解开了“国家的不解之谜”。他举例说，两个女孩得到一块饼，要分而食之，即每个人各得一半，其中一个女孩会对另一个女孩说：“你来分，我选；要不我来分，你选。”这样，分饼不均的那一个肯定要吃亏，因为另一个必先取走较大的一半，为此，她只有平均分开，结果对两人都是公正的。

两个女孩所做的事完全体现了公平政治的重要原理，第一，共同立法是使国家权力保持公正的首要条件，只有规则的公正才可能有结果的公正。对于两个分饼的女孩来说，面临的核心问题就是“我们将如何行动”才能使双方都得到应该得到的部分。于是，她们首先确立了一致同意的规则，即“你分我选，或我分你选”。第二，在她们共同同意的规则中，包含了分权制衡和自由选择等重要的政府组织原则。分和选分开，既是分权，又是制衡。掌握分饼权的人不得限制另一个人的自由选择。

分饼的方式有多种，比如由两人中力气较大的一个说了算，或者可以请第三方主持分配，但最公正的分配方式只有上面那一种。

6. 经济伦理

一个在美国生活多年，并且非常推崇自由和民主价值的学者曾经这样写道："我常想，只有宇宙冥冥之中或有其公正，才能解释为什么许多美国人在这样得天独厚的环境中，会那样地不快乐。他们有那么好的法治，那样多的自然资源，那样有活力的经济，但许多人居然过着那样差劲的、没有人味儿的生活。"（林毓生《政治秩序与多元社会》）。

现代社会的问题主要还不是行为规范、不守规则的问题，而是价值观念与生活方式的问题。

改革开放以来，中国社会愈益明显地面临两方面关系的协调任务，即协调市场经济与我国社会其他方面的关系，协调中国特色的社会主义市场经济与全球市场经济主要是西方市场经济的关系。"社会主义和谐社会"与"科学发展观"的提出，从社会目标层面上确定了协调这两方面关系的价值标准，同时也将推动包括社会主义道德建设在内的社会物质、精神和政治文明的发展。

我国经济体制改革以来，为适应经济体制改革需要，建立和发展与社会主义市场经济相适应的社会主义道德体系，形成了"以为人民服务为核心，以集体主义为原则，以爱祖国、爱人民、爱劳动、爱科学、爱社会主义为基本要求，以社会公德、职业道德、家庭美德为着力点，以爱国守法、明礼诚信、团结友善、勤俭自强、敬业奉献为基本道德规范"的规范体系。现在，在构建和谐社会时，基于"基本道德规范"，把"诚信友爱"作为和谐社会道德方面的基本特征，从而把它提到了作为社会精神文明和道德建设目标价值的突出地位。

诚信友爱不能取代特殊的组织道德或经济伦理规范，但它可以提供给我们许多启示来思考我们的道德规范问题，并弥补某些道德规范的缺位。例如，从以诚信友爱而不是其他奉献道德作为和谐社会道德的基本特征来看，和谐社会突出的不是要求个人对社会更多的节制和牺牲，而是社会对个人的更多关心和帮助，特别在个人之间，没有哪一方是特殊的权利主体，另一方只是义务主体。更注重的是让个体享受到社会的温暖和关爱。这有助于我们思考个人之间或群体之间的关系。诚信友爱可通过互帮互助、平等友爱这些普遍一般的道德要求，为组织道德和特殊经济关系道德提供一般基础，并且提供给他们可以相互对待的道德规范。诚信友爱突出的就是对道德情感作用的肯定，鼓励的就是微观个人之间的友情，可以弥补这方面的需要，以使社会祥和、人际融洽。

诚信友爱作为和谐社会构建所要达到的道德目标，将促使和谐社会道德建设朝着这一目标而努力，从而将会影响现有道德规范体系的变化。改革开放以来，我国在市场经济的引导下，经济得到突飞猛进的发展，引起了世人的惊叹。在经济高速发展的同时，我们的道德也应引起我们的高度注意。所以，在市场经济条件下也应大力弘扬道德的作用和意义。

道德是社会意识形态之一。道德是对人行为的准则和规范的一种评价。道德是通过人们的自律或通过一定舆论对社会生活起约束作用。道德是人与人之间无文字的契约，道德是和谐社会的调节器，道德是社会文明水平的一个标志。

人类社会是由众多的个体组成的，社会需要把分散的个体整合为一个有秩序、有效能的整体，这就需要用法律、制度、组织、道德等多种整合手段，其中道德的整合作用，更具有普遍性、基础性、根本性、自觉性、长期性。社会的秩序需要道德来疏导、来节制，社会的人际关系需要道德来维护。

人们讲市场经济是法治经济，需要法治来规范，需要制度来制约，这是非常必要的，需要进一步加强和完善。良好的道德是实现法制的基础，法律是优良道德履行的保障，两者应相辅相成。但从长远来看，道德的作用远远大于法律的作用。因为道德约束是自律，法律约束是他律。道德约束是内在的，法律约束是外在的。道德约束是自觉的，法律约束是被动的。道德约束几乎无处不在、无时不有，约束人的一言一行、一举一动。法律约束只在某些时候、对发生后的某些行为实行惩治。道德约束可给人带来愉悦，法律制约令人痛苦；道德引导人不做坏事，法律是禁止人做坏事；道德可成为人生的追求，法律让人惟恐回避不及；道德是调节社会的一剂良药，法律是调控社会的一剂苦药。因此应加强道德的宣传和教育，使法律约束和道德的自觉约束相结合，这样才能使市场经济出现一个良好的秩序。

在市场经济条件下，利润最大化是经营企业的一个基本要求。但追逐利润也要讲究道德，所谓"君子爱财，取之有道"。所以商业要讲道德，要讲互利，要讲诚信，要讲信誉，这是创造商品品牌的基本要旨。商品品牌包括产品的质量、分量、诚信和服务。商品的品牌对一个企业来说非常重要，品牌是一个企业树立起一面旗帜，顾客凭这个旗帜认同你的商品，品牌是一个企业的信誉，是进入市场的通行证，品牌是财富，是企业的生命。砸了牌子，企业要破产倒闭。所以一个企业要像爱护生命一样来爱护品牌，维护品牌就要靠企业的自律，这就是商业道德。

附：

三鹿奶粉事件：2008 年 9 月，石家庄三鹿集团股份有限公司生产的婴幼儿奶粉因含有"三聚氰胺"而出现"肾结石婴儿"，一时使三鹿备受关注与指责。这起事件给三鹿带来了灭顶之灾，使原本为奶粉行业第一品牌的三鹿停产而倒闭。三鹿婴幼儿配方奶粉重大安全事故，被称为"食品界的 911"。

让人始料不及的是，三鹿奶粉事件随后竟然引发了乳制品行业的地震，就像推倒了乳制品行业的"多米诺骨牌"，蒙牛、伊利、光明等数十家企业的部分产品被检测出"三聚氰胺"，虽然企业采取产品召回、危机公关等措施，但企业在产销上仍遭受到巨大的损失，企业的有形资产与无形资产都遭受重大损失。这起"三聚氰胺事件"还波及到了关联产业，诸如上海冠生园生产的"大白兔奶糖"也被迫停产整顿……更糟糕的是，这起事件还在国际上产生了不良影响。

所以，提倡企业道德也是提倡企业的社会责任。企业的社会责任不仅要遵纪守法经营，还要讲究诚信，应尽社会责任，如遵守合约，维护社会安定，保护生态环境，合理减少资源的消耗，对顾客负责，维护国格和企业信誉，如现在一些行业实行召回制，这既是企业的社会责任，也是维护企业的声誉。总之，企业不仅要赚钱，还要负起社会责任，这样就会有一个好的社会环境，人际关系和谐，人与自然关系和谐，在这样的环境下，企业才可以顺利发展。

思考题

讨论题目：

道德银行

材料说明：

网上相关材料很多，这里贴出的只是一小部分，主要集中于道德银行的实践情况，如实施细则等，评论文章只贴了一篇较为简单的。另外提供了一些相关搜索结果，有兴趣的同学可以以此为线索，自己去搜寻更多材料。

讨论要求：

道德银行一度被作为公民道德建设的先进经验进行报道和推广，后来却悄无声息地落幕。在这个由盛而衰的过程中，既不乏政府和媒体的正面宣传，也有过不少反对的声音。请同学在阅读相关材料的基础上，对道德银行提出自己的评论：赞同还是反对？为什么？建议同学尽量尝试结合课上介绍的哲学论辩的方法来发展自己的观点，即不管你是赞同还是反对，在提出自己的观点之前，先驳斥相反的观点。

文学篇

一、文学基础

1. 什么是文学

文学是艺术的基本样式之一，又称语言艺术。它以语言文字为媒介和手段塑造艺术形象，反映现实生活，表现人们的精神世界，通过审美方式发挥其多方面的社会作用。“文学”一词在中国古籍中早已有之。先秦时代文学兼有文章、博学两重意义；至两汉始把文与学、文章与文学区别开来，称有文采的、富于艺术性的作品为文或文章，把学术著作叫做学或文学；至魏晋南北朝，才有人在同一种意义上使用文学和文章。即把这两个词都用来表示现代所说的文学，而将学术著作另外称为经学、史学、玄学等。至唐宋，由于强调文以载道，重道轻文，重又忽视文与学的区别。一直到清代，文学一词通常都是作为一切学术的总称来使用的。在中国，文学作为专指语言艺术的美学术语，是20世纪初、特别是五四新文化运动之后被确定下来、并被广泛使用的。

2. 文学的社会作用

文学的社会作用，指通过真善美相统一的艺术形象，给人以美的享受并从中领悟到社会、人生的真理，并使人的道德情感得到陶冶。文学的社会作用归根到底是指文学对经济基础的作用。但人的精神等对经济基础施加影响，通过影响人的精神而影响人的社会实践，并进而对经济基础产生作用。

首先，文学具有认识作用。

文学的认识作用是通过文学作品真实地再现以人为中心的社会生活，塑造鲜明的艺术形象，正确地反映出社会生活的本质或本质的某些方面，从而帮助读者从中了解和认识社会生活。《红楼梦》是通过贾宝玉、林黛玉、薛宝钗、王熙凤等一系列人物和“大观园”的环境描述而使人们认识封建社会的某些本质的。万千世界，纷繁复杂，丰富多彩。文学作品对社会生活的反映是极为有限的，不可能做到情貌无遗，点滴不漏。但通过选择特征鲜明的人物或事件，抓住富有包孕性的顷刻或场景来表现，就能概括丰富复杂的生活内容、面貌、风气，给读者创造出一个联想生发的广阔天地，从中了解和认识社会生活的面貌，政治、经济、文化、社会风气，人们的思想、情趣等。

其次，文学具有教育作用。

文学的教育作用是文学作品通过对社会生活的描绘及其蕴含其中的作家是非爱憎而显示出一定的思想和感情倾向，进而对读者的社会理想、道德情操、精神世界等产生的影响。进步文学在社会生活中曾经产生了重要的影响。它启示人们斗争的方向，唤醒了人们的政治意识，给予人们巨大的道德上和信念上的力量。作家通过自己的文学作品，在向读者提供真实的生活图画的同时，告诉读者在这些繁杂的图画中，哪些是真、善、美，哪些是假、恶、丑，哪些是值得肯定和赞扬的，哪些是应该否定和批判的，从而激励、鼓舞和教育人们正确地对待人，对待生活，树立起真正的人生观，为创造更美好的生活而斗争。《钢铁是怎样炼成的》一书，对形成前苏联青年一代的共产主义道德所起的作用是不可估量的，苏联青年在卫国战争中，在战后国民经济恢复时期和社会主义建设时期所表现的英雄业绩，渗透着这个英勇顽强的布什维克的战斗精神。保尔·柯察金成为普通男女的光辉榜样。这对形成人民的政治上的团结、培养共产主义道德品质、揭露旧意识和形成对敌人的憎恨有着巨大作用。

最后，文学具有美感作用。

文学的美感作用，就是审美的作用。是文学作品通过生动的形象、情景交融的意境、健康向上的情趣、优美的形式，给人以精神上的满足和愉悦，使人得到美的享受，使人得到有利于身心健康的休息。在艺术中的美，首先是生活中的美的反映。"美就是生活"。在自然界和人类的社会生活中，存在着大量的美和丑的事物，这些事物作用于人们的感官，使人们产生美感，进一步产生审美观念。作家按照一定的审美观念对自然和社会生活进行选择提炼、概括、加工，创造出比自然和实际生活中存在的美更理想的美。这样当人们欣赏这些作品时，也就必然获得更高更强烈的美，得到更大的愉快和满足。

3. 文学的体裁分类

文学作品特定的样式，指各种文学作品形式上的类别。它是作品思想内容的外部表现形态，属于作品的形式范畴。各种文学体裁在其形成和发展的过程中，在表情达意、塑造形象、结构安排、语言运用等方面，逐渐形成各自相对稳定的特点和规律，成为文体分类的依据。

中国历史上对于文体的分类，早在周秦时代就已萌芽。如在《论语》中就曾出现过"诗"、"书"和"诗"、"文"等名目，但当时文学作品和一般学术性著作还没有严格地区别开来。到了两汉，随着辞赋等纯文学的发展，出现了"文章"、"文学"等名目。当时所谓的"文学"，亦称"博学"，一般指经、史等学术著作；而所谓"文章"，亦称"文辞"，则指带有辞章意义的作品，包括诗歌、辞赋、史传、奏议等。这类名目的出现，意味着文学作品与一般学术著作开始有所区分。到了魏晋南北朝时期，随着文学创作的发展、文学体裁的日益多样化，文学分类理论逐渐形成。西晋陆机的《文赋》，提出了根据文学作品所描写的事物的形态来进行分类的主张。他把文学作品分为诗、赋、碑、诔、铭、箴、颂、论、奏、说十类，并对每一种体裁的特征作了精要的概括。

晚清以来，随着西方近代文化思潮包括文学思潮的传入，中国传统的文体分类法已不再能说明日益多样化和现代化的文学样式在表情达意、塑造形象方面的不同方式和特点。于是，古代传统的两分法便逐渐被吸收了西方分类法长处的现代分类法所代替。

"五四"以来流行的现代文学分类法主要是三分法和四分法，而尤以后者为人们所习用。

"五四"文学革命，为新的文学分类法特别是四分法奠定了基础。胡适的《文学改良刍议》从提倡白话文学的立场出发，奉施耐庵、曹雪芹、吴研人的白话小说为文学正宗。刘半农《我的文学改良观》提出："凡可视为文学上有永久存在之资格与价值者，只诗歌戏曲、小说杂文二种也。”他还提出，应当“提高戏曲对于文学上之位置”，预言“白话之剧”（现代话剧）必将出现“昌明”的前景；并断言小说是“文学之大主脑”。实际上已把诗歌、戏剧文学、小说、杂文（狭义的散文）看作是四种相对独立的文学体裁。“五四”以后，诗歌、小说、散文、戏曲（包括一切戏剧文学）成为文学创作中的主要体裁，并成为人们所习惯的文学分类。自此以后，四分法便成为中国现代文学刊物和文学理论、文学史著作中普遍采用的文学分类法。

在欧洲历史上，自古希腊的亚里士多德起，到德国的黑格尔、俄国的别林斯基等，在文学分类上都主张一种三分法，即按文学表情达意、塑造形象的不同方式把各种文学体裁分为三大类：叙事类、抒情类和戏剧类。叙事类的作品主要由作者以叙述人的口吻描述客观世界所发生的一切，尤其注重生活事态的描述和人物性格的刻画。这类文学体裁包括叙事诗、小说、寓言、神话、童话等。抒情类的作品主要由作者以主人公的口吻抒写内心的思想感情和主观感受，一般不要求完整的情节和人物形象。这类体裁包括抒情诗、抒情散文等。戏剧类作品主要由作品中人物以自己的语言和行动来完成艺术形象的创造。它不同于叙事类和抒情类文学，又兼有两者的某些特征，如它既有叙事类文学所具有的完整的故事情节和人物形象，又有抒情类文学所具有的抒情特点（特别是诗剧和歌剧）。戏剧类文学一般包括悲剧、喜剧、正剧等。这种三分法着眼于文学创作的主要特征和内部规律，具有较强的概括性和科学性。

在中国传统分类法和外来分类法基础上结合中国现代文学体裁的特点而形成的四分法，兼顾了作品在表情达意、塑造形象等表现手法方面的特点和作品体制、结构、语言特点等外部形态方面的差别；不仅注意了文学分类的科学性，而且尊重了中国传统文体分类的习惯，因此具有较强的生命力。

在文学的分类上，无论是三分法，还是四分法，都是采取综合、归纳的方法，把特点、体制相似的各个文学品种归为一类，而就某一类体裁的作品而言，还可采取分析的方法作更细的分类。如诗歌又可分为抒情诗、叙事诗或格律诗、自由诗等；小说又可分为长篇、中篇、短篇或现代小说、历史小说、科幻小说等；戏剧又可分为诗剧、歌剧、话剧等，其中歌剧还可分为现代歌剧、传统戏曲等；至于散文，则更是品种繁多。

文学体裁的分类是相对的。有些体裁在形成和发展过程中往往吸取其他体裁的因素，从而出现不同体裁之间的汇合或交叉。例如散文诗，按其内容的性质来说，它具有诗的因素，但就篇章体制和语言特点来说，又接近于散文。再如文学史上的寓言，既可归入小说类，也可归入散文类。现代新出现的报告文学，有时带有小说的某些特点。

4. 文学最基本的特征

形象性是文学最基本的特征。

文学与其他的社会科学相比较，可以看出，两者的异同。

(1) 相同之处

它们都是现实生活在人的头脑中的反映，都是人的一种精神活动的产物。

以哲学和文学比较为例。

哲学：哲学是人们在与自然界和社会的各种现象的接触中，获得了由浅入深、由片面到全面、由低级到高级的认识和感知，是人们从表面感知上升到理性认知的结果。哲学的观点都是“反映”，也都是“产物”。如一分为二的哲学观点，它的产生，就是从现实生活中的诸多现象——天与地、夜与昼、冷与热、生与死、阴与阳、男与女、哀与乐、对与错等，抽象得出的。

文学：文学是人们在与自然界和社会的各种接触之中，获得了某种感知，并把它用语言文字表达出来的结果。文学中所表达的生活、体验和感受，也都是“反映”，也都是“产物”。

（2）相异之处

“反映”的方式不同——哲学是抽象地反映生活，文学是形象地反映生活；“产物”的特性不同——哲学是抽象的概念，文学是形象的画面。

哲学是以抽象的概念的形式来反映生活的。它通过观察、分析、论证等，从生活中总结出某些规律的东西来。它能说明一切有关个别的事物，但它本身却不再是个别的具体的事物。它不是个别，而是一般，是经过抽象化、概括化了的东西。哲学是借助语言文字，通过抽象的概念的形式来抽象地反映生活。

文学是以形象的画面的形式来反映生活的。它通过捕捉、想象、联想等，从生活中摄取某些镜头。它反映的是个别的人、个别的事，而且还要按照生活本来的那种具体生动的面貌去反映。它是个别、不是一般，它是具体的形象，是活生生的生动真实的生活画面。文学是借助语言文字，通过生动的画面的形式来形象地反映生活。

二、文学的体裁常识

1. 小说

小说是以塑造人物形象为中心，通过完整的故事情节和具体的环境描写，展示人物的思想情感和性格特征，从而广泛而深刻地反映社会生活的一种文学体裁。根据篇幅的长短，小说分为长篇、短篇和中篇。长篇小说描写错综复杂的事件和众多的人物，借以反映比较广阔的社会历史画面；短篇小说描写人物较少，故事情节比较单纯，集中反映社会生活的一个场面或一件事情，以突出刻画一两个人物的性格；中篇小说介乎以上两者之间，描写若干人物和不太复杂的故事情节，比短篇有深度和广度，而生活容量又不及长篇。还有一种微型小说（或称“小小说”），一般只有一千字左右，可看作是短篇小说的一种。按照内容的不同，小说可分为言情小说、历史小说、科幻小说、武侠小说、谴责小说、心理小说等。按照体例格式，则可分为书信体小说、日记小说、章回体小说、系列小说等。

情节、人物和环境是小说的三个要素。故事情节是小说的第一要素，情节是人物性格发展的历史，是展现人物性格、行为、思想、感情和心理状态的重要手段。小说的情节，首先要完整，从故事开端、发展、高潮到结局，要求有完整的情节。其次要紧凑，即做到简练而不冗繁、集中而不分散，主线鲜明，可有适当的跳跃却并不中断。第三要新颖，即不落俗套，这样可以避免读者“看了开头就知道结尾”的乏味感。为了使小说引人入胜，情节应生动曲折；同时，小说运用细节描写，它是使情节丰富的重要手段。小说在故事情节的展开中，应该通过对人物外貌、行为和心理状态的直接描写，再现活生生的鲜明个性。塑造人物是小说的重要任务。小说的人物是虚构的，是作者把现实生活中不同原型的某些特征加以融合而成的，因此，小说所刻画的人物，被称为“典型形象”或“典型性格”。小说塑造人物大抵有两类：一类是以生活中的某一个人作为原型，在此基础上加工，但创作时并不受真人真事限制；另一类是用生活中大量同类人的特征融合而成。正如鲁迅所说的“人物模特儿也一样，没有专用过一个人，往往嘴在浙江，脸在北京，衣服在山西，是一个拼凑起来的角色”（《我怎样做起小说来》）。环境是小说的第三个要素。环境描写包括历史背景、时代气氛、人物关系、人情风俗以及自然景物等方面。小说人物总是生活于特定环境，环境总是为特定人物服务的。环境和人物相互作用，相互影响。首先，环境创造人物。环境不仅仅是人物生存的场所，还为人物活动提供了动因。其次，人物也创造了环境。

小说描写人物的手法主要有肖像描写、语言描写、行动描写、心理描写、细节描写等。

2. 散文

散文的概念：散文泛指那些侧重于直接表达作者对生活的感受，注重主观抒写的不讲究骈偶押韵的文体。除了诗、词、曲、赋以外，一切无韵无律的文章，诸如人物传记、回忆录、游记、寓言、神话及记事抒情一类文章，均可列入散文范畴。这是广义的散文。狭义的散文，专指用凝练、优美、生动的文学语言写成的叙事、记人、状物、写景的短小精悍的文章。

散文的主要特点：取材广泛多样，联想丰富奇巧，不受时间、空间、地域的限制。

篇幅短小精练，立意深远、集中，从作者所见、所闻、所思、所感中来表现现实生活的本质。结构自由洒脱，形式多样纷繁；可根据内容需要，精心剪裁，散得开，收得拢。语言朴素和谐、凝练优美，散文的语言是最有风格的语言，作者可用不同风格的语言来表现自己的思想、经历、爱好、个性。

表现方法灵活，富于变化发展；可以融叙事、描写、抒情、议论于一体，也可以夹叙夹议、状物写景、由景触情；它不要求有完整的故事情节和完整的人物形象，也不要求展示矛盾发展的全过程。

散文的分类：根据内容和表达方法的不同，散文可分为叙事、抒情、议论三类。叙事散文借叙述事件和描写人物来表达思想情感；抒情散文或托物言志，借景抒情，或直抒胸臆，慨叹山川人物，来激起读者的爱憎；议论散文以指点人、事的是非曲直来表明作者的观点、立场和态度。

3. 戏剧

戏剧的概念：戏剧文学是供舞台演出的脚本，又称剧本。其基本特征，首先是人物故事场景要求高度集中，欧洲古典戏剧理论中的“三一律”原则（剧情须围绕一件事展开，在一地一日内完成），充分体现了戏剧情节的高度集中的特点。其次要有紧张、激烈的戏剧冲突，因为它要在有限的时间内表现丰富的社会生活，就需要抓住生活事件中的主要矛盾斗争，加以典型化，形成紧张、激烈的戏剧冲突，这样才能紧紧吸引观众。所以说，没有冲突就没有戏剧的生命。第三，要求语言口语化、个性化。戏剧文学主要靠人物的语言来塑造形象，说明人物关系，显示故事情节的发展。观众看戏，听与看是并重的。所以，戏剧语言更要求口语化。同时，戏剧人物都是通过自己的语言表现性格特征的，性格化的语言对戏剧更为重要。

戏剧的种类：按结构及容量划分，有多幕剧、独幕剧、连续剧等；按题材分，有现代剧、历史剧、神话剧等；按表演形式分，有戏曲、话剧、歌剧、舞剧、哑剧等；按反映的冲突性质和感染作用分，有悲剧、喜剧、正剧等。

杂剧：杂剧是中国古典戏曲的一种形式，产生于金末元初，元代杂剧已形成了特定的体制，是我国戏曲史上完整而成熟的戏剧艺术。其特点是：首先，它的结构形式一般是四折戏加一楔子，每一折戏相当于现在的一幕，楔子是一个短场戏，放在全剧的开头或加在四折之间，起序幕或过场作用，不能放在末尾。其次，乐曲方面，元杂剧都用北曲，每一折戏用一套曲，即同一宫调内的套曲，押同一个韵脚。第三，关于演员，角色有细密分工。男女主角，分别由正末和正旦扮演，配角有副末、外末、小末、副旦、外旦、小旦等。此外还有净、丑、卜儿（扮老妇人）、孛老（扮老头）、俫儿（扮小厮等）。同时还规定，每一本戏由一个演员主唱到底，配角只能说白。由正末主唱的戏称“末本戏”，由正旦主唱的戏称“旦本戏”。第四，关于科白。科是表演动作和舞台效果。白是道白，有定场白、背白、旁白等。

4. 诗歌

诗歌是通过有节奏、有韵律的语言，以强烈的感情和丰富的想象，高度地集中反映现实生活、抒发思想情感的一种文学体裁。

三、中国文学简介

1. 中国诗歌

中国诗歌产生于文字发明之前，它是在人们的劳动、歌舞中渐渐形成和发展起来的。

(1) 中国古代诗歌

《诗经》是公元前11～公元前6世纪的诗歌总集，也是中国第一部诗歌总集，共305篇，按音乐的不同，分为“风”、“雅”、“颂”三类。“颂”是统治者祭祀的乐歌，有祭祖先的，有祭天地山川的，也有祭农神的。“雅”分大雅和小雅，都是用于宴会的典礼，内容主要是对从前英雄的歌颂和对现时政治的讽刺。“风”是《诗经》中的精华，内容包括15个地方的民歌。

公元前4世纪，战国时期的楚国以其自身独特的文化基础，加上北方文化的影响，孕育出了伟大的诗人屈原。屈原以及深受他影响的宋玉等人创造了一种新的诗体——楚辞。屈原的《离骚》是楚辞杰出的代表作。

楚辞发展了诗歌的形式。它打破了《诗经》的四言形式，从三、四言发展到五、七言。在创作方法上，楚辞吸收了神话的浪漫主义精神，开辟了中国文学浪漫主义的创作道路。

诗经、楚辞之后，诗歌在汉代又出现了一种新的形式，即汉乐府民歌。汉乐府民歌流传到现在的共有100多首，其中很多是用五言形式写成，后来经文人的有意模仿，在魏、晋时代成为主要的诗歌形式。

汉乐府中著名的篇章有揭露战争灾难的《十五从军征》，有表现女性不慕富贵的《陌上桑》、《羽林郎》，当然最为著名的还是长篇叙事诗《孔雀东南飞》。这首诗讲述了一个凄婉的爱情故事。焦仲卿与刘兰芝相爱至深，因为焦母与刘家的逼迫而分手，以致酿成生离死别的人间惨剧。汉乐府民歌最重要的艺术特色是它的叙事性，《孔雀东南飞》是汉乐府叙事诗的最高峰。

五言诗是中国古典诗歌的主要形式，它从民间歌谣到文人写作，经过了很长的时间，到东汉末年，文人五言诗日趋成熟。五言诗达到成熟阶段的标志是《古诗十九首》的出现。《古诗十九首》不是一时一人的作品，诗的内容多叙离别、相思以及对人生短促的感触。长于抒情，善用比、兴手法是《古诗十九首》最大的艺术特色。

汉末建安时期，“三曹”（曹操、曹丕、曹植）、“七子”（孔融、陈琳、王粲、徐干、阮瑀、应玚、刘桢）继承汉乐府民歌的现实主义传统，并普遍采用五言形式，第一次掀起了文人诗歌的高潮。他们的诗作表现了时代精神，具有慷慨悲凉的阳刚气派，形成为后世称作“建安风骨”的独特风格。建安时代的诗，是从汉乐府发展到五言诗的转变关键，曹植是当时的代表诗人。他的诗受汉乐府的影响，但却比汉乐府有更多的抒情成分。

两晋时期的诗歌创作逐渐走上形式主义道路，诗歌内容空泛。继承和发扬“建安风骨”传统，作品内容充实的诗人是左思（约250～305年）。他的《咏史诗》八首，借古事讽喻时事，思想性很强，但这类诗作毕竟不是主流，而且越来越少，直到东晋末年的陶渊明才给诗坛带来接近现实的作品。

隐居不仕的陶渊明把田园生活作为重要的创作题材，因此历来人们将他称作“田园诗人”。陶渊明继承乐府的现实主义传统，形成了他单纯自然的田园一体，为古典诗歌开创了一个新的境界，而且五言诗在他的手中得到高度的发展。

与陶渊明差不多同时的谢灵运（385～433年）是开创山水诗派的第一人。他的山水诗特点是，能把自己的感情贯注其中，但有些诗字句过于雕琢，描写冗长，用典、排偶不够自然。

南北朝时期是中国诗歌史上的又一发展时期，这表现在又一批乐府民歌集中地涌现出来。它们不仅反映了新的社会现实，而且创造了新的艺术形式和风格。这一时期民歌总的特点是篇幅短小，抒情多于叙事。南朝乐府保存下来的有480多首，一般为五言四句小诗，几乎都是情歌。北朝乐府数量远不及南朝乐府，但内容之丰富、语言之质朴、风格之刚健则是南朝乐府远不能及的。如果说南朝乐府是谈情说爱的“艳曲”，那么，北朝乐府则是名副其实的“军乐”、“战歌”。在体裁上，北朝乐府除以五言四句为主外，还创造了七言四句的七绝体，并发展了七言古诗和杂言体。北朝乐府最有名的是长篇叙事诗《木兰诗》，它与《孔雀东南飞》并称为中国诗歌史上的“双璧”。

南北朝时最杰出的诗人是鲍照（约410～466年）。鲍照继承和发扬了汉魏乐府的传统，创作了大量优秀的五言和七言乐府诗。《拟行路难》18首是他杰出的代表作。他成熟地运用七言句法，表现了个人的不幸和对社会不平的抗议。

诗歌发展到唐代，迎来了高度成熟的黄金时代。在唐代近三百年的时间里，留下了近五万首诗，独具风格的著名诗人有五六十个。

初唐四杰是唐诗开创时期的主要诗人。这四杰分别是王勃、杨炯、卢照邻、骆宾王。他们的诗虽然因袭了齐、梁风气，但诗歌题材在他们手中得以扩大，五言八句的律诗形式也由他们开始初步定型。

“四杰”之后，陈子昂（661～702年）明确提出反对齐、梁诗风，提倡“汉魏风骨”。《感遇诗》38首，即是他具有鲜明革新精神的代表之作。

盛唐时期是诗歌繁荣的顶峰。这个时期除出现了李白、杜甫两个伟大诗人外，还有很多成就显著的诗人。他们大致可分为两类：一类是以孟浩然和王维为代表的山水田园诗人；另一类是边塞诗人，他们中的高适和岑参取得成就最高，王昌龄、李颀、王之焕也是边塞诗人中的佼佼者。

中唐诗歌是盛唐诗歌的延续。这时期的作品以表现社会动荡、人民痛苦为主流。白居易是中唐时期最杰出的现实主义诗人。他继承并发展了《诗经》和汉乐府的现实主义传统，从文学理论上和创作上掀起了一个现实主义诗歌的高潮，即新乐府运动。

除新乐府运动之外，这一时期还另有一派诗人，这就是韩愈、孟郊、李贺等人。他们的诗歌艺术比之白居易另有创造，自成一家。韩愈是著名的散文家，他善以文入诗，把新的语言风格、章法技巧带入了诗坛，扩大了诗的表现领域，但同时也带来以文为诗、讲才学、追求险怪的风气。

孟郊与贾岛都以"苦吟"而著名，追求奇险，苦思锤炼是他们的共同特点。刘禹锡是一位有意创作民歌的诗人，他的《竹枝词》描写真实，很受人们喜爱。此外，他的律诗和绝句也很有名。柳宗元（773～819 年）的诗如他的散文一样，多抒发个人的悲愤和抑郁。他的山水诗情致婉转，描绘简洁，处处显示出他清峻高洁的个性，如《江雪》就历来为人们所传诵。李贺（790～816 年）在诗歌的形象、意境、比喻上不走前人之路，拥有中唐独树一帜之风格，开辟了奇崛幽峭、浓丽凄清的浪漫主义新天地。

晚唐时期的诗歌感伤气氛浓厚，代表诗人是杜牧、李商隐。杜牧的诗以七言绝句见长，《江南春》、《山行》、《泊秦淮》、《过华清宫》等是他的代表作。李商隐以爱情诗见长。他的七律学杜甫，用典精巧，对偶工整，如《马嵬》就很有代表性；他的七言绝句也十分有功力，《夜雨寄北》、《嫦娥》等是其中的名作。

诗发展到宋代已不像唐代那般辉煌灿烂，但却自有它独特的风格，即抒情成分减少，叙述、议论的成分增多，重视描摹刻画，大量采用散文句法。

最能体现宋诗特色的是苏轼和黄庭坚（1045～1105 年）的诗。黄庭坚诗风奇特拗崛，在当时影响广于苏轼，他与陈师道一起开创了宋代影响最大的"江西诗派"。南宋时期，诗作常充满忧郁、激愤之情。陆游是这个时代的代表人物。

源于唐代的词，鼎盛于宋代。唐末的温庭筠第一个专力作词。他的词词藻华丽，多写妇女的离别相思之情，被后人称为"花间派"。南唐后主李煜在词的发展史上占有较高的历史地位。他后期的词艺术成就很高，《虞美人》、《浪淘沙》等用贴切的比喻将感情形象化，语言接近口语，却运用得珠圆玉润。

宋初的词人像晏殊（991～1055 年）、欧阳修都有出色的作品，但依然没有脱离花间派的影响。到了柳永，开始创作长调的慢词，自此，词的规模发生了显著变化。到了苏轼，词的题材又得以进一步发展，怀古伤今的内容进入了他的词作之中。与苏轼同时代的秦观和周邦彦也是非常出色的词人。秦观善作小令，通过抒情写景传达伤感情绪的《浣溪沙》、《踏莎行》、《鹊桥仙》等是他的代表作。周邦彦不仅写词且善作曲，他创造了不少新调，对词的发展贡献很大。他的词深受柳永影响，声律严整、适于歌唱、字句精巧、刻画细致，代表作有《过秦楼》、《满庭芳》、《兰陵王》、《六丑》等。在两宋词坛上，女词人李清照以其独树一帜的风格，占有相当重要的一席之地。

南宋初年，面临国破家亡的危局，诗词作品多表现作家们的爱国之情，辛弃疾被誉为爱国词人，他是这一时期的代表人物。受辛词影响，陈亮、刘过、刘克庄、刘辰翁等人形成了南宋中叶以后声势最大的爱国词派。

南宋后期的词人姜夔（约 1155～1235 年）最为著名。姜词绝大多数是纪游咏物之作。在他的词作中，更多的是慨叹身世的飘零和情场的失意，较有代表性的作品是《长亭怨慢》。他的词沿袭了周邦彦的道路，注意修辞琢句和声律，但内容欠充实。

词在南宋已达高峰，元代散曲流行，诗词乃退居其后。

清代诗词流派众多，但大多数作家均未摆脱拟古主义和形式主义，难有超出前人之处。清末龚自珍（1792～1841 年）以其先进的思想，打破了清中叶以来诗坛的沉寂，领近代文学史风气之先。他的诗常着眼于社会、历史和政治的观点来揭露现实，使诗成为现实社会的批判工具。后来的黄遵宪、康有为、梁启超等新诗派更是将诗歌直接用做资产阶级改良运动的宣传载体。

(2) 中国现代诗歌

"五四"文学革命中，中国的现代诗歌诞生了。1917年胡适首先在《新青年》上发表了白话诗8首，并提出"诗体大解放"的主张，倡导不拘格律、不拘平仄、不拘长短的"胡适之体"诗。在新诗诞生过程中，刘半农、刘大白、康白情、俞平伯是创作主力。经过他们的努力，新诗形成了没有一定格律、不拘泥于音韵、不讲雕琢、不尚典雅、只求质朴、以白话入行的基本共性。最早出版的新诗集有：胡适的《尝试集》、俞平伯的《冬夜》、康白情的《草儿》和郭沫若的《女神》。

郭沫若的《女神》带着狂飙突进的"五四"时代精神，带着不同于其他白话诗的鲜明艺术性，为新诗奠定了浪漫主义的基础。《女神》也是新诗真正取代旧诗的标志。它成功地创造、运用了自由体形式，将新诗推向新的水平。经过开辟阶段，新诗形成了以自由体为主，同时兼有新格律诗、象征派诗的较为完善的形态。

怒吼的诗指的是瞿秋白和蒋光赤等共产党员作家的政治抒情诗，其中蒋光赤的诗最多。他的诗中具有鲜明的社会主义色彩，如《太平洋中的恶象》、《中国劳动歌》、《哭列宁》等诗一扫当时许多新诗中的缠绵悱恻之调，充满了阳刚之音，但他的政治抒情诗存在内容较空泛的弊病。

在新诗创作中，爱情诗这一领域当属湖畔诗社的诗最为引人注目，汪静之、应修人、潘漠华和冯雪峰是其中的主力。他们的诗中所描写的爱情大胆而袒露，其间所显现出的质朴、单纯的美是最打动人的地方。

写自由体诗的冯至也是比较有成就的诗人。他的诗既写爱情，也写亲情和友情，出版有《昨日之歌》、《北游及其他》等诗集。

提倡格律诗的是新月派。闻一多为格律诗理论做出了很大贡献。为建设新格律诗，闻一多提出建设诗歌的音乐美、绘画美、建筑美，并为此进行了艰苦的创作实践。闻一多有两部诗集《红烛》和《死水》。在他的作品中，爱国主义情感贯穿始终。此外，他的诗还表现了"五四"时期积极向上、进取追求的精神风貌。他的诗具有他所提出的音乐美、绘画美、建筑美，这一特点对整个格律派产生过重大影响。徐志摩是新月社的另一重要诗人。他的诗主要表达对光明的追求、对理想的希冀、对现实的不满。表现个性解放、追求爱情的诗在徐志摩的创作中占有重要地位。他的诗风婉约，文字清爽、明净，感情渲染浓烈、真挚，气氛柔婉、轻盈，表现手法讲究而多变。他的诗多收于《志摩的诗》、《翡冷翠的一夜》、《猛虎集》、《云游》等诗集中。

几乎在新月派活跃的同时，象征派的诗也出现在中国的诗坛上。象征派的诗既不真实描写，也不直抒胸臆，而是常采用不同于常态的联想、隐喻、幻觉、暗示等手段制造朦胧、神秘的色彩。李金发是象征派的代表人物，著有《微雨》、《为幸福而歌》等诗集。他的诗反映了"五四"之后一些知识分子面临茫然的前途时而产生的悲观情绪。李金发被人称为"诗怪"，但他的诗也有许多成功之处，如诗中大量形象鲜明的比喻、形象化的语言、表现强烈的感觉等皆为许多人所不及。其他成绩较为突出的象征派诗人还有王独清、穆木天和冯乃超。

20世纪30年代的左翼诗派以高昂的战斗激情领诗坛一派风骚。殷夫是重要的政治抒情诗人。他的诗热情颂扬无产阶级革命，生动描绘工人运动的战斗场面。因为有实际斗争经验，所以他的诗感情充沛而真挚又不流于空泛，艺术风格朴实、粗犷，代表作品有《血字》、《1929年的5月1日》、《我们的诗》等。左翼诗派的重要代表团体是中国诗歌会。他们的艺术主张是诗歌大众化，倡导诗歌面向下层人民，歌唱抗日救亡运动。

新月派之后，描写现代人在现代生活中的现代情绪的现代诗派兴起，戴望舒（1905～

1950年）是现代诗派的主要诗人。他因1928年发表的《雨巷》一诗而获“雨巷诗人”的美名，曾出版过《我的记忆》、《望舒草》等诗集。这些诗作集中表现了知识分子在大革命失败后的幻灭感和孤独感。他的诗大量采用象征意象，但因贴近主观情绪，诗意虽曲折、朦胧但并不过于晦涩。他常用的譬喻也新鲜而贴切。富于节奏感是他的诗的另一特色。

抗战后诗坛上最重要的诗派是七月派。七月派的重要诗人是胡风、艾青、田间、亦门、鲁藜、邹荻帆等。在他们的创作中，政治抒情诗占有很大比重，内容多充满爱国主义激情，呼唤人们的抗敌斗志。七月派在艺术上注重以炽烈的激情去撞击人们的心灵，而不讲究文学的雕琢、修辞。质朴、粗犷、奔放是七月诗人共有的艺术特色。

20世纪40年代后半期，被后来称为民歌体的新诗在解放区农村成熟了。民歌体新诗的突出成就表现在李季与阮章竞的叙事诗中。

1949年新中国成立后，诗歌进入新的发展阶段，新题材、新主题伴随着新生活应运而生。诗人们满怀激情抒写了一首首新时代的颂歌。同时，新的社会也造就出一批诗坛新人和崭新的作品。例如：邵燕祥的《歌唱北京城》、《到远方去》，森林诗人傅仇的《伐木者》，严阵的《老张的手》，未央的《祖国，我回来了》，李瑛的《军帽下的眼睛》，公刘的《边城短歌》、《黎明的城》，顾工的《喜马拉雅山下》等。此外，诗歌形式有所创新，吸取民歌营养的信天游、接受外来影响的阶梯式、新格律诗等形式相继出现。

20世纪50年代末60年代初，诗歌兴起了新民歌运动，发展了传统民歌。政治抒情诗以独立的艺术形式在20世纪60年代出现，郭小川、贺敬之是当时两位优秀的政治抒情诗人。这一时期诗歌创作的另一突出成就是长篇叙事诗的丰收。郭小川的《深深的山谷》、《将军三部曲》以新颖的形式和深邃的思想享誉诗坛，李季的《杨高传》、闻捷的《复仇的火焰》、韩起祥的《翻身记》、王致远的《胡桃坡》、臧克家的《李大钊》、田间的《赶车传》等也都别具特色。

但这一时期的诗歌创作也存在着题材、主题、形式、风格不够丰富的缺点。

20世纪70年代末80年代初一批青年诗人，如舒婷、顾城、江河等快速成长起来。他们的诗通常表现出一种晦涩的、不同于寻常的复杂情绪，人们谓之“朦胧诗”。

20世纪80年代中后期，诗坛又出现了自称为“第三代诗人”的现代派潮流。

2. 中国散文

中国散文在不同的时代有着不同的含义。现代散文是同诗歌、小说、戏剧并列的一种文学体裁。古代散文是指除韵文以外的所有文体。中国现代散文主要包括叙事散文、抒情散文和议论散文。以写人叙事为主，兼有抒情、议论成分的散文，称为叙事散文，它包括报告文学、传记文学、回忆录、游记等，如《闻一多先生的说和做》、《谁是最可爱的人》等；抒情散文是指以表现对生活的感受、抒发思想感情为主的散文，如朱自清的《绿》、《春》等；议论散文是以议论、说明为主要表达方式，具有一定的文学性的散文，杂文、小品文都属于此类，如《文学和出汗》、《为自己减刑》等。

3. 中国古典小说

我国古代小说的发展，大致经历了以下几个阶段：

上古到先秦两汉，是我国古代小说的酝酿和萌生时期。我国古代小说萌生于寓言故事和神话传说，如《精卫填海》、《夸父逐日》、《后羿射日》、《女娲补天》等。

魏晋南北朝时期，出现了“志怪”、“志人”小说，合称为笔记小说。这一时期，我国的小说初具规模，主要作品有张华的《博物志》、干宝的《搜神记》、刘义庆的《世说新语》等。

唐代出现了传奇。唐传奇的出现，标志着我国古典小说的成熟。著名传奇有蒋防的《霍小玉传》、元稹的《莺莺传》、李朝威的《柳毅传》、白行简的《李娃传》等。

宋代出现了白话小说“话本”。至此，才以小说作为故事性文体的专称。话本的出现是小说史上的一大变迁，它对中国古代小说的发展产生了极为深远的影响。

明代出现了“拟话本”，即明代文人模仿话本的体制、形式创作的小说。如《玉堂春落难逢故夫》、《杜十娘怒沉百宝箱》、《沈小霞相会出师表》等。

明、清出现了章回体长篇小说。这一时期，我国的古代小说发展到了顶峰，产生了一批不朽的名著，如《三国演义》、《水浒传》、《西游记》、《红楼梦》、《聊斋志异》、《儒林外史》等。

我国古典小说的特点：注意人物行动、语言和细节描写，在矛盾冲突中展示人物形象；情节曲折，故事完整；语言准确简练，生动流畅，富于个性化；叙述方式明显带有说书人的印记。

4. 20 世纪的中国文学

1985 年 5 月，陈平原、钱理群、黄子平在“中国现代文学研究座谈会”上首次提出了“20 世纪中国文学”的概念，之后，《文学评论》发表了他们的《论“20 世纪中国文学”》一文，《读书》连载了《20 世纪中国文学三人谈》，标志着“20 世纪中国文学”概念的正式出场。

他们认为，20 世纪中国文学是“一个由古代中国文学向现代中国文学转变、过渡并最终完成的进程，一个中国文学走向并汇入‘世界文学’总体格局的进程，一个在东、西方文化大撞击大交流中、从文学方面（与政治、道德等其他方面一起）形成现代民族意识（包括审美意识）的进程，一个通过语言艺术来折射并表现古老的民族及其灵魂在新旧嬗递的大时代中获得新生并崛起的进程。”在这种总体建构中国文学现代性的思路下，关于“20 世纪中国文学”的基本构想涵纳了以下内容：走向“世界”的文学；以“改造民族的灵魂”为总主题的文学；以“悲凉”为基本核心的现代美感特征；由文学语言结构表现出来的现代化进程；以及与此观念相关的文学史研究的方法论问题。

“20 世纪中国文学”论对现代文学研究领域造成了不小的冲击，得到不少学者的认同，人们通常把它看成是现代文学研究摆脱政治化工具化倾向回归文学自身的一次革命，同时，这种观念也越来越多地渗透进文化思想史的丰富内涵，为现代文学史研究拓展了学术生长空间，其意义不可低估。

20 世纪中国文学的主要代表有巴金、鲁迅和茅盾等。

巴金原名李尧棠，字芾甘。1927～1928 年在法国留学，开始文学创作，1929 年《灭亡》发表并引起轰动，使他正式走上文学创作道路。他的作品经历了几个变化，20 世纪 30 年代发表的长篇小说“爱情三部曲”《雾》、《雨》、《电》，“激流三部曲”《家》、《春》、《秋》，以激烈的情感喷发来倾吐对不合理社会的痛恨和对理想社会的执着追求。而后对现实有了更深层的认识，开始关注小人物的生存悲剧，发表了《憩园》、《寒夜》等感情更蕴藉、思想更深刻的作品，为后来的研究界更为推崇。拷问自我和现代中国知识分子灵魂的《随想录》在 1989 年获全国优秀散文（集）、杂文（集）荣誉奖；1982 年获意大利“但丁国际奖”；1983 年获法国“荣誉军团勋章”；1990 年获前苏联“人民友谊勋章”，日本“福冈亚洲文化奖特别奖”。

鲁迅，中国文学家、思想家和革命家。原名周树人，字豫才，浙江绍兴人。出身于破落的封建家庭。青年时代受进化论、尼采超人哲学和托尔斯泰博爱思想的影响。1918 年 5 月，首次用“鲁迅”的笔名，发表中国现代文学史上第一篇白话小说《狂人日记》，奠定了新文学运动的基石。“五四”运动前后，参加《新青年》杂志工作，成为“五四”新文化运动的主将。1918～1926 年间，陆续创作出版了小说集《呐喊》、《彷徨》，论文集《坟》，散文诗集《野草》，散文集《朝花夕拾》，杂文集《热风》、《华盖集》、《华盖集续编》等专集。其中，1921 年 12 月发表的中篇小说《阿 Q 正传》，是中国现代文学史上的不朽杰作。1927～1936 年，创作了历史小说集《故事新编》中的大部分作品和大量的杂文，收辑在《而已集》、《三闲集》、《二心集》、《南腔北调集》、《伪自由书》、《准风月谈》、《花边文学》、《且介亭杂文》、《且介亭杂文二编》、《且介亭杂文末编》、《集外集》和《集外集拾遗》等专集中。鲁迅的一生，对中国文化事业做出了巨大的贡献。他领导、支持了“未名社”、“朝花社”等文学团体；主编了《国民新报副刊》（乙种）、《莽原》、《语丝》、《奔流》、《萌芽》、《译文》等文艺期刊；热忱关怀、积极培养青年作者；大力翻译外国进步文学作品和介绍国内外著名的绘画、木刻；搜集、研究、整理大量的古典文学，编著《中国小说史略》、《汉文学史纲要》，整理《嵇康集》，辑录《会稽郡故书杂录》、《古小说钩沈》、《唐宋传奇录》、《小说旧闻钞》等。中华人民共和国成立后，鲁迅著译作品分别编为《鲁迅全集》（十卷）、《鲁迅译文集》（十卷）、《鲁迅日记》（两卷），鲁迅的小说、散文、诗歌、杂文共数十篇（首）被选入中、小学语文课本。小说《祝福》、《阿 Q 正传》、《药》等先后被改编成电影。

茅盾，作家，政治活动家。原名沈德鸿，字雁冰。笔名有玄珠、方璧、郎损等。1916 年进上海商务印书馆编译所任职，从此开始他的文学生涯。茅盾一生创作了大量的文学作品，具有很高的艺术成就。主要作品有：长篇小说《蚀》、《虹》《子夜》、《第一阶段的故事》、《腐蚀》、《霜叶红似二月花》；中篇小说《路》、《三人行》；短篇小说《春蚕》、《秋收》、《残冬》、《林家铺子》等。其代表作《子夜》，是中国现代现实主义文学发展的里程碑，显示了现代文学在长篇小说创作方面的实绩。此外，还有大量文学评论、神话研究、散文、杂文、历史故事等。文学论文集《鼓吹集》、《鼓吹续集》、《夜读偶记》、《关于历史和历史剧》、《杂谈短篇小说》、《反映社会主义时代，推动社会主义时代的跃进》。还翻译了几十种外国文学著作。回忆录《我走过的道路》，具有珍贵的史料价值。茅盾生前为团结广大作家，培养青年作者，促进文学理论建设，增进国际文化交流，做出了不懈的努力和突出的贡献。其作品歌颂人民、歌颂革命，鞭挞旧中国黑暗势力，表现了中国民主革命的艰苦历程，在中国现代文学史上占有重要的地位。

四、古代外国文学简介

1. 古希腊文学

(1) 古希腊文学的基本特点（欧洲文学的源头之一）

主要成就：神话、史诗和戏剧，此外还有寓言、抒情诗和文艺理论等。

主要特征：

① 鲜明的人本色彩，命运观念。从诸神的恣情纵欲，到盗火者的狂热殉情；从阿喀琉斯多愤怒，到美狄亚的残忍复仇。一切都是世俗，活生生的。绝无宗教恐怖的压抑和彼岸天国的诱惑。

② 现实主义和浪漫主义并存。古希腊文学的许多篇章从不同程度、不同侧面反映了当时社会，为后人提供了第一手资料，也有相当一部分作品充满了神奇的想象、怪诞色彩，表现出浓厚的浪漫主义色彩。

③ 种类繁多，且具有开创性。除神话、史诗外，还有悲剧、喜剧、寓言、故事、教谕诗、抒情诗、散文、小说等。

(2) 古希腊文学的发展状况

分为三个时期：

第一时期（由氏族社会向奴隶社会过渡时期）史称“荷马时代”（英雄时代）：

主要成就：神话、史诗。

代表作家：赫西俄德。

教谕诗《工作与时日》：现存最早一部以现实生活为题材的诗作。

叙事诗《神谱》：最早一部比较系统地叙述宇宙起源和神的谱系的作品。

第二时期（奴隶制社会形成至全盛时期）史称“古典时期”：

主要成就：戏剧成就最大，另外还有抒情诗、散文、寓言、悲剧、喜剧、文艺理论。

抒情诗中琴歌成就重大：

萨福：柏拉图称她为“第十位文艺女神”。

独唱琴歌代表诗人阿那克瑞翁：创造“阿那克瑞翁体”。

合唱琴歌代表诗人品达：代表作《胜利颂》。

寓言：《伊索寓言》（散文体），主要反映奴隶制社会劳动人民的思想感情，是劳动人民生活教训和斗争经验的总结（《农夫和蛇》、《乌龟和兔子》等）。

这一时期欧洲文学史上著名的三大悲剧诗人：埃斯库罗斯、索福克勒斯、欧里庇得斯。

喜剧诗人：阿里斯托芬。

几次著名的战役后，出现了正式的历史著作。

“历史之父”：希罗多德《希腊波斯战争史》。

雄辩家：苏克拉底和狄摩西尼。

文艺理论家：柏拉图（西方客观唯心主义的始祖）反对民主制，创立“理念论”。代表作《对话录》。

亚里士多德：代表作《诗学》。

第三时期（奴隶制衰亡时期）史称“希腊化时期”：

新喜剧：以描写爱情故事和家庭关系为主要内容，又称“世态喜剧”。

最著名的新喜剧作家：米南德（雅典人）。

田园诗（牧歌）：主要作家忒俄克里托斯。

(3) 古希腊神话

希腊神话的特征：

① 希腊神话中的神是高度人格化的神。偏重于神人同形同性，他们不但有人的形象和性格，甚至还有七情六欲等。与人的区别：长生不死，法术和智慧，超人的神力。他们不仅是自然力量的象征，也是社会力量的表现。“神的故事”实际基于人的体验、感受，可以说是“人话”。

② 浓郁的人本主义色彩。希腊神话“神人合一”。神所经历的生活，实际就是人的社会化的生活。对神的肯定与赞扬，实际也是对人的。他们的冥界也充满光明、人间气息，不存

在“末日审判”的恐怖与神秘。

③ 地位和影响无可比拟，思想性和艺术性相当高。

(4) 古希腊戏剧

古希腊悲剧起源于祭祀活动中的“酒神颂歌”。古希腊喜剧起源于祭祀活动后的“狂欢游行”。

古希腊悲剧的特点：一般采用“三联剧”形式。《诗学》中指出希腊悲剧不着于悲，而重在严肃事件。它通过主人公的意外不幸遭遇引起怜悯与恐惧的情感，导致道德的净化。

古希腊三大悲剧诗人：

埃斯库罗斯（古希腊悲剧之父）：创作70部悲剧，只留下7部。

《波斯人》：现存希腊悲剧中唯一取材于现实生活的一部作品。

《普罗米修斯》是由《被绑的普罗米修斯》、《解放了的普罗米修斯》、《带火普罗米修斯》三部悲剧构成。

普罗米修斯：是反抗暴君的具有民主精神的英雄人物。马克思赞誉他为“哲学日历中最高尚的圣者和殉道者”。

悲剧还鞭挞了其他神。马克思说希腊众神在《普罗米修斯》中“悲剧式地受到了一次致命伤”，体现了“成事在天”的思想。

《俄狄浦斯王》：亚里士多德认为它是希腊悲剧的典范。剧作结构复杂，布局严谨巧妙，一环扣一环。运用动机与效果相反的手法，解开了俄狄浦斯王杀父娶母的疑团，体现“知其不可为而为之”的思想。

欧里庇得斯（舞台上的哲学家）写了92部剧本，保留了18部。

悲剧《美狄亚》：取材于希腊的神话传说，体现“事在人为”的思想。对希腊悲剧发展的主要贡献是写实手法，心理刻画。

阿里斯托芬（喜剧之父）：完整剧本11部。他反对内战，主张和平。恩格斯称他是“有强烈倾向的诗人”。

(5) 古希腊荷马史诗（民间史诗）

《伊利昂纪》、《奥德修纪》：是古希腊最早的两部史诗。一般认为是吟诵诗人荷马所作，故称“荷马史诗”（以特洛伊战争为背景）。

《伊利昂纪》：讲述的是战争第10年最后51天中的事，史诗描写部落战争中的英雄。

旧译《奥德赛》希腊语意“奥德修斯历险记”。

荷马史诗具有很高的思想意义和艺术价值。两部史诗反映了当时社会的政治、经济、文化、风俗等各方面情况，颂扬了在奴隶制初期形成的这种新的家庭生活伦理道德风尚及一夫一妻制。在艺术价值上，表现为结构紧凑、安排巧妙。对于两个10年中所发生的事，分别只表现了其中51天和40天中的内容。史诗的诗句流畅、自然优美、比喻生动形象、借动植物来喻人，后人赞誉“荷马式的比喻”。

2. 古罗马文学

恩格斯说“没有希腊文化和罗马帝国所奠定的基础，也就没有现代的欧洲”。

代表作家

普劳图斯：多以希腊的故事题材为基础（代表作《双生子》、《一坛黄金》）。

泰伦斯：《婆母》。

黄金时代

维吉尔：《牧歌》、《农事诗》（主要写农事活动，模仿赫西俄德《工作与时日》，属“教谕诗”）。代表史诗《埃涅阿斯纪》：学习荷马史诗，充满悲天悯人的忧郁基调，是第一部“文人史诗”。史诗中的主人公除了勇猛坚韧的性格外，更具备了敬神、爱国的精神。

奥维德：代表作《变形记》是古希腊罗马神话及英雄传说的汇编，以变形的神话主题作为串联，赋予古老的神话以新的内容。

3. 早期基督教文学

早期基督教文学是希腊文学和希伯来文学相交而产生的，产生于公元1世纪中叶～公元2世纪末，罗马帝国强盛时期。与后来的基督教文学一道构成了欧洲文学的另一个源头。

早期基督教文学的最高成就：

《新约全书》：共27卷，分为“福音书”、“使徒行传”、“书信”、“启示录”4类。

福音书包括：《马太福音》、《马可福音》、《路加福音》、《约翰福音》。

基督教经典：《旧约全书》（简称《旧约》）。

思考题

1. 文学有哪些主要表现形式？在现实生活中有什么意义？
2. 鲁迅的国民性批判是否丑化了中国人？
3. 你看过哪些文学著作？你认为东西方文学有哪些差异？

民族篇

一、民族与民族概念的发展

1. 民族

民族是一个历史的范畴，并不是从来就有的。在漫长的原始社会时期，根本无所谓“民族”，人类社会的初始组织或人们共同体是民族、部落、部落联盟等。距今数千年前，人类祖先的某些部分在生产和交换发展的基础上，创制了文字，开始了自己有文字记载的历史，这就是文明史。正是从那时起，阶级、国家开始产生，古老的以血缘关系为纽带的氏族、部落和部落联盟开始解体，并逐渐被以地缘关系为纽带的新的人们共同体所取代。这种新的人们共同体，也就是我们今日所说的“民族”。

2. 民族概念的发展

在人类划分为各个不同的古代民族之后，人们并未立即深刻认识到这一社会现象，许多民族早期的语言文字中也没有“民族”这个词汇。公元前9世纪，古希腊诗人荷马的诗中谈到过民族。马克思称，在荷马的诗中，“希腊的各部落在大多数场合已联合成为一些小民族”。英语中的民族一词最初是从拉丁文演化而来的，指具有同一出生地或拥有某一特定地理区域的人们，到了17世纪，又逐渐具有了领土的含义，成为与国家语义相近的政治词汇。德国政治学家伯伦智理认为民族的特质有八个：其始也同居一地；其始也同一血统；同其肢体形状；同其语言；同其文字；同其宗教；同其风俗；同其生计（梁启超《饮冰室文集》）。

1912年底～1913年初，斯大林在《马克思主义和民族问题》中提出了他对什么是民族的回答：“民族是人们在历史上形成的一个具有共同语言、共同地域、共同经济生活以及表现于共同文化上的共同心理素质的稳定的共同体”（《斯大林全集》第2卷，第294页）。列宁对此曾给予高度评价。中国自古以来就是一个统一的多民族国家，在中国古代文献却不曾出现“民族”这一概念。20世纪初，毛泽东在《湘江评论》上发表的《民众大联合》一文中使用了“中华民族”的称谓。1939年，毛泽东在《中国革命和中国共产党》中明确提出，“中国是一个由多民族结合而成的拥有广大人口的国家”，列举了蒙古、回、藏、维吾尔、苗、彝、僮（即壮族）、仲家（布依族和云南省部分壮族的旧称）、朝鲜等少数民族，并且提出中国有数十种少数民族。中华人民共和国建立后，中国共产党根据马克思主义的民族理论，结合中国民族的实际，在各少数民族聚居的地方实行民族区域自治，进行了我国的民族识别工作，陆续认定了我国汉族之外的55个少数民族，建立起平等、团结、互助的社会主义的民族关系。

民族既是一种人们共同体、一种社会现象，也是一个过程。在这个以和平与发展为主题的当代世界，民族在发展，人们对民族的认识在不断深化，民族概念当然也处在演变和完善之中。中国共产党在新时期解决国内民族问题的理论探索和实践，必将为丰富和发展马克思主义民族观做出新的贡献。

二、中华民族从多源交融到多元一体

1. 我国的民族状况

中华民族是定居在中国土地上的所有民族的总称。我国有56个民族：阿昌族、布依族、独龙族、得昂族、景颇族、仫佬族、白族、俄罗斯族、纳西族、柯尔克孜族、保安族、鄂伦春族、拉祜族、怒族、布朗族、鄂温克族、黎族、普米族、高山族、傈僳族、羌族、朝鲜族、仡佬族、珞巴族、撒拉族、达斡尔族、哈尼族、汉族、满族、畲族、傣族、哈萨克族、毛南族、水族、赫哲族、门巴族、塔吉克族、东乡族、回族、蒙古族、塔塔尔族、侗族、京族、苗族、土家族、土族、佤族、维吾尔族、乌孜别克族、锡伯族、瑶族、彝族、裕固族、藏族、壮族、基诺族。其中，汉族人口约占全国人口的92%，其他民族由于人口较少，所以称为少数民族。中华民族是由众多民族在形成统一国家的长期历史发展中逐渐形成的民族集合体。组成我们这个多民族国家的各民族都有各自发展的历史和文化，各民族长期在统一国家中共处并发展其统一不可分割的联系，从多源交融到多元一体，自觉地联合成为一个整体——多民族的中国。中华民族所包括的56个民族单位是多元，中华民族是一体。

2. 多元一体的中华民族

中华民族在长期历史发展中，各民族相互交融，经历了兴衰、消长、分合、流动迁徙的复杂过程。

中国自秦代建立统一的多民族国家起，已有2000多年的历史。仅史籍所载，就先后出现过160多个民族的名称，各民族都有相当长的历史，因此都可以追溯各自的民族来源。我国大多数的民族自古以来就是中国的世居民族，各自也都经历过一个融合、演变、形成、发展的过程。

汉族是华夏族融合了羌、夷、苗、黎等氏族部落集团而形成的世界上人数最多的民族。蒙古族与唐代的“蒙兀室韦”，宋代以后的“萌古”、“源骨”、“蒙古里”等有密切的渊源关系。满族与2000多年前商、周时代的“肃慎”、汉晋时代的“挹娄”、南北朝隋唐时代的“勿吉”、辽代的“女真”、明代的“建州女真”等有密切的渊源关系。藏族是由西藏土著“雅隆”人与羌族融合而成的。壮族、布依族与秦汉时代的越人，魏晋南北朝时的“乌浒”、“俚”、“僚”有渊源关系。维吾尔族是以汉代的“丁零”和唐代的“回纥”为主要族源，融合了汉人、契丹人、蒙古人而形成的。彝族与远古时代的氐、羌人有渊源关系，与公元7世纪的“乌蛮”关系最为密切。白、纳西、哈尼、傈僳等民族的先民与古代的氐、羌也有密切的渊源关系。东乡族、土族与蒙古族有密切的渊源关系。苗族、土家族的来源复杂，说法各异。锡伯族是古代东胡一支鲜卑人的后裔。柯尔克孜族与汉代的“坚昆”以及6世纪的“黠嘎斯”有密切的渊源关系。哈萨克族是汉代的“乌孙”与12世纪末、13世纪初的蒙古人相融合而成。高山族是中国台湾最早居民的后裔。如“百越”族不仅是壮族、布依族的先民，同时也是侗、水、黎等族的先民。“滇越”、“金齿”、“白衣”、“白夷”、“摆夷”是傣族不同历史朝代的族称。“回鹘”既是维吾尔、也是裕固族的先民。再如“匈奴”、“吐谷浑”、“契丹”等族称与现代我国的土族、蒙古族有着密切的渊源关系。大约在公元7世纪中叶以后，有一些阿拉伯人和波斯人来中国经商，分别定居在广州、泉州、杭州、扬州等地，被称作“蕃客”。13世纪初蒙古军队西征时，大量的中亚西亚各族人、波斯人、阿拉伯人迁徙来到中国，散居全国各地，他们大都信仰伊斯兰教，在元代官方文书中被称为“回回”。这些“蕃客”、“回回”同蒙古人、维吾尔人、汉人等经过融合、发展，形成为一个新的族体——回回民族。朝鲜族的大部分是19世纪20年代以后陆续由邻国朝鲜迁入的，特别是1901年日本入侵朝鲜后，更有大批的朝鲜人迁入我国定居下来，逐渐繁衍生息成为现代的朝鲜族。俄罗斯人最初是在18世纪后从沙皇俄国迁来的，在19世纪以至俄国十月革命前后，有更多的俄罗斯人陆续进入我国的新疆一带。塔塔尔族在19世纪以后从沙俄经西伯利亚、哈萨克斯坦等地迁到我国新疆。

由此可见，我国历史上各民族的形成是多源的，而且渊源关系十分复杂。在长期历史发展中，各民族相互交融，经历了兴衰、消长、分合、流动迁徙的复杂过程，无论在政治、经济和文化生活上，都密切联系在一起。中华民族的形成和发展，表现为一个从多源交融到多元一体的历史过程。

三、我国的民族政策

民族政策是国家为协调民族关系、促进民族发展、处理民族事务而制定的各项规定、措施的总和，是维护民族团结和国家稳定的重要基础与保证。

我国的民族政策概括地讲，就是坚持民族平等、民族团结和促进各民族共同繁荣。民族平等和民族团结是马克思主义民族理论的核心，也是我国民族政策的支柱。各民族共同繁荣是我国民族政策的实现目标，体现了社会主义的本质要求。

1. 我国民族政策的基本原则

(1) 坚持民族平等

民族平等的含义是指各民族不论人口多少、经济社会发展程度高低、风俗习惯异同，都在社会生活中，依法享有相同的权利，履行相同的义务。民族平等权利是广泛的权利，它包含各民族当家作主，以平等的地位管理国家事务和地区事务的权利，也包括各民族平等地享有发展经济、接受教育、发展科学文化事业等权利。我国在法律上规定各民族一律平等，禁止对任何民族的歧视和压迫。还采取多种措施，使各民族在实际生活中切实享受到真正的民族平等权利。

附：《中华人民共和国宪法》规定：“中华人民共和国各民族一律平等。国家保障各少数民族的合法权利和利益，维护和发展各民族的平等、团结、互助关系。禁止对任何民族的歧视和压迫”。中国各民族公民广泛地享有宪法和法律赋予公民的各项平等权利。诸如：各民族公民不分民族、种族、宗教信仰，都同样地享有选举权和被选举权；各民族公民的人身自由和人格尊严不受侵犯；各民族公民都有宗教信仰自由的权利；各民族公民都有接受教育的权利；各民族公民都有使用和发展本民族语言文字的权利；各民族公民都有言论、出版、集会、结社、游行、示威的自由；各民族公民都有从事科学研究、文学艺术创作和其他文化活动的权利；各民族公民都有劳动、休息和丧失劳动能力时从国家和社会获得物质帮助的权利；各民族公民都有对国家机关和国家工作人员提出批评和建议的权利；各民族公民都有保持或改革自己风俗习惯的自由等。

(2) 维护民族团结

民族团结是国家稳定的基础，是各项事业取得胜利的保证。民族团结的主要内容是各民族要和睦相处，情同手足。民族团结是我国精神文明建设和爱国主义教育的重要内容。国家经常性地进行民族团结和民族政策宣传教育，开展民族团结进步创建和表彰活动，反对大汉族主义和地方民族主义，禁止煽动民族分裂、破坏民族团结的言行，在各族人民中牢固树立汉族离不开少数民族、少数民族离不开汉族、少数民族之间也相互离不开的观念。及时和妥善处理民族关系中的矛盾和问题。对进行民族分裂活动的，依法进行处置。

附：为保障民族平等，加强民族团结，中国宪法规定：要反对大民族主义，主要是大汉族主义，也要反对地方民族主义。同时，国家还在全体公民中广泛开展各民族大团结的宣传和教育。在文艺作品、影视作品、新闻报道、学术研究中都大力倡导民族平等、民族团结，反对民族压迫和民族歧视，特别是反对大民族主义。为防止和杜绝意识形态领域的大民族主义和不平等现象的出现，中国政府有关部门、机构专门就严禁在新闻出版和文艺作品中出现损害民族团结内容等事项作出了规定。自20世纪80年代以来，中国政府及有关部门多次举行民族团结进步表彰活动，对维护各民族平等权利、促进各民族和睦相处和共同进步繁荣的单位和个人给予表彰和奖励。通过开展民族团结进步表彰活动，激励先进，弘扬正气，使民族团结成为强大的社会舆论和良好的社会风尚，不仅推动了民族团结进步事业的发展，而且对维护少数民族地区和整个国家的稳定也产生了深远影响。

(3) 实施民族区域自治

民族区域自治是党和国家解决我国民族问题的一项基本政策，也是国家基本的政治制度之一。实践证明，在少数民族聚居地方实行民族区域自治，符合我国的具体实际，有利于维护国家统一和充分尊重、保障各民族管理自己内部事务的权利，有利于最大限度地发挥各族人民当家作主的积极性。要继续坚持和完善民族区域自治制度。

附：中国的民族区域自治是在国家的统一领导下，各少数民族聚居的地方实行区域自治，设立自治机关，行使自治权，使少数民族人民当家作主，自己管理本自治地方的内部事务。中国的民族自治地方分为自治区、自治州、自治县（旗）三级。民族自治地方的建立有以下类型：以一个少数民族聚居区为主建立的自治地方，如新疆维吾尔自治区等；以两个少数民族聚居区联合建立的自治地方，如青海省海西蒙古族藏族自治州等；以多个少数民族聚居区联合建立的自治地方，如广西龙胜各族自治县等；在一个大的少数民族自治地方内，人口较少的少数民族聚居区建立自治地方，如广西壮族自治区的恭城瑶族自治县等；一个民族在多处有聚居区的，建立多个自治地方，如宁夏回族自治区、甘肃省临夏回族自治州、河北省大厂回族自治县等。对于有些少数民族聚居地区，因地域太小、人口太少，不宜建立自治地方和设立自治机关的，中国政府通过在这些地区设立民族乡的办法，使这些地区的少数民族也能行使当家作主的权利。民族乡是对民族区域自治制度的一种补充。截至1998年底，中国共建立了155个民族自治地方，其中自治区5个、自治州30个、自治县（旗）120个，还有1256个民族乡。在全国55个少数民族中，有44个民族建立了自治地方。自治地方的数量和布局，与中国的民族分布和构成基本上相适应。

(4) 发展少数民族地区经济文化事业

经济发展是各民族自身发展的基础，也是民族关系和谐发展的保证。在新的历史时期，做好民族工作、增强民族团结的核心问题，就是要积极创造条件，加快发展少数民族和民族地区的经济文化等各项事业，促进各民族的共同繁荣。这既是少数民族和民族地区人民群众的迫切要求，也是我们社会主义民族政策的根本原则。国家采取多方面的措施，如制定优惠政策、加大投资力度、实施对口支援与合作等，扶持少数民族和民族地区发展经济和社会各项事业。

附：我国非常重视民族地区经济文化的发展，坚持民族平等、民族团结和各民族共同繁荣原则，2001年5月23日是西藏和平解放50周年纪念日，50年来国家不断加大对西藏的投资，仅“九五”期间，中央对西藏的投资和财政补贴分别达130亿和220亿元，使西藏经济建设取得迅速发展。举个事实说明，1994年中央和其他省市无偿援助西部建设62项工程，20世纪50年代以来中央政府向西部投入数千亿元，西部经济发展加快，适龄儿童入学率大大提高。目前，国家不断加大对民族地区的支持，发达地区也兴起了一股到西部投资开发的热潮，民族地区的资源优势与发达地区的人才技术优势相结合必将对少数民族地区同时也对发达地区的发展产生重大促进作用，各民族的共同繁荣必将实现。

(5) 培养少数民族干部

大力培养和使用少数民族干部，是解决民族问题的关键。中华人民共和国成立以后，党和政府根据民族工作和社会发展的需要，通过专业院校教育以及社会实践等多种渠道，培养了大批民族干部，促进了民族地区社会主义事业的快速发展。实践证明，培养和使用少数民族干部是加强党的领导、做好民族工作、增强民族团结和国家统一的有效途径，是推动少数民族各项建设事业发展的可靠保障。

附：国家大力培养使用少数民族干部，全国现有少数民族干部270多万人。在中央和地方国家权力机关、行政机关、审判机关和检察机关都有相当数量的少数民族人员，参加国家和地方事务的管理。

(6) 尊重和发展少数民族语言文字

语言文字平等是民族平等的重要标志和体现，我国宪法和民族区域自治法都明确规定“各民族都有使用和发展自己的语言文字的自由”。民族自治地方有使用民族语言文字的自治权，各民族公民有使用本民族语言文字诉讼的权利，各类学校可以使用民族语言教学和开展双语教学，国家对少数民族语言文字的使用和发展实行扶持政策，鼓励各民族互相学习彼此的语言文字。

附：中国各民族都有使用和发展自己语言文字的自由和权利。目前，中国55个少数民族中，除回族和满族通用汉语文外，其余53个民族都有自己的民族语言。有文字的民族有21个，共使用27种文字，其中壮、布依、苗、纳西、傈僳、哈尼、佤、侗、景颇（载佤文系）、土等十多个民族使用的13种文字是由政府帮助创制或改进的。在中国，无论在司法、行政、教育等领域，还是在国家政治和社会生活中，少数民族语言文字都得到广泛使用。在国家政治生活中，全国人民代表大会、中国人民政治协商会议召开的重要会议和全国或地区性重大活动，都提供蒙古、藏、维吾尔、哈萨克、朝鲜、彝、壮等民族语言文字的文件或语言翻译。在教育领域，各民族自治地方的自治机关根据国家的教育方针，依照法律规定，决定本地方的教育规划和各级各类学校的教学用语。少数民族为主的学校及其他教育机构，使用本民族或者当地通用的语言文字进行教学。在新闻、出版、广播、影视等领域，目前中国用17种少数民族文字出版近百种报纸，用11种少数民族文字出版73种杂志。中央人民广播电台和地方台用16种少数民族语言进行广播，地、州、县电台或广播站使用当地语言广播的达20多种。用少数民族语言摄制的故事片达3410部（集）、译制各类影片达10430部（集）。到1998年，全国36家民族类出版社用23种民族文字出版各类图书4100多种，印数达5300多万册。

(7) 尊重少数民族风俗习惯

风俗习惯是民族特点的一个重要内容，表现在饮食起居、节日庆典、婚姻和丧葬习俗等方面。尊重各民族的风俗习惯，有利于促进民族平等与团结，有利于各民族传统文化的保护和发展。我国尊重各民族保持或改革自己的风俗习惯的自由，防止侵犯少数民族风俗习惯的事情发生。对严重侵犯少数民族风俗习惯的，依法追究刑事责任。

附：中国各少数民族的风俗习惯差异较大，具有不同的生产方式和生活方式，表现在服饰、饮食、居住、婚姻、礼仪、丧葬等多方面。国家尊重少数民族风俗习惯，少数民族享有保持或改革本民族风俗习惯的权利。在社会生活的各方面，政府对少数民族保持或改革本民族风俗习惯的权利加以保护。在中国，约有十个少数民族有食用清真食品的传统习惯。为妥善解决好食用清真食品的少数民族的伙食问题，国家在食用清真食品的少数民族较多的机关、学校、企事业单位，设立清真食堂或清真伙食，人数较少的采取几个单位联合举办或备专门灶具。中国各少数民族的丧葬习俗各有不同，有火葬、土葬、水葬、天葬等不同的葬法。政府尊重少数民族的丧葬习俗。对回族、维吾尔族等一些习惯土葬的少数民族，国家划拨专用土地，建立公墓，并设立专门为这些少数民族服务的殡葬服务部门。现在，全国凡有回族等习惯实行土葬的少数民族居住的大、中、小城市，都建有公墓。同样，对藏族实行的天葬、土葬、水葬，国家也给予保护和尊重。中国各少数民族年节习俗丰富多彩。如：藏族的藏历新年、“雪顿节”，回、维吾尔等民族的“开斋节”、“古尔邦节”，蒙古族的“那达慕”，傣族的“泼水节”，彝族的“火把节”等。各少数民族自由地按本民族的传统习惯欢度节日，国家按照各少数民族年节习惯安排假日，并供应节日特殊食品。

(8) 尊重少数民族宗教信仰自由

宗教在少数民族中有广泛影响，民族问题与宗教问题往往交织在一起。各民族公民有宗教信仰的自由，信教与不信教的人地位平等。国家机关、社会团体和个人都不得以各种方式和手段强制任何人信仰宗教或不信仰宗教。国家保护正常的宗教活动，依法对宗教事务进行管理。

附：中国是一个有着多种宗教的国家，主要有佛教、道教、伊斯兰教、天主教、基督教等。中国少数民族群众大多有宗教信仰，有的民族群众性地信仰某种宗教，如藏族群众信仰藏传佛教。中国政府根据《中华人民共和国宪法》关于公民有宗教信仰自由的规定，制定了具体政策，尊重和保护少数民族的宗教信仰自由，保障少数民族公民一切正常的宗教活动。在中国，不论是信仰藏传佛教的藏、蒙古、土、裕固、门巴等民族的群众，还是信仰伊斯兰教的回、维吾尔、哈萨克、东乡、撒拉、保安、柯尔克孜、塔吉克、乌孜别克、塔塔尔等民族的群众，以及部分信仰基督教的苗、瑶等民族的群众，他们正常的宗教活动都受到法律的保护。

2. 中国民族政策的发展和完善

民族问题是关系到国家前途命运的重大问题，民族政策制定得正确与否，对国家的稳定和发展有至关重要的影响。综观当今世界，有些国家民族政策失当，结果民族冲突不断，甚至导致国家分裂、人民遭殃。而我国民族和睦，国家稳定，充分显示了我国民族政策的正确性。正如江泽民同志所讲的，“综观中国几千年的历史，新中国的民族政策是最好的。与世界上其他国家相比，我们的民族政策也是最成功的。”

我们拥有如此成功的民族政策，是今后进一步做好民族工作的重要基础。但也应该注意到，现行的民族政策体系大体上是在计划经济的条件下形成的，在建立社会主义市场经济体制的过程中，许多具体政策发生了变化，有的继续执行，有的已经失效或部分失效。因此，摆在我们面前的紧迫任务就是认真研究社会主义市场经济条件下民族工作的新情况和新问题，继续贯彻执行有效的民族政策，淘汰不适应的政策，及时制定适应社会主义市场经济运行机制的新的民族政策。要以邓小平理论为指导，坚持和完善党的民族政策，进一步丰富和发展党的民族政策，逐步建立适应社会主义市场经济体制的民族政策法规体系，为做好民族工作提供指导和保障。

3. 中华民族亲和力

民族亲和力是在统一的多民族国家中，各个民族之间整体上相互兼容、相互融合，在政治、军事、经济、文化等方面相互依存、相互促进、相互吸取彼此的文明成果，形成较稳定的民族亲附性，产生一种共同推进民族进化、民族发展的内在结合力。民族亲和力在不同的历史条件下，在不同的社会环境中，有其不同的历史内容。它是随着时代的发展、生产方式的变化而不断发展变化的。一般地说，生产方式越先进，社会经济基础和上层建筑处在相互适应、相互促进的阶段，而且社会文明程度越高，民族亲和力也就越强、越巩固；反之，如果处在社会经济基础与上层建筑相互排斥、相互对立，社会文明程度较低的历史阶段，民族亲和力就会削弱，甚至会丧失。

就中国而言，民族亲和力从社会发展的角度上来说，经历了两个历史阶段，即基础形成阶段和全面完善的发展阶段。前者的民族亲和力是初级阶段，它又包括三个时期：第一时期始于秦汉统一的多民族国家建立，止于 1840 年。这一时期的民族亲和力主要体现在：以中原的汉族或中原的统治民族与周边各少数民族之间，形成的以维护统治阶级利益为主要内容的、不稳定的民族亲和力。这是在落后的生产方式条件下产生的民族亲和力，它是在封建制度的中国社会，自然与专制结合的产物。此时的民族亲和力必然会打上封建制度的烙印。初级阶段的民族亲和力发展的第二时期是：1840～1911 年辛亥革命时期。由于帝国主义列强的入侵，使我国的民族关系发生了根本变化，由过去各民族在中原王朝的统治或影响下形成的中华民族内部各民族之间的关系，变成中华民族同外来帝国主义、殖民主义的矛盾和斗争的关系。与此同时，民族亲和力的内容和程度也发生了变化，由第一时期的以主体民族汉族和统治民族为中心，逐渐形成整体的但不稳定的民族亲和力，发展成中华各民族在反抗外来侵略中所形成的统一的中华整体民族亲和和力。从 1911 年辛亥革命到 1949 年新中国成立，为初级阶段的第三个时期。这一时期的民族亲和力的特点表现为：以汉族为主体民族，联合其他各民族人民在共同推翻帝国主义、封建主义、官僚买办资产阶级的斗争中，形成的较为牢固的民族亲和力。民族亲和力发展的高级阶段，起自 1949 年新中国成立以后，在这个历史阶段民族亲和力已发展到一个崭新的阶段，这一历史阶段的民族亲和力的基本内容和主要特点是共产党成为多民族国家的领导核心。

对于一个多民族国家来说，民族亲和力是形成民族凝聚力的根源，是多民族国家兴旺发达、繁荣富强的基础，也是中华民族多元一体的格局形成的基本条件。因此，了解、研究中华民族亲和力的形成、变化、发展的历史，对指导我们正确地处理民族关系、防止民族分裂主义、维护民族团结，具有极为重要的意义。

民族亲和力是促进中华民族发展和各民族内部进化的动力。各民族相互吸收彼此的文明成果，是民族进化的重要途径。从汉族的形成—进化—发展的过程中，我们可以得到一个这样的结论：汉族的进化和发展离不开其他民族的支持与帮助。同样，其他少数民族的进化和发展也离不开汉族的支持与帮助。这种民族间相互依存、相互渗透、相互吸收的民族兼容性使各民族互相融和，日益接近，差别逐渐缩小，形成统一的多民族国家的整体亲和力。而民族亲和力又推动了各民族进化和发展。如果说民族亲和力促进了多民族国家的繁荣富强，那么，它同样也促进、形成了我们国家历史上民族关系的主流，即各民族日益接近、互相吸收、互相依存、共同缔造了我们这个多民族的统一的伟大祖国。

四、世界民族概况

1. 世界民族

世界民族是世界各国民族的总称。目前，全世界约有大小民族2000多个。中国汉族是世界上人口最多的民族，南美洲火地岛上的阿拉卡卢夫人和雅马纳人则是人数最少的民族。全世界一亿以上人口的民族有7个，即汉人、印度斯坦人、美利坚人、孟加拉人、俄罗斯人、巴西人、日本人；一千万以上人口的民族有60多个，包括比哈尔人、旁遮普人、爪哇人、朝鲜人、泰米尔人、埃及人、豪萨人、德意志人、意大利人、英格兰人、法兰西人、墨西哥人、哥伦比亚人等；一百万以上人口的民族有300多个。以上这些民族人口的总数超过了全球人口的96%，而在其余不到4%的人口中，包括着1700多个民族。这些民族的社会、经济、文化分别处于各个不同的发展阶段。

世界民族人口的分布极不平衡，亚洲约占全球人口的58%，非洲占10.5%，美洲占14%，欧洲占17%，大洋洲占0.5%。

从最近一个时期以来世界民族统计资料来看，随着全球人口的持续增长，民族的总体数目呈现下降的趋势。在民族、文化融合日益加快的形势下，小民族的数目逐渐减少；若干个小民族聚合为一些大民族，而大民族的数目则在日渐增多。

世界各民族可分为三大种族：蒙古人种（黄种人）、欧罗巴人种（白种人）、尼格罗-澳大利亚人种（黑种人）。

① 蒙古人种，亦称亚细亚人种或黄种。主要特征是头发硬直墨黑，肤色黄褐，体毛不甚发达，颧骨凸出，眼有内眦褶。主要分布在亚洲东部和东南部以及美洲大陆。

② 欧罗巴人种，亦称高加索人种或白种。主要特征是头发细软呈波状，肤色较浅，体毛和胡须发达，颧骨不明显，鼻高唇薄。主要分布在欧洲、北非、西亚、北印度，16世纪以来逐渐扩散到美洲和大洋洲。

③ 尼格罗-澳大利亚人种，亦称赤道人种或黑种。主要特征是发色深黑呈卷曲状，颌部微凸，鼻宽唇厚。一般分成尼格罗和澳大利亚两支，前者分布在非洲撒哈拉以南地区，后者分布在澳大利亚和大洋洲及亚洲部分地区。人种的混合类型，多在中古和近代形成。由于民族迁徙，不同种族互相通婚而形成多种混血民族。

人种与民族，既有区别，又有紧密联系。我们每个人都是某个民族的一员，同时又属于一定的人种（种族）。一般来说，同一人种的人都分成为不同的民族。一个民族通常有着自己特定的人种（种族）背景，属于一个人种（种族）集团，但对那些带有混合色彩的过渡类型民族来说，有时则含有多重种族成分，像部分中亚民族、埃塞俄比亚人、部分现代美洲民族等。

亚洲民族

亚洲地区居住有1000多个民族。他们在种族、语言、宗教、经济和文化生活上各有自己的特点，处于社会历史发展的不同阶段。就种族而言，亚洲民族多属蒙古人种，占亚洲人口59%，分布在东亚和东南亚。其次属欧罗巴人种的民族，占亚洲人口29%，主要分布在西亚和印巴次大陆。属尼格罗人种与欧罗巴人种混合类型的民族，占亚洲人口的9%，分布于印度南部以及阿拉伯半岛沿海地区。在东南亚居民中还可以见到维达、美拉尼西亚和尼格利陀等种族类型，以及蒙古人种与澳大利亚人种的混合类型，约占亚洲人口3%。

欧洲民族

欧洲各国的民族成分比较单一。大多数民族都是在各自民族国家的范围内形成的，民族分布区域国界大体一致或接近。只是在民族分布交界的地区，民族成分比较混杂。欧洲共有大小民族160多个。在欧洲的各民族中，人口上千万的有18个，约占欧洲人口84.5%。

非洲民族

非洲大陆约占全球陆地面积的五分之一，但人口只有4亿多，约占世界人口的十分之一。其中尼格罗人约占非洲人口的三分之二，大多分布在撒哈拉沙漠和埃塞俄比亚高原以南。属于欧罗巴人种和黑白混血人种的居民，主要居住在北非、埃塞俄比亚高原和索马里半岛。马达加斯加岛东部的居民则具有蒙古人种的血统。

美洲民族

美洲的民族除印第安各族外，多是近代才形成的。从15世纪末开始，欧洲移民陆续迁入，使美洲的民族构成发生了巨大变化，除了属于蒙古人种的印第安人，还有属于欧罗巴人种的欧洲移民，属于尼格罗人种的非洲“黑奴”后裔，以及不同种族互相通婚而形成的混合人种类型。从16世纪开始，经过近500年的重新组合，在美洲已形成了一系列使用印欧语的新兴民族。他们全是混血民族，只是在不同地区混入的种族成分有所不同。

大洋洲民族

当今住在大洋洲的居民，主要是欧洲、美洲和亚洲的移民及其后裔，约占该地区人口的三分之二。大洋洲各土著民族，多属澳大利亚人种以及各种混合类型。在大洋洲还居住着一些华人、菲律宾人、爪哇人亚洲移民及其后裔。

2. 当代世界民族问题的现状以及特点

当今世界充满着错综复杂的矛盾，最主要、最基本的矛盾有四个：第一个是表现为相互激烈竞争的各个资本主义国家之间的矛盾，即西方国家之间的矛盾，叫西西矛盾；第二个是表现为不平等的国际政治经济关系，即发达国家和不发达国家的矛盾，叫南北矛盾；第三个是表现为和平演变与反和平演变之间的矛盾，即资本主义国家和社会主义国家之间的矛盾，叫东西矛盾；还有一个矛盾就是发展中国家之间的矛盾。世界民族问题贯穿于这几个矛盾过程的始终。这个世界是民族的世界，民族的世界充满着民族矛盾和民族问题。根据民族问题涉及的范围和影响的程度，世界民族问题可分为以下三个层次：

(1) 全球性的民族问题

以美国为首的西方大国推行强权政治、霸权主义，侵害其他主权国家的民族利益，引起世界人民反强权、反掠夺的斗争，这是当代全球性民族问题的主要矛盾和突出表现。公元1500年是人类历史的一个重要转折点。在此以前基本上是东方冲击西方，亚洲冲击欧洲；在此以后则是西方冲击东方，欧洲冲击世界。1500年左右，随着新大陆的发现和新航路的开通，西欧主要民族开始了对外殖民扩张。至20世纪初叶，世界已经被帝国主义瓜分完毕，在全球范围内，世界的各民族被划分为压迫民族和被压迫民族两个部分。压迫民族与被压迫民族之间的关系，构成了20世纪初世界民族关系的主要内容，并对今天的世界民族问题仍存在重要的影响。

经过两次世界大战，特别是第二次世界大战后，新独立的亚非拉国家成为维护世界和平的重要力量。进入20世纪90年代，两极格局终结，世界力量对比发生严重失衡。以美国为首的西方国家对发展中国家的压力骤然加大。强权政治和霸权主义甚嚣尘上，发展中国家与以美国为首的西方国家的斗争成为世界民族问题的主要表现形式。具体包括两方面：一是东西矛盾影响世界民族问题。东西矛盾的核心是不合理的国际政治秩序，是世界和平问题。在民族问题上的主要表现是西方发达国家利用民族、宗教和领土问题推行霸权主义，由此构成了西方发达国家与发展中国家之间在社会制度、意识形态、人权观和价值观等方面的矛盾与对抗。对社会主义国家来讲，就是西方国家对社会主义的“西化”和“分化”。原苏联解体后，西方发达国家明显加强了对中亚、西亚、东欧地区的渗透、控制，不断挑起新的矛盾，甚至进行直接的武力干涉。而这些地区恰恰又是历史上民族问题、宗教问题十分集中的热点地带。如1991年，在世界格局剧变的时候，以美国为首的西方国家武装入侵伊拉克，这次战争的根本目的是以美国为首的西方国家通过炫耀武力来企图独霸世界和争夺石油资源。二是南北矛盾影响民族问题。南北矛盾是围绕着不合理的国际经济旧秩序展开的，其中的核心问题是贫困问题和发展问题。西方发达国家对发展中国家的经济掠夺和经济制裁，是造成发展中国家经济落后和贫困的根源。西方国家凭借强大的经济实力，通过资本、技术等方面的优势，利用世界贸易组织和世界货币基金组织等各种形式，使用“经济制裁”等手段，最大限度地维护自身的利益。

(2) 地区性的民族问题

地区性的民族问题主要表现在泛民族主义方面。这种现象出现的原因，一方面是在面对冷战后出现的庞大的西方霸权势力的压迫的情况下，企图通过“泛民族主义”，团结弱小的民族国家，形成一股势力，以改变民族命运和不合理的国际政治经济秩序。比如在与西方对抗中产生的泛非主义，主张非洲和散居世界各地的黑人共同反对种族歧视、殖民统治，实现民族独立和世界黑种人的大团结。另一方面是旧势力的代表企图重温过去封建帝国的美梦。曾经生活在同一个帝国或国家的民族，要求恢复、复兴原来的历史曾存在过的帝国或国家，出现了一系列“泛民族主义”。这个问题主要集中在中东、巴尔干、西亚等地区，以及前苏联、东欧地区和非洲大陆。这些地区的一些民族在历史上曾经建立过庞大的帝国，如阿拉伯帝国、波斯帝国、奥斯曼帝国和沙皇俄国等。如：泛日耳曼主义主张所有操德语或日耳曼语的人全都统一于一个政权之下，它曾经是希特勒纳粹政权推行侵略政策，发动第二次世界大战的理论工具。泛突厥主义，也叫“奥斯曼主义”，妄图建立一个奥斯曼苏丹统治下的，囊括从博斯普鲁斯海峡到阿尔泰的一切操突厥语的各民族的大帝国。这些民族主义，有的在我国的一些地区已经产生了一定的影响。

地区性民族矛盾的另一种表现是“宗教民族主义”，超越民族、种族界限，以同一宗教信仰为基础，谋求建立政教合一的国家。宗教民族主义在一些政教合一的宗教表现突出，泛伊斯兰主义比较集中地体现了伊斯兰世界的民族问题。特别需要警惕的是伊斯兰原教旨主义。这是一种脱胎于泛伊斯兰主义的极端形式，主张“一切回到伊斯兰，一切回到《古兰经》。”它反对世俗文明，提倡输出伊斯兰革命，号召各国的穆斯林起来反对世俗政权，解放“被压迫”的穆斯林，蔑视既有的国际秩序，特别是以恐怖暴力作为实现自身目的的手段，直接冲击世俗政权，在伊斯兰教国家内部造成动荡，也给国际社会造成了极大威胁，深刻地影响了世界民族关系，形成了诸多的热点问题。这种思潮也波及至我国部分地区，影响着我国部分地区的稳定。

(3) 一国内部的民族问题

这主要是一国内部的大民族与小民族之间和各民族之间的矛盾，其实质是个平等问题。历史上一些多民族国家，除历史的原因和外部势力干预的因素外，这些国家在民族政策的制定和实施方面所犯的错误，是那里的民族矛盾激化的重要的内部原因。如前苏联、东欧等多民族国家的解体，除西方大国长期推行的“和平演变”战略的影响外，这些国家在民族政策方面所犯的错误是主要内因。在建国初期，前苏联在列宁的领导下，制定和实施正确的民族政策，联合各族人民，创建了世界上第一个多民族的社会主义国家。然而，后来前苏联的民族政策开始逐渐背离马克思主义民族理论的基本原则，推行大俄罗斯主义，否定少数民族的特点，人为地加速推进民族同化进程，致使民族之间关系十分紧张。到20世纪六七十年代，前苏联进一步宣布自己“一劳永逸”地解决了民族问题，从根本上不再承认民族问题的存在。而在实际政策中则大力推行大民族主义，人为地抹杀民族特点，严重挫伤了各民族人民的感情，为日后民族问题的大爆发埋下了隐患。戈尔巴乔夫上台后，在民族政策上从“极左”转向“极右”，结果助长了民族分离主义。后来在彻底否定社会主义、彻底否定共产党、彻底否定马克思主义的思潮中，长期受压抑的民族问题“突然”爆发出来，而长期以来对民族问题“视而不见”的前苏联共产党人对这一“突如其来”的现象也束手无策，前苏联便在一夜之间宣告解体。

外部势力的干预使一些国家的民族政策脱离实际，引发严重后果。这种情况在冷战结束以后的非洲尤为突出。20世纪90年代，西方国家以其强大的经济势力为后盾，以经济援助为诱饵，插手非洲事务，推行“民主化”等，使非洲的边界冲突、部族仇杀、种族歧视等问题十分突出。

附：1994年4月6日，卢旺达和布隆迪两国总统遭袭击同机遇难，由此引发了卢旺达胡图族人和图西族人持续3个月的民族大仇杀，其后又引起布隆迪国内胡图族人和图西族人的流血冲突。胡图和图西两个民族共居卢旺达和布隆迪，在这个国家是主体民族，在另一个国家则是少数民族。由于两国执政者不能很好地处理民族关系，致使卢旺达和布隆迪自20世纪50年代以来分别发生过数次大的民族冲突，造成大批难民逃亡国外。由于西方多党民主制风潮的影响、外部势力的插手，以及人满为患和经济停滞的冲击，使这次大仇杀的爆发成为必然。卢旺达的仇杀使50万～100万人死亡，200多万人逃往国外，200万人流离失所。而卢旺达全国才只有750万人口。

(4) 西方国家的民族问题

种族主义、种族歧视是西方国家无法根除的社会顽症，西方一些国家的民族问题突出表现在移民问题上。自我标榜为“人权卫士”的西方各国，由于他们的阶级本性，无法从根本上解决国内民族问题。这些国家不仅在历史上曾经长期推行种族主义和同化主义政策，为民族问题播下了民族之间相互仇恨的种子，而且，自20世纪70年代以来实行的多元文化主义政策，尽管对于传统的民族政策是一个进步，然而，他们仍然没有脱离各民族、各种族之间相互“隔离”的阴影。种族主义、种族歧视的问题仍然广泛地存在于当今西方国家。西方国家的移民史，始终充满着征服与被征服的过程，并与此伴随着种族问题和移民问题。其中，美国、加拿大和澳大利亚是当今世界比较典型的移民国家。这些国家都是殖民主义国家通过海外移民，建立殖民统治后形成的。移民国家的民族问题主要有：一是外来移民与土著民族之间的矛盾与冲突；二是外来移民之间的矛盾冲突。

附：1992年4月在美国洛杉矶爆发的种族冲突，是一种新老移民之间的冲突。在持续3天的暴力冲突中，整个洛杉矶火光冲天，浓烟弥漫，全城陷入瘫痪和混乱之中。冲突的导火线是法院宣判残暴殴打黑人青年的白人警察无罪，但冲突却主要发生在黑人与亚裔美国人之间，最终酿成近27年来美国最大规模的种族冲突。其中的一个原因是，在许多黑人看来亚裔人抢走了他们的饭碗，从而引起黑人对亚裔人的不满和怨恨。但从根本上来说是由于黑人长期以来所遭受的不公平待遇。黑人问题在美国不仅是一种含有强烈的肤色歧视现象的种族问题，也是近代以来对美国政治、经济和社会影响最大的民族问题。在欧洲的西方国家中，民族成分相对单一，但是民族问题并不少。如英国的北爱尔兰问题、比利时的语言纠纷、西班牙的巴斯克人问题和加泰罗尼亚问题等，在这部分国家中具有一定的代表性。

以上仅对当代世界民族问题的主要表现形式作了一个最简单的概括，分析其产生的原因，归纳起来主要有5个方面：第一，殖民主义统治所遗留下来的积怨和问题，是当代世界民族问题产生的历史根源。第二，冷战结束后，为过去在两个超级大国争夺霸权掩盖下的民族问题的爆发提供了机遇。第三，各国在制定和实施民族政策方面存在的问题，是导致民族问题的内在原因。第四，霸权主义和强权政治，是当代世界民族问题产生的国际政治根源。第五，经济全球化中的南北问题，是当代世界民族问题产生的国际经济根源。

五、新世纪世界民族问题及其发展趋势

1. 民族问题

民族问题是指民族从形成、发展直到消亡之前的各个历史阶段，不同民族和民族集团间在社会生活的各个领域发生的各种矛盾。民族问题是一个社会政治问题，属于一定的历史范畴。它随着人们形成为不同的民族而发生，也将随着民族差别的消失而消失。民族问题是社会发展总问题的一部分。社会在发展变化，民族问题也随之变化。在不同的历史时期和社会条件下，民族问题具有不同的内容和性质。在阶级社会里，不论是国际范围还是多民族国家，民族问题主要是民族压迫、民族歧视、民族不平等的问题。要解决这种历史条件下的民族问题，必须推翻阶级压迫制度。而在业已消灭了阶级剥削，铲除了产生民族压迫的阶级根源，实现了民族平等的社会主义条件下，民族问题则主要是由于历史遗留下来的各民族经济、文化发展水平上的差距，造成的各民族在享受法律所赋予的民族平等权利时，存在着事实上的不平等。这种事实上的不平等，是社会主义制度建立之后的一个较长时期内，仍然存在民族摩擦的主要原因。要解决这种新的历史条件下的民族问题，国家和先进民族必须采取各种措施，大力帮助落后民族在社会主义道路上更快地发展、繁荣、逐步缩小民族间经济、文化发展上的差距，同时不断巩固和发展平等、团结、互助的社会主义民族关系。这些任务只有随着社会主义的物质文明和精神文明的高度发展才能解决。所以，在民族问题存在的全部历史中，不论任何时期，它的发展变化及问题的解决，都是和社会发展的总进程及改造社会的总任务联系在一起的。

2. 三次世界性的民族主义浪潮

20世纪出现过三次世界性的民族主义浪潮，这三次浪潮都与国际形势的重大变化直接相关。即分别出现在第一次世界大战、第二次世界大战和冷战结束前后，而世界政治格局也相应地出现了“华盛顿-凡尔赛体制”、“雅尔塔体制”和目前正在显现的“多极化”。而这三次民族主义浪潮的直接后果也表现出民族主义运动的高涨、帝国势力解体和主权国家增多的规律性。因此，人们在观察新世纪世界民族问题的形势时，也不可避免地会思考世界的国家格局是否会继续裂变下去，如何消除存在于多国的民族分裂主义及其恐怖势力的问题等。

20世纪的三次世界民族主义浪潮，事实上是对历史上帝国扩张、殖民统治、霸权争夺的反抗，也是由于帝国霸权造成的民族问题全面释放。从这个意义上说，世界国家的格局已经处于基本稳定的状态，除少数地区仍可能出现新的国家外，像20世纪那种霸权体制崩溃后出现的批量性国家增多的国际环境已经发生了重大变化。虽然美国仍旧在努力构建新的“单极”霸权体制，但是多极化的国际政治秩序、多样化的世界文化体系已经显示了日益增强的发展趋势。就民族问题而言，在冷战后民族主义浪潮高涨和世界性蔓延的同时，民族分裂和国家裂变及其所引起的内战和地区冲突虽然比比皆是，但是也必须看到南非结束种族隔离制度，比利时通过联邦制化解民族争端，加拿大、澳大利亚、北欧国家对土著人采取新的政策，菲律宾、斯里兰卡通过民族区域自治解决民族冲突的方案等现象也同时出现。这些现象都表明，建立族际和睦、共同发展和保障少数民族权利的选择正在成为世界上多民族国家越来越普遍的选择。而那种对西方民族国家“一个民族、一个国家”的理论误读和实践误导，已经为国际社会所认识。发展需要合作，包括国内各民族和国际各国家之间“在竞争比较中取长补短，在求同存异中共同发展”的“和而不同”观念，日益为国际社会所认同。因此，虽然种族问题、民族问题和宗教问题是人类社会中十分复杂且将长期存在的事务，但是人类社会探索解决这些问题的健康实践也在发展。这些国际认同因素，不仅促使各个国家高度重视包括民族问题在内的国内事务，而且也将加强联合国、地区组织和各种类型的国际合作机制在维护世界和平、地区安全、共同打击诸如恐怖主义势力等方面的有效合作。

3. 新世纪世界民族问题的发展趋势

首先，直接影响新世纪民族问题的新近背景是冷战后起源于前苏东地区并向世界蔓延的民族主义浪潮。这股浪潮的潮头已经过去而余波未消。在一些国家或地区，仍有一些极端民族主义势力继续受到这股浪潮的影响，民族分裂主义势力仍将是新世纪世界民族问题中最尖锐的矛盾，但是其势力、规模和作用将明显减弱，因这些民族分裂主义势力而造成国家裂变的现象基本不会出现。

其次，美国“9·11”事件和阿富汗战争后，世界范围打击各种类型恐怖主义势力的行动仍在继续，美国和西方国家出于其利益需要，在推行双重标准方面受到制约。这使那些以民族分裂为目标和以暴力恐怖活动为手段的极端势力，失去了谋求美国等西方国家支持的国际环境，这类势力将受到孤立和打击，从而使这类问题纳入政治解决框架的可能性显著增强。

第三，多民族国家内部的民族问题仍具有多发性，但是将更多地表现在经济发展、文化保护和都市化进程中少数民族平等权利的社会保障等方面。自治模式、联邦体制将成为一些多民族国家调节民族关系和地区利益的重要选择，族际政治和民族政策问题日益为国际社会所重视。

第四，随着全球化的推进和各个国家开放性的发展，世界性的移民现象将日益普遍，移民浪潮仍将主要表现为由发展中国家向发达国家冲击的主流趋势。

第五，在经济一体化和信息网络化所推动的全球化进程中，美国等西方国家有关民族国家主权削弱、主权让渡和内政国际化等理论，将促使发展中国家维护主权独立的民族主义上升，其中除了经济争端外，文化民族主义将普遍凸现，这种趋势一方面将表现出反对霸权主义的民间性选择，另一方面也体现出构建多极化国际秩序和多样化文化体系中的民族依托。因此，国际社会层面上的民族问题，由于霸权主义和美国等西方势力的对外干涉而呈多发性。

4. 民族认同

民族是人类的一种群体分类。民族认同是社会成员对自己民族归属的自觉认知。人类有地域的、政治的、经济的、职业的、宗教的等不同性质的群体归属，于是也便有着你是北京人、我是上海人、你是中国人、我是美国人、你是穆斯林、我是基督徒等反映这些归属的群体认同。民族是人类群体归属的一种，因而民族认同也是人类群体认同的一种。民族认同有两个特点：一是认同的基础为文化。说到底认同是一种心理活动，它基于物质生活。民族存在的根基在于人类文化的不同。不同的群体在不同的物质环境中创造了不同的文化内容，而不同群体的人们也正是从这些文化的不同中感悟自我，认识自己的民族归属。文化是民族存在的基础，也是民族认同存在的根基。这一特点使得民族认同比其他认同有着更为持久的聚合力。二是认同的归结点常常指向血统渊源。民族的要素中不一定存在血缘关系，尤其现代民族，但人们却自觉或不自觉地将民族与血缘联系起来。民族认同的这种血缘溯源倾向源于早期民族的血缘性：氏族、部落及其他早期民族都是建立在血缘基础上的。现代民族的血缘溯源指向是对血缘民族时代的一种歪曲性记忆。但也正是有这一特点，民族认同也比其他认同有了更强固的聚合性。

民族认同发生的前提在于民族之间的交往，通过交往形成他族不同于我族的对比，从而确立自己的群体归属。费孝通教授把民族认同的发生看作是一种“人己之别”形成的过程，而梁启超先生则把它看作是与异族相接触，“对他而自觉为我”的过程，都是这个意思。然而，从民族过程来看，一般总是先有民族的形成，后有通过交往产生的民族认同。由于民族认同从来都不会孤立存在，而总是与对自己民族的利益感悟和追求相伴而生，从而与之结合形成完整的民族意识，于是，用民族过程理论来概括，我们可以把民族认同普遍确立后的民族称为“自觉民族”，而将之前的民族称为“自在民族”。

自在民族和自觉民族是民族存在的两种状态，也是民族过程的两个阶段。宏观民族过程的“自觉”阶段是与世界资本主义的产生和发展，直至其后民族主义理论的出现、民族国家的建立和民族解放运动的历史联系在一起的。民族自觉阶段的人们不但深刻地感悟到了自己的民族归属，更自觉地在为自己的民族奋斗和创造，而且也常常利用民族认同的天然聚合性把非民族的东西赋予“民族”的色彩而加以利用。如民族解放运动，绝大多数情况下都是殖民地或半殖民地的人民在反对殖民主义和帝国主义的斗争中对“民族”认同的一种假借。因为参加这些运动的绝大多数都不是一种民族成分。而在民族解放运动完成以后，大多数发展中国家也继续利用这种假借来实现自己国家的重建和政治稳定。实际上，民族认同因其具有的强大聚合力仍是一种人们普遍重视的“政治资源”，但它是一柄双刃剑。进步的力量利用它，可以促进民族繁荣、社会稳定、国家发展和世界和平；邪恶势力利用它又可以制造分裂、破坏团结、危及国家安全和国际局势稳定。当代世界因民族因素而发生的各种争端，因霸权主义对民族纷争的介入而导致的局势动荡屡见不鲜。因此，应正视民族认同的影响，因势利导，学会和掌握这一“政治资源”的正确利用。

思考题

1. 我国民族政策的基本原则是什么？
2. 如何理解中华民族亲和力？
3. 民族主义有哪两种主要表现形式？
4. 简述当代世界民族问题的现状以及特点。
5. 查找资料，以一两个少数民族为例，写一篇少数民族社会发展的调查报告。

参考文献

[1] 辽宁省教育厅马克思主义哲学编写组．马克思主义哲学原理．沈阳：辽宁大学出版社，2002.
[2] 朱绍侯．中国古代史．福州：福建人民出版社，2000.
[3] 李侃．中国近代史．北京：中华书局，1994.
[4] 王桧林．中国现代史．北京：高等教育出版社，2003.
[5] 贾成祥．中国传统文化概论．北京：人民军医出版社，2005.
[6] 张敦福主编．现代社会学教程．北京：高等教育出版社，2001.
[7] 金盛华，张杰．当代社会心理学导论．北京：北京师范大学出版社，2004.
[8] 李春秋主编．新编伦理学教程．北京：高等教育出版社，2002.
[9] 黄蓉生．青年学研究．成都：四川人民出版社，2001.
[10] 章志光主编．社会心理学．北京：人民出版社，1996.
[11] 刘斌主编．人文素质手册．北京：中国人民大学出版社，2008.
[12] 孔江联，黄河浪．现代大学生人文素质与修养．南昌：江西科学技术出版社，2004.
[13] 钱穆．中国文化史导论．北京：商务印书馆，1994.
[14] 当代世界民族宗教编写组．当代世界民族宗教．北京：中共中央党校出版社，2001.
[15] 尚九玉．宗教人生哲学思想研究．北京：北京师范大学出版社，2000.
[16] 程刚编著．佛教入门．北京：宗教文化出版社，1999.
[17] 余敦康等．中国宗教与中国文化．北京：中国社会科学出版社，2005.
[18] 单继刚，甘绍平，容敏德主编．应用伦理：经济、科技与文化．北京：人民出版社，2008.
[19] 李峰主编．美学概论．北京：中国农业大学出版社，2005.
[20] 许自强主编．美学基础．北京：首都经济贸易大学出版社，2006.
[21] 毛公宁，王铁志主编．民族发展的若干理论与实践问题．北京：中央民族大学出版社，2001.

【女史箴图卷一】

【女史箴图卷二】

【女史箴图卷三】